【上册】

三国志

陈寿 撰 / 王凯瑞 整理

北方联合出版传媒（集团）股份有限公司
萬卷 万卷出版公司
VOLUMES PUBLISHING COMPANY

总序

一个有花香的地方就会令人眷恋流连，一个飘着书香的社会必定和乐而文明，而永久不逝的书香是来自先辈圣贤著述刊定的经典。

什么是经典呢？经，是构成纺织物的主线，典，是人们双手尊奉的要籍，经典就是我们敬爱的先人们为我们灿如织锦的文化造就的主线，是中华民族世世代代尊奉的要籍。这些经典是先秦的《诗》《书》《易》《礼》、诸子百家，汉魏的传经、著史，唐宋的诗词文章、道德义理。从先民的歌唱，圣贤的著述到元明清的戏曲、平话、小说，无不贯穿着人文精神、大爱情怀。中国文化的基调是关心人世、热爱人生的。健进而厚德，中和而崇礼，尊重自然万物而心系苍生家园。我们童稚咿呀学语就都会诵读的“床前明月光，疑是地上霜。举头望明月，低头思故乡”的诗句中，有深情，有旅地，有自然万物，也有游子心中的故乡。中国文化中的爱，深沉到很少说出这个字，但这种爱融于血而化于心，倘使有一天人类走向了宇宙，到那时，地球就是人们低头思念的故乡。我们的经典到那时也会给我们智慧、情感和力量。

这些经典是历史大浪淘出的真金一样的文化精华，是整个民族选择的结果。一个人可能看错，一个时期可能看错，但是整个人类不会看错。我们的这些经典经历了时间的磨砺，不但没有销蚀，反而更加熠熠生辉。它们还跨越空间，久已激起世界上有识之士的赞赏和悦服，随着中

国经济的崛起，以经典为主干的中国文化，必将为世界作出更大的贡献。

对于人类经典，西方人有同样的见识。被史学界广泛认同的雅斯贝斯的“轴心时代”观念认为：在公元前1000年到公元前500年五个多世纪的时间里，在古希腊、以色列、印度和中国几乎同时出现了空前伟大对后世影响也最为深远的思想家……从而形成了不同的文化传统。这些文化传统一直到现在，几千年来，是人类奠基性的财富。雅斯贝斯说：“人类一直靠轴心时代所产生的思考创造一切而生存，每一次新的飞跃都回顾这一时期，并被它重新燃起火焰。”是的，历史在每一个重要的发展关头，总有一股新的温习本源、学习经典的活动，回顾文化的源头——经典，从中汲取前进、创新的力量。西方的文艺复兴就是如此。我们现在就行走在创造历史的新时代，学习经典，已经成为大家的迫切需求，家家书香，应该成为社会的时尚。

前人说过，没有阅读过经典的人就不能算是有文化的人。

但是，近些年来，电视、网络多媒体的发达，流行文化暴涨，令人赶趋无已、目不暇给。流行文化和娱乐是任何一个时代都需要的，经典也是如此。经典好比是稻粱菽麦稷的五谷，是人生健康之基础食物，而流行文化则如快餐小吃，可以调节生活。人的文化奠基当然是要学习经典。

我们处在一个飞速发展的时代，科技的发达、经济的发展虽然增强了人对自然的控制，扩大了人的自由范围，但人类生存和发展的基本问题却依然如故，诸如生存环境、大自然与人的关系、人与人的关系、爱情、幸福、痛苦与悲剧这些人类共同的问题不但没有解决，反而显得更加咄咄逼人。这使我们认识到，先人们用千万年创造的经典文化不仅珍贵而且重要，她不仅绵延了文明，供给后人以智慧，而且净化了人的心灵，丰富了人的情感，她哺育了我们，永远给我们新生的力量。中国孔子所说的温故而知新和西方复兴所启迪的再生精神，都是体现了回到源头汲取新的创造力量的思想智慧。

聆听来自根源的声音，可以解除前途的困惑；追问来自历史的答案，可以增加现实创新的智慧；温习来自先人的情感，可以丰富、滋润人们匆匆致躁的感情。《诗》教培养人们温柔敦厚的情感，《易》学教会人们自强不息的奋进与厚德载物的宽容，《论语》充盈着人间的仁爱，《老子》闪耀着思辨的智慧……五千年的历史文化可以让我们从容地考量未来。

经典虽好，但博大艰深，往往令人望而却步。可是其博大虽说浩如烟海，但是我们知道，真正不可不读的要籍不过二三十部，“艰深”的障碍也会因深入浅出的释文和情景再现的插图而辟为坦途。经典是永恒的，但是重新诠释经典却是每个时代文化人和出版人的重要任务，让经典有时代的解读和面貌，就成为一个时代的版本。

“书香经典”书系基于这样的想法，从经、史、子、集四部常备的三千余种要籍中精选最基本的经典三十种，辅以精确而浅显的白话，详加注释，全方位点评和解读，打开文言的门钥，将经典中丰盛的宝藏呈献于读者面前。更发扬图书“左图右史”的传统，请国内著名手绘工作室配以精美的图画，使阅读成为一种高尚的享受。这套“书香经典”是中国文化的精华，人生阅读的基础，家庭藏书的首选。

任德山

二〇〇九年十月

乱世争雄——三国志

“大江东去，浪淘尽，千古风流人物。故垒西边，人道是，三国周郎赤壁。乱石穿空，惊涛拍岸，卷起千堆雪。江山如画，一时多少豪杰。”苏轼的《念奴娇·赤壁怀古》将我们带到了那烽火连天的赤壁古战场，周瑜那“谈笑间，樯橹灰飞烟灭”的风采跃然纸上。

这场著名的以少胜多的战役发生在公元208年。意图统一中原的曹操，携带他的精锐来到这个兵家必争之地。孙刘联军发挥了战争艺术的极致，使曹军大败于赤壁，奠定了三国鼎立的局势。从此，魏、蜀、吴三国展开了长达几十年的斗争。直到公元280年，西晋灭东吴，近百年的分裂局面才匆匆结束。

《三国志》就是这段历史的见证。晋代的陈寿以一位史学家卓越的史识，将这段风起云涌，英雄辈出的历史如实地呈现在了我们的面前。

《三国志》是一部记载了魏、蜀、吴三国历史的纪传体国别史。同时，它又采用了编年体的形式将魏文帝黄初元年（220）到晋武帝太康元年（280）六十年间的三国历史进行了梳理。全书共六十五卷，其中，《魏书》三十卷，《蜀书》十五卷，《吴书》二十卷。此书虽然是以魏、蜀、吴各自成书，表明了三国各自为政、互不统属的立场，但因为陈寿是晋臣，而晋是承魏而有天下的，所以，《三国志》便尊魏为正统。陈寿在《魏书》中为曹操写了本纪，而《蜀书》和《吴书》则只有传，没有纪。书中，记刘备的为《先主传》，记孙权则称《吴主传》。

陈寿的《三国志》是史学界不可多得的优秀作品。它不仅是一部史学名著，更是一部文

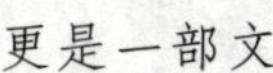

学著作。它的文笔简洁，剪裁得当，人物描写生动细腻，战争场面宏大真实。在其前后撰写三国历史的作品中，没有能出其右者。王沈的《魏书》，韦昭的《吴书》等都在陈寿的作品面前黯然失色。而与陈寿同时期的夏侯湛在看到《三国志》之后，甚至销毁了自己的《魏书》，因为他认为已经没有另写新史的必要了。后人对《三国志》也是推崇备至，将其与《史记》、《汉书》、《后汉书》并称为“前四史”，认为在记载三国历史的史书中，独有陈寿的《三国志》可以同《史记》、《汉书》相媲美。因此，其他各家的三国史相继泯灭无闻，只有《三国志》一直流传到现在。南朝人刘勰在《文心雕龙·史传》篇中讲：“魏代三雄，记传互出，《阳秋》、《魏略》之属，《江表》、《吴录》之类，或激抗难征，或疏阔寡要。唯陈寿《三国志》，文质辨洽，荀（勖）、张（华）比之（司马）迁、（班）固，非妄誉也。”而与陈寿同一时代的尚书郎范頵曾上表说：“陈寿作《三国志》，辞多劝诫，朋乎得失，有益风化，虽文艳不若相如，而质直过之，愿垂采录。”《三国志》的价值可见一斑了。但《三国志》也并非毫无缺点。由于陈寿对史料的真实性要求很高，而又是私人著述，因此存在着史料不足的问题。而其当初撰写此书时，正处于那个时代，有些评价可能会有失公允。同时，陈寿还秉承了孔子“为尊者讳，为亲者讳，为贤者讳”的治史原则，对晋朝统治者多有避讳。但瑕不掩瑜，《三国志》总的来说仍然不失为一部好的史书。

既然提到《三国志》，那就不得不提作者陈寿。陈寿，字承祚，是蜀将陈式之子。早年师从谯周，并在蜀汉做过观阁令史。当是时，蜀汉处于宦官黄皓的专权之下，大臣都曲意附从。陈寿因为不肯屈从黄皓，所以屡遭遣黜。蜀汉灭亡后，在晋司空张华的推荐下，陈寿再次为官，官至阳平令。在职期间，他撰写了《三国志》。当时，陈寿是将其作为家书来写的，并不愿公开，但是若干年后，这本书却成为了史书之一，可能连陈寿本人也想不到吧。

当你读腻了《三国演义》，不再仅仅满足于三国故事时，当你想探寻三国历史的真实面目时，不妨细细地品读一下《三国志》，它会带给你不一样的感受。

为了让读者能够更好地欣赏这部作品。我们精选了三国时期重要人物的纪、传，以期能够让读者对这一时期的人物以及事件有大体的了解。同时，我们还选取了众多精美的水彩插画与古书画，配以详实的图名、图说，图文并茂，将文中的内容更加直观地呈现在读者面前；此外，本着对读者负责的态度，我们搜求各家注释、译文，力求达到信、达、雅的标准，尽量保留古人的说话风格，同时又配合现代人的语言习惯，使读者在阅读的时候既能感受古人的语言艺术，又能读取历史事件的精髓。

中国是一个重视历史的国度，中国人不仅重视历史的记录和流传，也渴望在历史的沉淀中寻找真谛，因此史书成为历代中国人的必修书目。包括《三国志》在内的前四史也成为读史、学史的人们必读的经典。我们此次编辑的《三国志》完全是为初读史书的读者量身定做的，希望通过我们的努力，把读者引入中国史学的殿堂，让读者领略史学的恒久魅力。

三国，一个逐鹿中原、群雄并起的时代。三国，一个波澜壮阔、英雄辈出的年代。让我们徜徉在对那段历史的追忆中，书写自己与众不同的人生风采。

三国历史史书简介

25 东汉 作者不详《献帝春秋》，原本十卷，今残一卷，记述东汉献帝时期史事。

220 魏晋 王沈《魏书》四十八卷，是记载三国时魏国历史的纪传体史书。

韦昭《吴书》五十五卷，是记载三国时吴国历史的官方史书。

司马彪《九州春秋》，编录自光武帝至献帝二百余年史事。

常璩《华阳国志》十二卷，记载了从远古到东晋永和三年巴蜀史事。

960 宋 裴松之 裴注《三国志》，是对《三国志》的注释与补充。

1616 清 杨晨《三国会要》二十二卷，记载了三国时代的典章制度。

前四史简介

书名	人名	内容简介
《史记》	司马迁	《史记》记载了上自中国上古传说中的黄帝时代，下至汉武帝元狩元年（公元前122年），共3000多年的历史，是中国历史上第一部纪传体通史
《汉书》	班固	《汉书》记载了上起西汉的汉高祖元年（公元前206年），下至新朝的王莽地皇四年（公元23年），共230年的历史，是中国第一部纪传体断代史
《后汉书》	范晔	《后汉书》记载了上起东汉的汉光武帝建武元年（公元25年），下讫汉献帝建安二十五年（公元220年），共196年的历史，是一部记载东汉历史的纪传体史
《三国志》	陈寿	《三国志》记载了从魏文帝黄初元年（公元220年）到晋武帝太康元年（公元280），共60年的历史，是一部纪传体国别史

三国经典战役

水淹七军

火烧连营

楼船破吴

·选取三国时期的著名战役，感受能人异士纵横捭阖。

内容提要：

东汉末年，群雄逐鹿，英雄辈出，经过长期混战之后，魏、蜀、吴三国呈三足鼎立之势。在这一时期，三国之间或联合、或对抗；曹操、刘备、孙权等风云人物斗智斗勇、一展身手，书写了惊心动魄的历史。

许多有识之士记录下了这段历史，王沈的《魏书》，韦昭的《吴书》都是其中的佼佼者，但有一部书的出现，将这些书的光芒全都掩盖，那就是魏晋时期陈寿的《三国志》。

《三国志》是一部记载了魏、蜀、吴三国历史的纪传体国别史。但同时，它以编年体的形式将魏文帝黄初元年（220）到晋武帝太康元年（280）六十年间的三国历史进行了梳理。全书共六十五卷，其中，《魏书》三十卷，《蜀书》十五卷，《吴书》二十卷。陈寿以严谨的态度，选取史料的精华，如实地向后人呈现了这一时期的真面目。

让我们阅读《三国志》，学习古人的智慧与经验，感受中华文化的魅力。

目录

上册

魏书

下册

蜀书

吴书

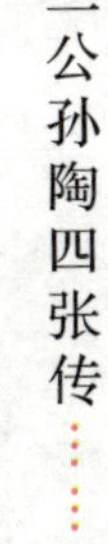
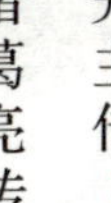
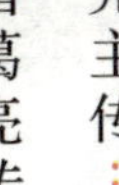
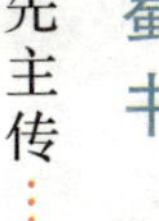
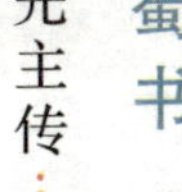
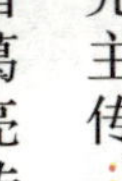
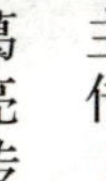
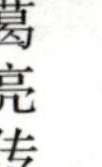
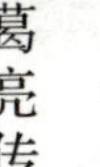
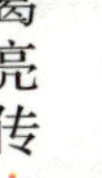
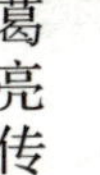
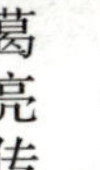
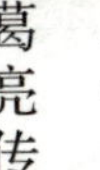
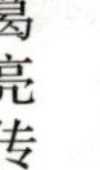
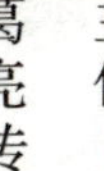
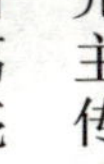
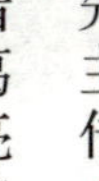
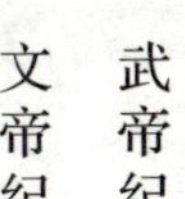
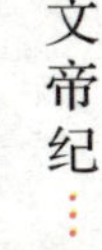
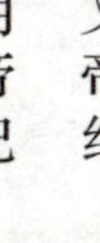
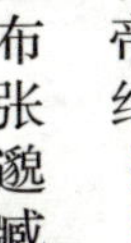
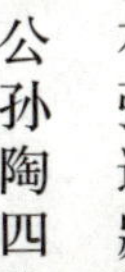
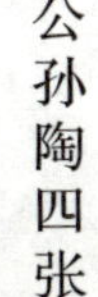
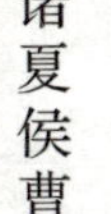
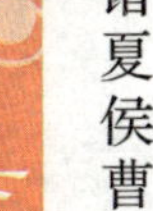
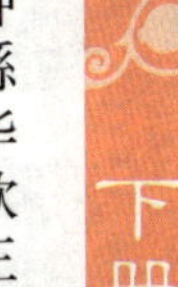

「魏」书

魏书

武帝纪

原文

太祖武皇帝，沛国谯人也，姓曹，讳操[1]，字孟德，汉相国参之后。桓帝世，曹腾为中常侍大长秋，封费亭侯。养子嵩嗣[2]，官至太尉，莫能审其生出本末。嵩生太祖。太祖少机警，有权数[3]，而任侠放荡，不治行业[4]，故世人未之奇也；惟梁国桥玄、南阳何颙异焉。玄谓太祖曰："天下将乱，非命世之才不能济也[5]，能安之者，其在君乎！"年二十，举孝廉为郎，除洛阳北部尉，迁顿丘令，征拜议郎。

注释

①讳：避讳，古代对帝王和长辈不能直接称呼名字，表示尊敬。②嗣：继承。③权数：谋略，权术，有随机应变和善于出谋划策的才能。④行业：操行，学业。⑤济：帮助，拯救。

译文

魏太祖武皇帝是沛国谯县人，姓曹，名操，字孟德，相传是西汉相国曹参的后代。汉桓帝时，曹腾任中常侍大长秋，被封为费亭侯。曹腾的养子曹嵩继承了爵位，官职做到太尉，但是人们根本搞不清楚他的来龙去脉。曹嵩生了曹操。

曹操少年时就很机警，富于权谋，但由于喜好行侠，任性放纵，不注重品行和学业，所以当时的人们并不觉得他有什么出奇的地方，只有梁国人桥玄和南阳人何颙

曹操

曹操，字孟德，小名阿瞒。东汉末年杰出的政治家、诗人。他"少机警，有权数"，中年即"运筹演谋，鞭挞宇内"灭北方之割据豪强，因此，被人称为"治世之能臣，乱世之奸雄"，是三国时期的风云人物。

觉得他不一般。桥玄曾对曹操说："天下快要大乱了。没有盖世才能是不能拯救国家的。能安定天下的人，大概就是您吧。"曹操二十岁时，被推举为孝廉，做了郎官，被任命为洛阳北部尉，又升任顿丘令，被征召为议郎。

原文

光和末，黄巾起。拜骑都尉，讨颍川贼。迁为济南相，国有十馀县，长吏多阿附贵戚[1]，赃污狼藉[2]，于是奏免其八；禁断淫祀[3]，奸宄逃窜，郡界肃然。久之，征还为东郡太守；不就[4]，称疾归乡里[5]。顷之，冀州刺史王芬、南阳许攸、沛国周旌等连结豪杰，谋废灵帝，立合肥侯，以告太祖，太祖拒之。芬等遂败。金城边章、韩遂杀刺史郡守以叛，众十馀万，天下骚动。征太祖为典军校尉。会灵帝崩，太子即位，太后临朝。大将军何进与袁绍谋诛宦官，太后不听。进乃召董卓，欲以胁太后，卓未至而进见杀。卓到，废帝为弘农王而立献帝，京都大乱。卓表太祖为骁骑校尉，欲与计事。太祖乃变易姓名，间行东归。出关，过中牟，为亭长所疑，执诣县，邑中或窃识之，为请得解。卓遂杀太后及弘农王。太祖至陈留，散家财，合义兵，将以诛卓。冬十二月，始起兵于己吾，是岁中平六年也。

注释

①阿附：附和、迎合。②狼藉：散乱不整齐。③淫祀：不合礼制规定的祭祀，这里指豪强滥设的祠庙。④就：就职。⑤乡里：这里指故乡。

译文

汉灵帝光和末年（184），黄巾军起义。朝廷任命曹操做骑都尉，去征讨颍川的贼寇，曹操因功升任济南国相。济南国下属有十几个县，各县的长官大多阿谀依附贵族和皇亲，贪污受贿，声名狼藉。鉴此，曹操上奏，罢免了其中的八个县官；又禁止过分的、不合礼制的祭祀。为非作歹的人逃走了，郡国境内平静有秩序。之后很久，他才被朝廷征召回去，任命为东郡太守。曹操没有去上任，称病回到家乡去了。

何进

何进，字遂高。本为屠户出身，因其妹被灵帝立为皇后而发迹，曾任镇压黄巾起义的总指挥，官至大将军。最后被张让等人杀死。

过了不久，冀州刺史王芬、南阳人许攸、沛国人周旌等人联络各地豪杰，阴谋废除汉灵帝，立合肥侯为皇帝。他们把这个计划告诉了曹操，曹操拒绝参与，王芬等人失败了。金城人边章、韩遂杀了刺史与郡守，发动叛乱，拥有十多万军队，全国因此震动不安。朝廷征召曹操任典军校尉。当时汉灵帝去世，太子做了皇帝，太后临朝听政。大将军何进和袁绍商议要诛杀宦官，太后不答应。何进就把董卓调来，想要用军队逼迫太后同意。董卓还没有到，何进就被杀害了。董卓来到后，把皇帝废黜为弘农王，另立了汉献帝。京城因此大乱。董卓上奏章，推荐曹操任骁骑校尉，想和他共同商议政事。曹操就改换了姓名，从小路逃回东方。曹操出了虎牢关，经过中牟县时，受到亭长的怀疑，被抓起来送到县里。县里有人暗地里认出了他，替他说情，才得到解脱。董卓杀死了太后和弘农王。曹操到了陈留，散发家财，聚集义兵，准备讨伐董卓。冬季十二月，曹操在己吾首先发兵，这一年是中平六年（189）。

原文

初平元年春正月，后将军袁术、冀州牧韩馥、豫州刺史孔伷、兖州刺史刘岱、河内太守王匡、勃海太守袁绍、陈留太守张邈、东郡太守桥瑁、山阳太守袁遗、济北相鲍信同时俱起兵，众各数万，推绍为盟主[1]。太祖行奋武将军[2]。

二月，卓闻兵起，乃徙天子都长安。卓留屯洛阳，遂焚宫室。是时绍屯河内，邈、岱、瑁、遗屯酸枣，术屯南阳，伷屯颍川，馥在邺。卓兵强，绍等莫敢先进。太祖曰："举义兵以诛暴乱，大众已合，诸君何疑？向使董卓闻山东兵起，倚王室之重[3]，据二周之险[4]，东向以临天下；虽以无道行之，犹足为患。今焚烧宫室，劫迁天子，海内震动[5]，不知所归，此天亡之时也。一战而天下定矣，不可失也。"遂引兵西，将据成皋。邈遣将卫

曹操像

曹操到了荥阳汴水后，遇上了董卓的部将徐荣，与他交战，没有取胜，死伤的士兵很多。曹操被流箭射中，所骑的马也受了伤。曹操的堂弟曹洪把自己的马让给他骑，他才能趁着夜色逃脱。

兹分兵随太祖。到荥阳汴水，遇卓将徐荣，与战不利，士卒死伤甚多。太祖为流矢所中，所乘马被创，从弟洪以马与太祖，得夜遁去。荣见太祖所将兵少，力战尽日，谓酸枣未易攻也，亦引兵还。

注释

①盟主：古指诸侯盟会中的首领，主持盟会的人。②行：兼任官职。③倚：依靠，倚赖。④据：占据，盘踞。⑤海内：四海之内，这里泛指中国。

译文

汉献帝初平元年（190）春季正月，后将军袁术、冀州牧韩馥、豫州刺史孔伷、兖州刺史刘岱、河内太守王匡、渤海太守袁绍、陈留太守张邈、东郡太守桥瑁、山阳太守袁遗、济北相鲍信同时一起发兵，每个人都率领了几万名士兵，推举袁绍做盟主。曹操代理奋武将军。

二月，董卓听说义兵进攻，就把汉献帝迁到长安去。董卓留驻洛阳，烧毁了宫殿。这时袁绍驻扎在河内，张邈、刘岱、桥瑁、袁遗驻扎在酸枣，袁术驻扎在南阳，孔伷驻扎在颍川，韩馥驻扎在邺县。董卓的兵力强盛，袁绍等人谁也不敢首先进攻。曹操说："兴起义兵来讨伐暴乱，大军已经汇合起来，各位还有什么可迟疑的？假如当初董卓一听说山东起兵，就倚仗朝廷的威重，占据二周地区的险要地形，向东方进攻，控制天下。这样，即便他的行为毫无道义，还是足以造成祸患。现在他焚烧宫室，胁迫皇帝迁走，四海之内都感到震惊，不知道该归依何处。这是上天要灭亡他的时候了。一次交战就可以平定天下，这个机会不能丧失呀！"曹操便领兵向西进攻，想占领成皋。张邈派遣将军卫兹领着一部分军队跟随曹操。曹操到了荥阳汴水后，遇上了董卓的部将徐荣，与他交战，没有取胜，死伤的士兵很多。曹操被流箭射中，所骑的马也受了伤。曹操的堂弟曹洪把自己的马让给他骑，他才能趁着夜色逃脱。徐荣见到曹操率领的士兵虽然不多，但还能奋战一整天，认为酸枣不容易攻克，于是也领兵回去了。

原文

太祖到酸枣，诸军兵十馀万，日置酒高会，不图进取。太祖责让之，因为谋曰："诸君听吾计，使勃海引河内之众临孟津，酸枣诸将守成皋，据敖仓，塞轘辕、太谷，全制其险①；使袁将军率南阳之军军丹、析，入武关，以震三辅②：皆高垒深壁，勿与战，益为疑兵，示天下形势，以顺诛逆③，可立定也。今兵以义动，持疑而不进，失天下之望，窃为诸君耻之！"邈等不能用。

太祖兵少，乃与夏侯惇等诣扬州募兵[4]，刺史陈温、丹杨太守周昕与兵四千馀人。还到龙亢，士卒多叛。至铚、建平，复收兵得千馀人，进屯河内。

刘岱与桥瑁相恶[5]，岱杀瑁，以王肱领东郡太守。

注释

①塞：堵塞。②辅：指京城附近的地区，指长安地区的京兆、右扶风、左凭倢三郡。③逆：叛逆，这里指违背道义。④募兵：招募军队。⑤恶：憎恨，讨厌。

译文

曹操到了酸枣，在酸枣的各路军队一共有十几万人，他们天天摆酒举行宴会，并没打算进攻。曹操指责他们，接着给他们出主意说："各位请听我的计策，让渤海太守领着河内的军队逼近孟津，酸枣的各路将军守住成皋，据守敖仓，堵塞轘辕和太谷，把这些险要地点全控制住；让袁将军率领南阳的军队进军丹、析地区，进入武关，这样就会使关中地区震动不安。大家都驻在高墙深沟内的堡垒里，不与敌人交战，增派小部队扰乱敌人，向全国表明当前形势，以顺应大势的力量去讨伐叛逆，可以马上平定天下。现在我们的军队打着义军的名号，却心存疑惑，不肯前进，让天下人失望，我私下里为各位感到羞耻。"张邈等人没有采纳曹操的意见。

曹操的兵力不多，就和夏侯惇等人到扬州去招募士兵。刺史陈温、丹杨太守周忻给了他四千多名士兵。曹操回到龙亢，士兵们大多叛逃了。曹操到建平等地再招收了一千多名士兵，进到河内驻扎。

刘岱和桥瑁有仇怨，刘岱杀了桥瑁，让王肱兼任东郡太守。

原文

袁绍与韩馥谋立幽州牧刘虞为帝，太祖拒之。绍又尝得一玉印[1]，于太祖坐中举向其肘[2]，太祖由是笑而恶焉[3]。

二年春，绍、馥遂立虞为帝，虞终不敢当。

夏四月，卓还长安。

秋七月，袁绍胁韩馥，取冀州。

黑山贼于毒、白绕、眭固等十馀万众略魏郡、东郡，王肱不能御，太祖引兵入东郡，击白绕于濮阳，破之。袁绍因表太祖为东郡太守，治东武阳。

三年春，太祖军顿丘，毒等攻东武阳。太祖乃引兵西入山，攻毒等本

屯。毒闻之，弃武阳还。太祖要击眭固，又击匈奴於夫罗于内黄，皆大破之[4]。

"皇后之玺"印

玉印是玉制的印玺，后来发展成为玉玺，作为皇帝权利的象征。袁绍私藏玉印，说明他有称帝的野心。

注释

①尝：曾经。玉印：玉制的印玺，袁绍私藏玉印，说明他有称帝的野心。②坐：坐席，座位。③笑：耻笑；恶：厌恶。④破：攻下，打败。

译文

袁绍和韩馥商议把幽州牧刘虞立为皇帝，曹操拒绝这样做。袁绍又曾经得到一颗玉印，在与曹操坐在一起时把印举向他的手肘。曹操因此大笑而且开始厌恶袁绍。

初平二年（191）春天，袁绍、韩馥还是要立刘虞做皇帝，但刘虞始终不敢接受。

夏季四月，董卓回到长安。

秋季七月，袁绍胁迫韩馥，夺取了幽州。

黑山一带的贼人于毒、白绕、眭固等十多万人在魏郡、东郡一带抢掠，王肱不能抵御。曹操领兵进入东郡，在濮阳攻打白绕，打败了他们。袁绍就此上奏请任命曹操为东郡太守，府治设在东武阳。

初平三年（192）春天，曹操在顿丘驻军。于毒等人攻打东武阳。曹操便领兵向西进入山中，攻打于毒等人的大本营。于毒听到消息，放弃了东武阳退兵回去。曹操在半路上截击眭固，又在内黄攻击匈奴於夫罗的军队，把他们全都打败了。

原文

夏四月，司徒王允与吕布共杀卓。卓将李傕、郭汜等杀允攻布，布败，东出武关。傕等擅朝政。

青州黄巾众百万入兖州，杀任城相郑遂，转入东平。刘岱欲击之，鲍信谏曰："今贼众百万，百姓皆震恐，士卒无斗志，不可敌也。观贼众群辈相随[1]，军无辎重[2]，唯以钞略为资[3]，今不若畜士众之力[4]，先为固守。彼欲战不得，攻又不能，其势必离散，后选精锐，据其要害，击之可破也。"岱不从，遂与战，果为所杀。信乃与州吏万潜等至东郡迎太祖领兖州牧。遂进兵击黄巾于寿张东。信力战斗死，仅而破之[5]。购求信丧不得，众乃

刻木如信形状，祭而哭焉。追黄巾至济北。乞降。冬，受降卒三十馀万，男女百馀万口，收其精锐者，号为青州兵。

袁术与绍有隙，术求援于公孙瓒，瓒使刘备屯高唐，单经屯平原，陶谦屯发干，以逼绍。太祖与绍会击，皆破之。

注释

①群辈：指农民起义军的老少家属。②辎重：随军的军用物资，粮草、给养等物资。③钞略：强取，略夺。资：给养。④畜：通“蓄”，积蓄。⑤仅而：勉强能够。

译文

夏季四月，司徒王允和吕布一起杀了董卓。董卓的部将李傕、郭汜等人杀了王允，攻打吕布。吕布战败，向东逃出武关。李傕等人控制了朝政。

青州黄巾军一百万人进入兖州，杀死了任城相郑遂，又转移到东平。刘岱想要去攻打他们，鲍信劝道：“现在贼军人马上百万，老百姓都感到震惊恐慌。士兵们没有斗志，不能与他们交战。我看贼军中有大量的老人小孩跟随，却没有辎重物资，只靠抢掠过活。现在不如积蓄我们军队的力量，先进行固守。敌人想要作战不成，想攻城也没有办法，势必会溃散分离，然后我们选出精锐军队，占据要害地点，攻击他们，就可以打败敌人。”刘岱不听，就和黄巾军交战，果然被杀死了。鲍信便和州吏万潜等人到东郡去迎接曹操来兼任兖州牧。曹操进军到寿张县以东攻打黄巾军。鲍信奋力作战而死，才勉强打败

●红巾军起义

如同东汉末年的黄巾军起义，红巾军起义是爆发于元顺帝至元十一年的一次农民战争。末代王朝往往会有许多人民的起义发生。因为在那个时候，统治者剥削严酷，统治腐败，官逼民反。

了敌人。曹操悬赏寻找鲍信的尸体，但没有找到。大家便用木头刻成鲍信的形象，哭着祭奠他。曹操追赶黄巾军，一直追到济北。黄巾军乞求投降。冬季，曹操接受了三十多万降兵及男女家属一百多万人，挑选出其中的精锐兵士，称为“青州兵”。

袁术和袁绍有矛盾，袁术向公孙瓒请求援助，公孙瓒就派刘备驻扎在高唐，单经驻扎在平原，陶谦驻扎在发干，用来威胁袁绍。曹操与袁绍一起出兵攻击，把他们全都打败了。

原文

四年春，军鄄城。荆州牧刘表断术粮道[1]，术引军入陈留，屯封丘[2]，黑山馀贼及於夫罗等佐之。术使将刘详屯匡亭[3]。太祖击详，术救之，与战，大破之。术退保封丘，遂围之，未合，术走襄邑，追到太寿，决渠水灌城。走宁陵，又追之，走九江。

夏，太祖还军定陶。

下邳阙宣聚众数千人，自称天子；徐州牧陶谦与共举兵[4]，取泰山华、费，略任城。秋，太祖征陶谦，下十馀城[5]，谦守城不敢出。

是岁，孙策受袁术使渡江，数年间遂有江东。

注释

①粮道：运粮的通道。②封丘：地名，在河南省。③匡亭：地名，在今河南省。④举兵：领兵起义。⑤下：攻下。

译文

初平四年（193）春天，曹操驻扎在鄄城。荆州牧刘表截断了袁术的运粮道路。袁术领兵进入陈留，驻扎在封丘。黑山残余的贼军与於夫罗等人协助他。袁术派将军刘详驻扎在匡亭。曹操去攻击刘详，袁术去救援，曹操与袁术交战，重创袁术。袁术撤退去守卫封丘，曹操就包围了他。但还未来得及合围，袁术便逃向襄邑。曹

马跳檀溪

刘表想要废长立幼，刘备劝止，惹恼了刘表的继妻蔡氏。蔡氏命其弟蔡瑁加害刘备。伊籍暗通消息于刘备。刘备仓皇乘马逃走，被追至檀溪，马越过檀溪。刘备也因此遇见了水镜先生。

操追到太寿，挖开水渠引水灌城。袁术又逃向宁陵，曹操追他，袁术逃向九江。

夏季，曹操的军队回到定陶。

下邳人阙宣聚集几千人，自称天子。徐州牧陶谦和他一起发兵，夺取了泰山郡的华县、费县，占了任城。秋季，曹操去征讨陶谦，攻占了十几座城市。陶谦坚守城池，不敢出战。

这一年，孙策接受袁术的命令，渡江南下。几年之内就占领了江东。

原文

兴平元年春，太祖自徐州还。初，太祖父嵩，去官后还谯，董卓之乱，避难琅邪，为陶谦所害，故太祖志在复仇东伐。

夏，使荀彧、程昱守鄄城，复征陶谦，拔五城，遂略地至东海。还过郯，谦将曹豹与刘备屯郯东，要太祖。太祖击破之，遂攻拔襄贲，所过多所残戮。会张邈与陈宫叛迎吕布[1]，郡县皆应。荀彧、程昱保鄄城，范、东阿二县固守，太祖乃引军还。布到，攻鄄城不能下，西屯濮阳。太祖曰："布一旦得一州，不能据东平，断亢父、泰山之道，乘险要我，而乃屯濮阳，

戚继光抗倭

戚继光是明朝的抗倭名将。戚家军纪律严明，极具战斗力，这与戚继光一马当先、身先士卒是分不开的。曹操在待人用兵方面也是以身作则，值得肯定的。

吾知其无能为也。"遂进军攻之。布出兵战，先以骑犯青州兵。青州兵奔，太祖陈乱[2]，驰突火出，坠马，烧左手掌。司马楼异扶太祖上马，遂引去。未至营止，诸将未与太祖相见，皆怖。太祖乃自力劳军[3]，令军中促为攻具[4]，进复攻之，与布相守百馀日。蝗虫起，百姓大饿，布粮食亦尽，各引去[5]。

注释

①迎：迎接。②陈：通"阵"军队作战时摆出的作战队形。③自力：自己奋力支持。④促为：赶快准备。⑤引：带领军队撤退。

译文

兴平元年（194）春天，曹操从徐州回来。当初，曹操的父亲曹嵩离职后回到谯郡，董卓作乱时他又到琅琊去避难，被陶谦杀害，所以曹操有了进攻东方来复仇的意向。

夏季，曹操派荀彧和程昱守卫鄄城，再次讨伐陶谦，攻下了五座城市，占领了许多土地，一直攻到东海。回来时经过郯县，陶谦的部将曹豹和刘备驻扎在郯县东边，拦击曹操。曹操打败了他们，接着攻下了襄贲。他复仇心切，所经之处，破坏城池杀戮人民。正赶上张邈和陈宫叛变，迎接吕布，各郡县纷纷响应。荀彧和程昱守卫住鄄城，范县和东阿县两个县也固守住了。曹操便领兵回来。吕布来到徐州后，攻打鄄城，没有攻下，向西去驻扎在濮阳。曹操说："吕布突然轻易地得了一个州，却不能占据东平，截断亢父和泰山的道路，利用险要地形截击我们，而去驻在濮阳。我就知道他已经无所作为了。"便进军去攻打吕布。吕布出兵应战，先派出骑兵进攻青州兵。青州兵逃走，曹操的军阵被冲乱。曹操冒着火骑马冲出来，但从马上坠落在地，烧伤了左手掌。司马楼异把曹操扶上马，领着他冲了出去。曹操还没有回到军营，各位将领没有见到曹操，都很惊慌。曹操支撑着亲自去慰劳军队，命令军队中赶快制作攻城的用具，准备再次进军攻打吕布。曹操的军队与吕布对峙了一百多天。这时闹蝗灾，老百姓们陷入饥荒，吕布军队的粮食也吃完了，双方就分别退走了。

原文

秋九月，太祖还鄄城。布到乘氏[1]，为其县人李进所破，东屯山阳。于是绍使人说太祖，欲连和[2]。太祖新失兖州，军食尽，将许之。程昱止太祖，太祖从之。

冬十月，太祖至东阿。

是岁谷一斛五十馀万钱，人相食，乃罢吏兵新募者。陶谦死，刘备代之。

二年春，袭定陶。济阴太守吴资保南城，未拔。会吕布至，又击破之。

夏，布将薛兰、李封屯钜野，太祖攻之，布救兰，兰败，布走，遂斩兰等。布复从东缗与陈宫将万馀人来战，时太祖兵少，设伏，纵奇兵击[3]，大破之。布夜走，太祖复攻，拔定陶，分兵平诸县。布东奔刘备，张邈从布，使其弟超将家属保雍丘。秋八月，围雍丘。

冬十月，天子拜太祖兖州牧。

十二月，雍丘溃，超自杀，夷邈三族[4]。邈诣袁术请救，为其众所杀，兖州平，遂东略陈地[5]。

注释

①乘氏：地名，在今山东省钜野县西南。②连和：联合。③纵：指挥。④夷：杀死。三族：一般指父族、母族、妻族。⑤陈：王国名。治所在陈县。

译文

秋天九月，曹操回到了鄄城。吕布到了乘氏县，被乘氏县人李进打败了，便驻扎在东边的山阳。这时袁绍派人来劝说曹操，想与之联合。当时曹操刚刚丢了兖州，军队的粮食也吃完了，就想答应袁绍。程昱劝阻曹操，曹操就接受了程昱的意见。

冬季十月，曹操到了东阿县。

这一年的谷子卖到一斛五十多万钱，出现了人吃人的现象。曹操就把新招募来的官吏与士兵遣散了。这时陶谦去世，刘备接替他，代理荆州牧。

兴平二年（195）春天，曹操袭击定陶。济阴太守吴资守卫住南城，没有被曹操攻占。正遇上吕布来到，曹操打败了他。

当年夏天，吕布部将薛兰、李封驻扎在钜野，曹操去攻打他们，吕布来救薛兰，薛兰被打败，吕布逃走了，薛兰等人被杀。吕布又从东缗出发，与陈宫率领一万多士兵来交战。当时曹操的兵力很少，就设下埋伏，派出奇兵袭击吕布，把他们打败。吕布连夜逃走。曹操又去进占了定陶，分派兵力，把各县都平定了。吕布向东逃跑，去投奔刘备。张邈跟随吕布，让弟弟张超率领家人守卫雍丘。秋季八月，曹操包围了雍丘。

冬季十月，皇帝任命曹操为兖州牧。

十二月，雍丘被攻克，张超自杀。曹操杀光了张邈的父母、妻子等三族亲属。张邈到袁术那里求援，被袁术的部下杀死。兖州全部被平定，曹操就向东方去攻占陈的土地。

是岁，长安乱，天子东迁，败于曹阳，渡河幸安邑[1]。

建安元年春正月，太祖军临武平，袁术所置陈相袁嗣降。太祖将迎天子，诸将或疑，荀彧、程昱劝之[2]，乃遣曹洪将兵西迎，卫将军董承与袁术将苌奴拒险，洪不得进。汝南、颍川黄巾何仪、刘辟、黄邵、何曼等，众各数万，初应袁术，又附孙坚[3]。

挟天子以令诸侯

献帝刘协自被董卓劫至长安后，一直处于颠沛流离之中。公元196年，献帝终于回到洛阳。八月，曹操亲至洛阳朝见献帝。随即挟持汉帝迁都许县，从此，曹操取得了“挟天子以令诸侯”的优势。这是曹操政治上的一大成功。

二月，太祖进军讨破之，斩辟、邵等，仪及其众皆降。天子拜太祖建德将军，夏六月，迁镇东将军，封费亭侯。

秋七月，杨奉、韩暹以天子还洛阳，奉别屯梁。太祖遂至洛阳，卫京都，暹遁走。天子假太祖节钺，录尚书事。洛阳残破，董昭等劝太祖都许。

九月，车驾出轘辕而东[4]，以太祖为大将军，封武平侯。自天子西迁，朝廷日乱，至是宗庙社稷制度始立[5]。

注释

①幸：指帝王到达某个地方。②劝：勉励，鼓励。③附：归顺，依附。④车驾：皇帝外出时候乘坐的车子，后来用这个指代皇帝。⑤至是：到这个时候。

译文

这一年，长安发生动乱，皇帝东迁，在曹阳被叛军打败，渡过黄河来到安邑。

建安元年（196）春季元月，曹操的军队来到武平城，袁术安置的陈地守将袁嗣投降。曹操要去迎接汉献帝，各位将领中有人表示不解。荀彧和程昱劝说曹操去接汉献帝，于是派曹洪领兵向西去迎接。卫将军董承与袁术的部将苌奴占据险要地势抵挡，曹洪没办法前进。汝南、颍川的黄巾军何仪、刘辟、黄邵、何曼等人，各自聚众数万人。他们最先响应袁术，后又依附孙坚。

二月，曹操进军讨伐，打败了他们，杀了刘辟、黄邵等人。何仪和他的部下全部投降了。汉献帝任命曹操为建德将军，夏季六月，又升为镇东将军，封为费亭侯。

秋季七月，杨奉与韩暹把汉献帝送回洛阳。杨奉另行驻在梁城。曹操便来到洛阳，保卫京城。韩暹逃走了。汉献帝给予曹操假天子节钺的名号，录尚书事。洛阳城市残破，董昭等人劝说曹操把都城建在许昌。

九月，汉献帝的车驾出了轘关向东去。献帝任命曹操为大将军，封他做武平侯。自从天子西迁，朝政日益混乱，到了这时，才又开始建立起宗庙社稷的各项制度。

原文

天子之东也，奉自梁欲要之，不及。

冬十月，公征奉[1]，奉南奔袁术，遂攻其梁屯，拔之。于是以袁绍为太尉，绍耻班在公下[2]，不肯受。公乃固辞，以大将军让绍。天子拜公司空，行车骑将军。是岁用枣祗、韩浩等议，始兴屯田[3]。

吕布袭刘备，取下邳。备来奔。程昱说公曰："观刘备有雄才而甚得众心，终不为人下，不如早图之[4]。"公曰："方今收英雄时也[5]，杀一人而失天下之心，不可。”张济自关中走南阳。济死，从子绣领其众。

二年春正月，公到宛。张绣降，既而悔之，复反。公与战，军败，为流矢所中⑥，长子昂、弟子安民遇害。公乃引兵还舞阴，绣将骑来钞，公击破之。绣奔穰，与刘表合。公谓诸将曰：“吾降张绣等，失不便取其质⑦，以至于此。吾知所以败。诸卿观之，自今已后不复败矣。”遂还许。

整弓箭

弓箭是古代一种远射兵器，它射程远，杀伤力大，是战争中的重要武器。如今，射箭已经变成了一种运动。

注释

①公：指曹操。征：讨伐，征讨。②班：位次，规定等级。③兴：兴起，实行。④图：图谋，设法对付。⑤方今：当今，现在。收：召集，网罗。⑥流矢：乱箭。⑦质：人质。

译文

汉献帝东迁的时候，杨奉准备从梁城截击他们，却没有赶上。

冬季十月，曹操征讨杨奉，杨奉向南方逃走，投奔袁术去了。曹操就攻打杨奉在梁城的营地，并攻克了它。这时朝廷任命袁绍为太尉。袁绍认为太尉的职位在曹操之下，感到是耻辱，不肯接受。曹操就坚决辞去大将军的职务，把它让给袁绍。汉献帝任命曹操做司空，代理车骑将军的职务。这一年，曹操采纳了枣祗、韩浩等人的建议，开始兴办屯田。

吕布袭击刘备，夺取了下邳。刘备来投奔曹操。程昱劝说曹操：“我看刘备有雄才大略，又非常能得到大众的拥护，终究不会居于人下，不如尽早除掉他。”曹操说：“现在正是吸纳英雄的时候，杀了一个人就会失掉天下人心，我不能这样做。”张济从关中逃到南阳。张济死后，他的侄子张绣统领他的部下。

建安二年（197）春季正月，曹操到了宛城。张绣投降了，过了不久感到后悔，就又叛变。曹操和张绣交战，打了败仗。曹操被箭射中，他的长子曹昂、侄子曹安民都被杀死。曹操就领兵退回舞阴。张绣率领骑兵来包抄，曹操把他们打败了。张绣奔到穰县，与刘表会合。曹操对众将领说：“我招降了张绣等人，错在没有马上收编他们的军队，留下他们做人质，以致造成这样的失败。我知道为什么失败了。各位请看着吧，从今以后，我不会再失败了。”于是回到许都。

原文

袁术欲称帝于淮南[1]，使人告吕布。布收其使[2]，上其书[3]。术怒，攻布，为布所破。秋九月，术侵陈，公东征之。术闻公自来，弃军走，留其将桥蕤、李丰、梁纲、乐就；公到，击破蕤等，皆斩之。术走渡淮。公还许。公之自舞阴还也，南阳章陵诸县复叛为绣，公遣曹洪击之，不利，还屯叶，数为绣、表所侵[4]。

冬十一月，公自南征，至宛。表将邓济据湖阳[5]。攻拔之，生擒济，湖阳降。攻舞阴，下之。

三年春正月，公还许。初置军师祭酒。三月，公围张绣于穰。

夏五月，刘表遣兵救绣，以绝军后。公将引还，绣兵来追，公军不得进，连营稍前。公与荀彧书曰：“贼来追吾，虽日行数里，吾策之，到安众，破绣必矣。”到安众，绣与表兵合守险，公军前后受敌。公乃夜凿险为地道，悉过辎重，设奇兵。会明，贼谓公为遁也，悉军来追。乃纵奇兵步骑夹攻，大破之。

秋七月，公还许。荀彧问公：“前以策贼必破，何也？”公曰：“虏遏吾归师，而与吾死地战，吾是以知胜矣。”

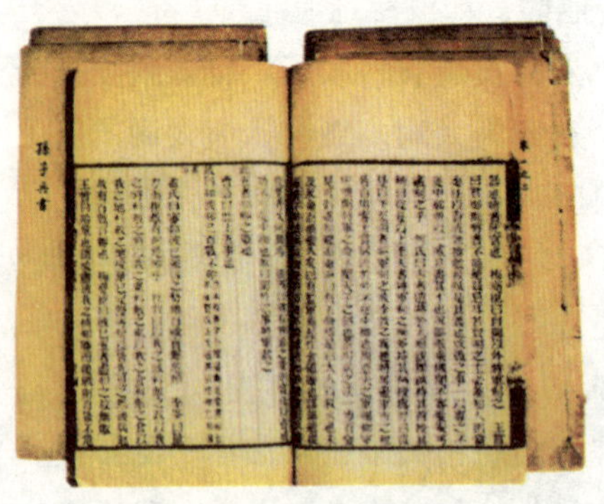

◉《孙子兵法》书影

在安众，曹操在不利的情况下战胜了刘表和张琇的军队，运用的是“置之死地而后生”的计谋。此计出自《孙子·九地》：“投之亡地而后存，陷之死地然后生”。

注释

①淮南：国、郡名。汉初为淮南国，魏国改为淮南郡。②收：扣留。③上：指向朝廷报告。④数：屡次，多次。⑤湖阳：县名，在今天的河南省叶县南。

译文

袁术想在淮南称帝，派人告诉了吕布。吕布逮捕了袁术的使节，把他的书信送上朝廷。袁术大怒，去攻打吕布，被吕布打败。秋季九月，袁术进犯陈地，曹操向东去讨伐他。袁术听说曹操亲自来进攻，弃军而逃，留下他的部将桥蕤、李丰、梁纲、乐就迎战。曹操到了陈地，打败了桥蕤等人，把他们全杀了。袁术逃走，渡过淮河。曹操返回许都。曹操从舞阴回来的时候，南阳、章陵各县又叛变，投向张绣。曹操派曹洪去攻打他们，没有战胜，退回来驻守叶县，又多次遭到张绣、刘表的袭击。

冬季十一月，曹操亲自南征，到了宛城。刘表的部将邓济占据了湖阳。曹军进攻，攻占了湖阳，活捉了邓济，湖阳的敌人投降。曹操攻打舞阴，并攻克了它。

建安三年（198）春季正月，曹操回到许都，开始设置军师祭酒的职位。三月，曹操在穰县包围了张绣。

夏季五月，刘表派遣军队救援张绣，截断曹军的后路。曹操准备领兵退回，张绣的军队就来追击。曹操的军队无法前进，便将军营相连，逐渐向前。曹操给荀彧写信说："贼人在追击我。虽然我军每天只能走几里地，但我预计，到了安众以后，就一定能打败张绣。"在安众，张绣与刘表的军队合兵防守险要地势，曹军前后受敌。曹操就在夜里挖开险要路口，凿通地道，把辎重全运送过去，设下奇兵。天亮以后，对方以为曹军逃跑了，就出动全部军队来追赶。曹操就发动奇兵，步兵、骑兵两面夹攻，大败张绣等人的军队。

秋天七月，曹操回到许都。荀彧问曹操："前些时日，您预计敌人一定会被打败，是根据什么呢？"曹操说："敌人阻挡住我们的退路，是和我们陷入死地的士兵决战，因此我知道我们会胜利。"

原文

吕布复为袁术使高顺攻刘备[1]，公遣夏侯惇救之，不利。备为顺所败。

九月，公东征布。

冬十月，屠彭城[2]，获其相侯谐。进至下邳，布自将骑逆击[3]。大破之，获其骁将成廉。追至城下，布恐，欲降。陈宫等沮其计[4]，求救于术，劝布出战，战又败，乃还固守，攻之不下。时公连战，士卒罢[5]，欲还，用荀攸、郭嘉计，遂决泗、沂水以灌城。

月馀，布将宋宪、魏续等执陈宫，举城降，生禽布、宫，皆杀之。太山臧霸、孙观、吴敦、尹礼、昌豨各聚众。布之破刘备也，霸等悉从布。布败，获霸等，公厚纳待，遂割青、徐二州附于海以委焉，分琅邪、东海、北海为城阳、利城、昌虑郡。

注释

①为：替。高顺：人名，吕布部下的大将。②逆：迎接，这里指接战。③屠：任意屠杀。④沮：阻止。⑤罢：通"疲"，疲劳，疲惫，疲乏。

● 戏曲中的曹操形象

曹操在下邳大败吕布，兵临城下，吕布害怕，想要投降，最后被陈宫劝住。在久攻不下的情况下，曹操引水灌城，终于拿下了吕布。

译文

吕布又为了袁术而派高顺攻打刘备，曹操派夏侯惇去援救刘备，没有取胜。刘备被高顺打败了。

九月，曹操东征吕布。

冬季十月，在彭城屠杀居民，抓住了彭城相侯谐。曹军前进到下邳，吕布亲自率领骑兵迎击。曹操大败吕布，俘获吕布的猛将成廉，一直追到下邳城下。吕布害怕了，想要投降。陈宫等人打消了他的想法，一边向袁术去求援，一边劝吕布出战。吕布出战再败，就回来坚守。曹操攻打不下来。当时，曹操连续作战，士兵疲惫不堪，想要回去。曹操便采纳了荀攸、郭嘉的计策，挖开泗水、沂水，用河水灌城。

过了一个多月，吕布的部将宋宪、魏续等人抓住了陈宫，献出城池投降。活捉了吕布、陈宫，把他们全都杀了。太山人臧霸、孙观、吴敦、尹礼、昌豨等人各自聚集人众。吕布打败刘备时，臧霸等人全跟随了吕布。吕布失败后，曹操抓住了臧霸等人，给他们优厚的待遇，把青州、徐州两地沿海的土地分割出来委任他们管理。从琅琊郡、东海郡、北海郡中分出了城阳郡、利城郡和昌虑郡。

原文

初，公为兖州，以东平毕谌为别驾[1]。张邈之叛也，邈劫谌母弟妻子[2]；公谢遣之[3]，曰："卿老母在彼，可去。"谌顿首无二心[4]，公嘉之，为之流涕。既出，遂亡归。及布破，谌生得，众为谌惧，公曰："夫人孝于其亲者，岂不亦忠于君乎！吾所求也。"以为鲁相[5]。

四年春二月，公还至昌邑。张杨将杨丑杀杨，眭固又杀丑，以其众属袁绍，屯射犬。夏四月，进军临河，使史涣、曹仁渡河击之。固使杨故长史薛洪、河内太守缪尚留守，自将兵北迎绍求救，与涣、仁相遇犬城。交战，大破之，斩固。公遂济河，围射犬。洪、尚率众降，封为列侯，还军敖仓。以魏种为河内太守，属以河北事。

注释

①别驾：官名，是州牧、刺史的佐官。因为当他们跟随州牧、刺史出行时，别乘驿车随行，所以称为“别驾”。②劫：扣留。③谢：感谢，这里指有惋惜，不得已的意思。④顿首：叩头，头叩地而拜，旧时用作下对上的敬礼。⑤以为：任用。

● 仲由

仲由，字子路，是春秋时期的鲁国人，他是一位有名的孝子。为了能让父母吃上大米，子路每天走很远的路去买米。子路不仅是个孝子，也是一位忠诚之人。孔子十分赏识他，收他为弟子。

译文

当初，曹操做兖州牧时，任命东平人毕谌为别驾。张邈叛乱时，劫走了毕谌的母亲、弟弟和妻子儿女。曹操向毕谌道歉，让他回去，说：“您的老母亲在张邈那里，您可以去他那边。”毕谌叩头表示没有二心。曹操夸奖他，为他的忠诚流下了热泪。毕谌趁出行的机会，逃归张邈。在吕布被打败后，毕谌也被活捉了。大家都为毕谌担心。曹操说：“那种能够孝敬父母的人，难道会不忠于他的国君吗？这正是我要寻找的人啊！”便让毕谌做鲁国相。

建安四年（199）春季二月，曹操回到昌邑，张杨的部将杨丑杀了张杨，眭固又杀了杨丑，带着张杨的部属归顺袁绍，驻扎在射犬。夏季四月，曹操进军，到了黄河边上，派遣史涣、曹仁渡过河去攻打眭固，眭固让原任张杨长史的薛洪和河内太守缪尚留守，自己率领军队向北去迎接袁绍，向袁绍求救。眭固和史涣、曹仁在犬城相遇，双方交战。曹军大败眭固的军队，杀死了他。曹操接着渡过了黄河，包围了射犬。薛洪和缪尚率领部下投降，被封为列侯。曹操领兵回到敖仓，任命魏种为河内太守，把黄河以北的事务委托给他。

原文

初，公举种孝廉。兖州叛，公曰：“唯魏种且不弃孤也[1]。”及闻种走，公怒曰：“种不南走越，北走胡[2]，不置汝也[3]！”既下射犬，生禽种，公曰：“唯其才也！”释其缚而用之。是时袁绍既并公孙瓒，兼四州之地[4]，众十馀万，将进军攻许。诸将以为不可敌，公曰：“吾知绍之为人，志大而智小，色厉而胆薄，忌克而少威[5]，兵多而分画不明，将骄而政令不一，土地虽广，粮食虽丰，适足以为吾奉也。”

武则天不拘一格用人才

武则天是中国历史上唯一的女皇帝。她不拘一格选用人才，使许多有才能的人得以施展才华。狄仁杰就是其中一位。曹操对人才的选用也是不遗余力的，只要是有才能，都能得到他的赏识。

秋八月，公进军黎阳，使臧霸等入青州破齐、北海、东安，留于禁屯河上。

九月，公还许，分兵守官渡。

冬十一月，张绣率众降，封列侯。

十二月，公军官渡。

注释

①且：这里表示猜测可能的意思。弃：放弃，背弃的意思。孤：古代帝王对自己的称呼。②胡：指古代北方的部落。③置：放过，饶恕。④兼：兼并，吞并。四州：指代青州、幽州、并州和冀州。⑤忌克：嫉妒、刻薄。

译文

起初，曹操推荐魏种为孝廉。兖州叛变时，曹操说："只有魏种不会背弃我。"等到曹操听说魏种也逃走了，愤怒地说："魏种只要不向南逃到越人那里，不向北逃到胡人那里，我就不会放过他。"等到攻下射犬，活捉了魏种，曹操说："看在他的才能上吧。"给他松了绑并且任用了他。这时，袁绍已经兼并了公孙瓒，一共占有四个州的土地，有十几万军队，准备进军攻打许都。曹操的部将都认为无法抵御。曹操说："我了解袁绍的为人。他志向大而才智低，外表严厉而内心胆小，好猜忌又缺少威望，他的士兵虽然多，但部署得不得当，将领骄横，政令不统一。虽然他的土地广阔，粮食充足，却是正好拿来奉送给我的。"

秋季八月，曹操进军到黎阳，派臧霸等人进入青州，攻克齐、北海、东安等郡，留下于禁在黄河边上驻守。

九月，曹操回到许都，分派一支部队守住官渡。

冬季十一月，张绣率领军队投降，被封为列侯。

十二月，曹操到官渡驻扎。

原文

袁术自败于陈，稍困[1]，袁谭自青州遣迎之[2]。术欲从下邳北过，公遣刘备、朱灵要之[3]。会术病死。程昱、郭嘉闻公遣备，言于公曰："刘备不可纵[4]。"公悔，追之不及。备之未东也，阴与董承等谋反，至下邳，遂杀徐州刺史车胄，举兵屯沛。遣刘岱、王忠击之，不克。庐江太守刘勋率众降[5]，封为列侯。

五年春正月，董承等谋泄，皆伏诛。公将自东征备，诸将皆曰："与公争天下者，袁绍也。今绍方来而弃之东，绍乘人后，若何？"公曰："夫刘备，人杰也，今不击，必为后患。袁绍虽有大志，而见事迟，必不动也。"郭嘉亦劝公，遂东击备，破之，生禽其将夏侯博。备走奔绍，获其妻子。备将关羽屯下邳，复进攻之，羽降。昌豨叛为备，又攻破之。公还官渡，绍卒不出。

注释

①稍困：逐渐衰微。②袁谭：人名，袁绍的长子。③要：通"腰"，中间截获。④纵：放走。⑤率：带领。

译文

袁术自从在陈地被打败后，逐渐陷入困境。袁谭从青州派人去迎接他。袁术打算途经下邳的北边，曹操派刘备和朱灵去

截击。正巧袁术病死了。程昱和郭嘉听说曹操派刘备出兵，对曹操说："不能放刘备出去。"曹操后悔了，派人去追刘备，已经来不及了。刘备没有到东方去的时候，暗地里与董承等人谋划造反，到了下邳后，刘备就杀了徐州刺史车胄，统领军队，驻在沛县。曹操派刘岱和王忠去攻打他，没有战胜。庐江太守刘勋率领部下投降，被封为列侯。

建安五年（200）春季正月，董承等人的阴谋败露，全部被处死。曹操准备亲自东征刘备。众将领都说："与您争夺天下的人是袁绍。现在袁绍正领兵来，而您却不管他，向东进攻；如果袁绍趁机在后面攻击我们，该怎么办？"曹操说："刘备是人中豪杰，现在不去打败他，将来一定会成为后患。袁绍虽然有大志，但他遇事迟疑不能当机立断，一定不会出击的。"郭嘉也鼓励曹操，于是向东去攻打刘备并打败了他，活捉了他的部将夏侯博。刘备逃走，投奔了袁绍。曹军捉住了刘备的妻子儿女。刘备的部将关羽驻守在下邳。曹操再去进攻，关羽投降了。昌豨叛变，投向刘备。曹操又进攻打败了他。曹操回到官渡，而袁绍始终没有出兵。

原文

二月，绍遣郭图、淳于琼、颜良攻东郡太守刘延于白马，绍引兵至黎阳，将渡河。夏四月，公北救延。荀攸说公曰："今兵少不敌，分其势乃可。公到延津，若将渡兵向其后者，绍必西应之，然后轻兵袭白马[1]，掩其不备，颜良可禽也。"公从之。

绍闻兵渡，即分兵西应之。公乃引军兼行趣白马，未至十馀里，良大惊，来逆战。使张辽、关羽前登[2]，击破，斩良。遂解白马围，徙其民，循河而西。绍于是渡河追公军，至延津南。公勒兵驻营南阪下，使登垒望之，曰："可五六百骑。"有顷，复白："骑稍多，步兵不可胜数。"公曰："勿复白。"乃令骑解鞍放马。是时，白马辎重就道。诸将以为敌骑多，不如还保营。荀攸曰："此所以饵敌[3]，如何去之！"绍骑将文丑与刘备将五六千骑前后至。诸将复白："可上马。"公曰："未也。"有顷，骑至稍多，或分趣辎重[4]。公曰："可矣。"乃皆上马。时骑不满六百，遂纵兵击，大破之，斩丑。良、丑皆绍名将也，再战，悉禽[5]，绍军大震。公还军官渡。绍进保阳武。关羽亡归刘备。

注释

①轻兵：轻骑兵。②前登：首先接战。③饵：引诱。④分趣：分别载重。⑤悉禽：全部擒获。

斩颜良、诛文丑

颜良是袁绍的部下，有威名。但“性促狭，虽骁勇不可独任。”建安四年，袁绍以颜良、文丑为将率，简精卒十万，准备攻许。曹操、刘备救许，将袁绍的两元大将斩杀。

译文

二月，袁绍派遣郭图、淳于琼、颜良去白马进攻东郡太守刘延。袁绍领兵到黎阳，准备渡过黄河。夏季四月，曹操向北救援刘延。荀攸劝曹操说：“现在我们兵力少，无法与袁绍抗衡，必须分散他的兵力才可以取胜。您到了延津后，做出好像要渡河去攻打袁绍后方的样子。袁绍一定会向西进军来迎击。然后您派出快速部队去袭击白马，趁敌人没有防备时偷袭，就可以抓住颜良。”曹操接受了他的意见。

袁绍听说曹军渡河，果然分出一支队伍去西边应战。曹操于是领兵昼夜兼程直奔白马。距白马只有十几里路时，颜良才得信，大吃一惊，匆忙出兵迎战。曹操派张辽和关羽为先锋攻城，打败颜良的军队，杀死了颜良。曹操便解除了对白马的包围，把白马的居民迁走，沿着黄河西去。袁绍于是渡过黄河，追击曹军，追到延津南面。曹操整顿好军队，把军营扎在南山坡下，派人爬上堡垒顶上，观察敌军。观察的人说：“大约有五六百个骑兵。”不一会儿，又报告说：“骑兵在逐渐增加，步兵数都数不过来。”曹操说：“不用再说了。”就命令骑兵解下马鞍，放开马匹。这时，曹军从白马缴获的物资都放在路上。众将领都认为敌人骑兵众多，不如退回去守住营垒。荀攸说：“这是用来引诱敌人的钓饵，怎么可以拉走呢？”袁绍的部将文丑与刘备率领五六千名骑兵先后追上来。众将领又说：“可以上马了。”曹操说：“不到时候。”过了一会儿，前来的袁军骑兵越来越多，有人分头去取物资辎重。曹操说：“可以了。”就让曹军全部上马。当时曹操只有不足六百名骑兵，全部出动去冲击，把袁军打得大败，杀死了文丑。颜良与文丑都是袁绍手下的名将，两次作战就被曹军消灭了。袁绍的军队大为震动。曹操的军队回到官渡。袁绍进军去保卫阳武。关羽逃走，回到刘备那里。

八月，绍连营稍前，依沙塠为屯[1]，东西数十里。公亦分营与相当，合战不利[2]。时公兵不满万，伤者十二三。绍复进临官渡，起土山地道。

孙策遇刺

孙策，字伯符，吴郡富春人，孙权的长兄。他是东汉末年割据江东的豪强，杰出的军事家。绰号“小霸王”。后因被刺客淬毒刺伤后身亡，享年二十六岁。

公亦于内作之，以相应。绍射营中，矢如雨下，行者皆蒙楯[3]，众大惧，时公粮少，与荀彧书，议欲还许。彧以为："绍悉众聚官渡，欲与公决胜败。公以至弱当至强，若不能制[4]，必为所乘，是天下之大机也。且绍，布衣之雄耳[5]，能聚人而不能用。夫以公之神武明哲而辅以大顺，何向而不济！"公从之。

孙策闻公与绍相持，乃谋袭许，未发，为刺客所杀。汝南降贼刘辟等叛应绍，略许下。绍使刘备助辟，公使曹仁击破之。备走，遂破辟屯。

注释

①沙塠：沙堆；塠：小丘。②合战：交战。③蒙：遮蔽。楯：即盾，也就是藤编的盾牌。④制：取得胜利，制服。⑤布衣之雄：平民中的英雄。

译文

八月，袁绍的军队结成连营，逐渐前进，依靠沙堤建成营垒，东西长几十里。曹操也分别扎营与袁军对抗，交战不利。当时曹操的军队还不到一万人，十之二三的士兵受了伤。袁绍又进逼官渡，修建土山和地道。曹操也在营垒中的相应地点修土山、地道，抵挡敌人。袁军向曹营射箭，箭如雨下。曹营中行走的人都用盾牌遮掩身体。大家都很恐慌。当时曹操的军粮不足。曹操给荀彧写信，商量准备退回许都。荀彧说："袁绍把全部兵力聚集在官渡，准备与您决出胜负。您以极弱小的兵力去抵挡强大的敌人，如果不能制服他们，就一定会被敌人压倒，这是得失天下的关键时刻。而袁绍只不过是个平庸的领袖罢了。他能收集人才，却不会合理使用他们。凭借您的非凡武功，英明才智，再加上名正言顺，人心所向，就能无往不胜。"曹操接受了他的意见。

孙策听说曹操和袁绍相对峙，就谋划袭击许都，还没有出兵，便被刺客杀死了。汝南投降的贼人刘辟等叛变，响应袁绍，在许都城外抢掠。袁绍派刘备去帮助刘辟，曹操派曹仁把刘备打败。刘备逃走，曹仁攻下了刘辟的营垒。

原文

袁绍运谷车数千乘至[1]，公用荀攸计，遣徐晃、史涣邀击[2]，大破之，尽烧其车。公与绍相拒连月，虽比战斩将[3]，然众少粮尽，士卒疲乏，公谓运者曰："却十五日为汝破绍，不复劳汝矣。"

冬十月，绍遣车运谷，使淳于琼等五人将兵万馀人送之，宿绍营北四十里。绍谋臣许攸贪财，绍不能足，来奔，因说公击琼等。左右疑之，荀攸、贾诩劝公。公乃留曹洪守，自将步骑五千人夜往，会明至。琼等望

见公兵少，出陈门外。公急击之，琼退保营，遂攻之。绍遣骑救琼。左右或言：“贼骑稍近，请分兵拒之。”公怒曰：“贼在背后，乃白！”士卒皆殊死战[4]，大破琼等，皆斩之。绍初闻公之击琼，谓长子谭曰：“就彼攻琼等，吾攻拔其营，彼固无所归矣！”乃使张郃、高览攻曹洪[5]。郃等闻琼破，遂来降。绍众大溃，绍及谭弃军走，渡河。追之不及，尽收其辎重图书珍宝，虏其众。公收绍书中，得许下及军中人书，皆焚之。冀州诸郡多举城邑降者。

注释

①乘：古代的时候计量单位，一车四匹马为一乘。②邀击：叫阵，要求对方出来应战。③比战：每次交战。④死战：拼了性命，决一死战。⑤张郃：字俊义，人名。

译文

袁绍的运粮车来了几千辆，曹操用荀攸的计策，派徐晃、史涣去袭击粮车，大败袁军，把其运粮车全部烧光。曹操与袁绍相持了几个月，即使每次作战都能杀死敌将，但是士兵少，军粮用尽，战士疲乏不堪。曹操对运粮的人们说：“再过十五天，我给你们打垮袁绍，就不用再劳累你们了。”

冬季十月，袁绍派车辆去运粮，让淳于琼等五人率领一万多名士兵护送，住在袁绍大营以北四十里。袁绍的谋臣许攸贪财，袁绍不能满足他；他就来投奔曹操，就势劝说曹操攻打淳于琼等人。曹操的部下怀疑许攸，只有荀攸、贾诩鼓励曹操出兵。曹操就留下曹洪守营，亲自带领步兵、骑兵五千人夜里出兵前往，天刚亮就到了敌营。淳于琼等人看见曹军人少，就出兵在营门外摆开阵势。曹操猛攻袁军，淳于琼退回守营。曹操就攻打军营。袁绍派遣骑兵来救淳于琼。曹操的手下有人说：“敌军骑兵逼近了，请分出一支部队去挡住他们。”曹操发怒了，说：“敌军到了背后再报告。”士兵们都拼死作战，大败淳于琼等人，把他们都杀死了。袁绍起

骑兵

骑兵是陆军中乘马执行任务的部队。既能乘马作战，又能徒步作战。通常担负正面突击、迂回包围、追击、奔袭等任务。历史上，骑兵曾经是陆军的主要作战兵种。

先听说曹操去攻打淳于琼时，对他的长子袁谭说："趁着他去攻打淳于琼等人，我去攻占他的大营。他就无处可归了。"便派张郃、高览去攻打曹洪。张郃等人听说淳于琼被消灭，就来投降曹操。袁绍军队大溃败。袁绍和袁谭弃军而逃走，渡过黄河。曹操追赶他们，却没有追上。曹军缴获了他们的全部辎重物资、地图、文书、珍宝等，俘虏了许多士兵。曹操在缴获的袁绍文件中，找到许都和曹军中的人给袁绍的很多书信，但他全都给烧了。冀州各郡中，很多守将都献出城池，投降了曹操。

原文

初，桓帝时有黄星见于楚、宋之分[1]，辽东殷馗善天文，言后五十岁当有真人起于梁、沛之间，其锋不可当。至是凡五十年，而公破绍，天下莫敌矣。

六年夏四月，扬兵河上，击绍仓亭军，破之。绍归，复收散卒，攻定诸叛郡县。

九月，公还许。绍之未破也，使刘备略汝南，汝南贼共都等应之。遣蔡扬击都，不利，为都所破。公南征备。备闻公自行[2]，走奔刘表，都等皆散。

七年春正月，公军谯，令曰："吾起义兵，为天下除暴乱。旧土人民[3]，死丧略尽[4]，国中终日行[5]，不见所识，使吾凄怆伤怀。其举义兵已来，将

张衡发明地动仪

张衡是我国东汉时期伟大的天文学家、地理学家、诗人，为我国的天文学、机械技术、地震学等发展作出了不可磨灭的贡献。中国古代对天文学已经有了一定的了解，并处于世界领先地位。

士绝无后者，求其亲戚以后之，授土田，官给耕牛，置学师以教之。为存者立庙，使祀其先人，魂而有灵，吾百年之后何恨哉！”遂至浚仪，治睢阳渠，遣使以太牢祀桥玄。进军官渡。

绍自军破后，发病欧血[6]，夏五月死。小子尚代，谭自号车骑将军，屯黎阳。秋九月，公征之，连战。谭、尚数败退，固守。

注释

①黄星：土星，又称作镇星，或填星。②行：此处为带兵打仗，出行。③旧土：故乡。④略：几乎，差不多。⑤求：寻求。后：继承。⑥欧：呕吐。

译文

早先，汉桓帝时，在天空上属于楚州、宋州的分野中出现了一颗黄星。辽东人殷馗擅长天文，预言说五十年后会有真命天子在梁、沛之间兴起，势不可挡。从那时起到曹操打败了袁绍这一年正好间隔五十年，天下没有人能胜过曹操了。

建安六年（201）夏季四月，曹操挥兵黄河边，攻打袁绍在仓亭的驻军，打败了他们。袁绍回去以后，又收集了逃散的士兵，平定了反叛他的各个郡县。

九月，曹操回到许都。袁绍还没有被打败时，派刘备去攻取汝南。汝南的贼人共都等人响应他。曹操派蔡扬去攻打共都，没有取胜，被共都打败了。曹操向南亲征刘备。刘备听说曹操亲自出征，逃去投奔刘表。共都等人全都溃散了。

建安七年（202）春季正月，曹操的军队驻扎在谯县，发布命令，说：“我兴起义兵，为天下除去暴乱。故乡的人民差不多死光了。在县境内走上一天，也见不到一个认识的人，这让我非常痛心。自从兴义兵来，我军将士绝了后的，就寻找他们的亲戚做他们的后嗣，分给土地，官府发给他们耕牛，设立学校，派老师教育他们。帮助活下来的人建立宗庙，让他们能祭祀自己的祖先，如果死者有魂灵的话，我死后也就没有什么遗憾了。”于是曹操到浚仪，修治睢阳渠，派使者用太牢的祭品祭祀桥玄。接着又进军官渡。

袁绍在军队被曹操打败后，得了重病，吐血而死。他的小儿子袁尚承袭了他的职位。袁谭自称为车骑将军，驻在黎阳。秋季九月，曹操去征讨他们，接连打了几仗。袁谭、袁尚连连败退，闭关不出。

原文

八年春三月，攻其郭[1]，乃出战，击，大破之，谭、尚夜遁。

夏四月，进军邺。五月还许，留贾信屯黎阳。

己酉，令曰：“《司马法》‘将军死绥’，故赵括之母，乞不坐括。是古

之将者，军破于外，而家受罪于内也。自命将征行，但赏功而不罚罪，非国典也。其令诸将出征，败军者抵罪，失利者免官爵。”

秋七月，令曰：“丧乱已来，十有五年，后生者不见仁义礼让之风，吾甚伤之。其令郡国各修文学，县满五百户置校官②，选其乡之俊造而教学之③，庶几先王之道不废④，而有以益于天下。”

八月，公征刘表，军西平。公之去邺而南也，谭、尚争冀州，谭为尚所败，走保平原。尚攻之急，谭遣辛毗乞降请救。诸将皆疑，荀攸劝公许之，公乃引军还。

冬十月，到黎阳，为子整与谭结婚。尚闻公北，乃释平原还邺。东平吕旷、吕翔叛尚，屯阳平，率其众降，封为列侯。

注释

①郭：外城。②校官：主管学校的官员。③俊造：俊士和造士。俊士指才智俊秀的人，造士指有一定的学业成就的人。④庶几：也许可以。表示希望的意思。

译文

建安八年（203）春季三月，曹操攻打袁谭他们驻守的外城，袁军才出来交战。曹操攻击袁军，把他们打得大败。袁谭、袁尚连夜逃走。

纸上谈兵

赵括是赵奢之子，战国时的战将。只会空谈其父所传兵法，实际不能指挥作战。公元前260年，赵中秦反间计，用赵括代替老将廉颇，一反廉颇的策略，改守为攻，最后赵括战死，四十余万赵兵尽被坑杀。

夏季四月，曹操进军邺城，五月回到许都，留下贾信驻守黎阳。

己酉那天，曹操下令："《司马法》上说：'将军因为退却而被处死。'所以赵括的母亲请求不要因赵括打败仗而受连坐。这是由于古代将领在外面打了败仗，自己的家庭就要在国内被治罪。自从我委派将领出征以来，只奖赏有功的而不惩罚有罪的，这不符合国家的典章。现在命令各位将领出征时，作战失败的要依法治罪，作战不利的免去官职与爵位。"

秋季七月，曹操下令说："战乱以来已经十五年了。青年人没有见到仁义礼让的风气，我为此十分担忧。现在命令各个郡国都要提倡文化教育。满五百户人口的县要设置学校和学官，挑选当地的优秀子弟来教育。这样才不会使先王的道义被荒废，并且有益于天下。"八月，曹操去征讨刘表，驻扎在西平。曹操离开邺城向南进发时，袁谭与袁尚争夺冀州。袁谭被袁尚打败，逃到平原防守。袁尚加紧攻打他。袁谭派辛毗去向曹操请求投降并要求支援。曹军众将领都怀疑袁谭，只有荀攸劝说曹操答应。曹操便领兵回去了。

冬季十月，曹操到达黎阳，让儿子曹整与袁谭联姻。袁尚听说曹操北上，就停止对平原的进攻，回到邺城。东平人吕旷、吕翔背叛了袁尚，驻扎在阳平。他们率领部下投降了曹操，被封为列侯。

原文

九年春正月，济河，遏淇水入白沟以通粮道。

二月，尚复攻谭，留苏由、审配守邺。公进军到洹水，由降。既至，攻邺，为土山、地道。武安长尹楷屯毛城，通上党粮道[1]。夏四月，留曹洪攻邺，公自将击楷，破之而还。尚将沮鹄守邯郸[2]，又击拔之。易阳令韩范、涉长梁岐举县降，爵关内侯。

五月，毁土山、地道，作围堑，决漳水灌城；城中饿死者过半。

秋七月，尚还救邺，诸将皆以为"此归师，人自为战，不如避之"。公曰："尚从大道来，当避之；若循西山来者，此成禽耳。"尚果循西山来[3]，临滏水为营。夜遣兵犯围，公逆击破走之，遂围其营。未合，尚惧，遣故豫州刺史阴夔及陈琳乞降[4]，公不许，为围益急。尚夜遁，保祁山，追击之。其将马延、张颛等临陈降，众大溃，尚走中山。尽获其辎重，得尚印绶节钺，使尚降人示其家，城中崩沮。

八月，审配兄子荣夜开所守城东门内兵[5]。配逆战，败，生禽配，斩之，邺定。公临祀绍墓，哭之流涕；慰劳绍妻，还其家人宝物，赐杂缯絮，廪食之。

注释

①上党：地名，治所在的壶关。②沮鹄：人名，袁绍的谋士。③西山：也就是太行山。④乞降：乞求投降。⑤内：通“纳”，接纳。

译文

建安九年（204）春季正月，曹操渡河，堵住了淇河，让河水流入白沟，以打通运粮的道路。

二月，袁尚又去攻打袁谭，留下苏由与审配守卫邺城。曹操进军到了洹水，苏由投降了。曹操到了邺城以后，发兵攻打，修筑了土山与地道。武安县长尹楷驻扎在毛城，保证上党的粮道畅通。夏季四月，曹操留下曹洪攻打邺城，他亲自率领士兵攻打尹楷，把他打垮以后才回来。袁尚的部将沮鹄守卫邯郸，曹操又攻克了邯郸。易阳令韩范、涉长梁歧献出本县投降，被赐予关内侯的爵位。

五月，曹操拆毁了土山与地道，修建了围城的深沟，掘开漳河水灌入城内，城内人有一半多饿死。

秋季七月，袁尚回来救邺城，众将领都认为：“这是回来救城的军队，为保家而战，我们不如避开他们。”曹操说：“袁尚从大道回来，我们应当避开他们；如果他沿着西山过来，这就是要被我们擒获了。”袁尚果然沿着西山回来，到滏水边上扎了营垒。袁尚在夜里派兵侵犯包围圈，曹操迎击，打跑了他们，接着就包围了袁尚的营垒。还没有合围时，袁尚就害怕了，派遣以前的豫州刺史阴夔和陈琳来乞求投降，曹操不答应，对袁尚的围攻更急。袁尚在夜里逃跑，来到祁山。曹操追击他。袁尚的部将马延、张颉等人临阵投降，全军大溃败，袁尚逃向中山。曹操获得了袁尚的全部辎重，得到了袁尚的印章绶带与符节斧钺，让投降的袁尚部下拿给他们的家人看。城中人心涣散。

八月，审配的侄子审荣夜里打开他守卫的城东门放进曹军。审配迎战，战败。曹军活捉了审配，砍了他的头。邺城被平定了。曹操到袁绍的墓前祭祀，痛哭流泪；慰问了袁绍的妻子，把袁绍家里人的财物还给他们，并赐给他们杂色布帛与丝絮，由官府仓库供给他们粮食。

原文

初，绍与公共起兵，绍问公曰：“若事不辑[1]，则方面何所可据？”公曰：“足下意以为何如[2]？”绍曰：“吾南据河，北阻燕、代，兼戎狄之众[3]，南向以争天下，庶可以济乎？”公曰：“吾任天下之智力，以道御之，无所不可。”

九月，令曰：“河北罹袁氏之难[4]，其令无出今年租赋！”重豪强兼并之法[5]，百姓喜悦。天子以公领冀州牧，公让还兖州。公之围邺也，谭略取甘陵、安平、勃海、河间。尚败，还中山。谭攻之，尚奔故安，遂并其众。公遗谭书，责以负约，与之绝婚，女还，然后进军。谭惧，拔平原，走保南皮。

十二月，公入平原，略定诸县。

注释

①辑：成功。②足下：对别人的敬称。③燕、代：春秋两个国家的名字，相当于河北省北部和山西东北部的一带。戎狄：我国对少数民族的泛称。古代称西方的游牧部落为戎；北方的游牧部落为狄。④河北：黄河以北地区。罹：遭受。⑤重：加重。

张骞出使西域

西汉的张骞出使西域对民族关系的融合作出了巨大的贡献。我国古代把少数民族泛称为戎狄，他们与中原各国在政治、经济、文化上有一定的差距。

译文

当初，袁绍与曹操共同起兵。袁绍问曹操说：“如果大事没有成功，那么哪个地区可以依据？”曹操说：“您的意思是怎么样的？”袁绍说：“我在南面依据黄河，北面靠燕、代地区的险阻，加上戎狄的军队，向南以争夺天下，差不多可以成功吧？”曹操说：“我任用天下的才智与力量，以道义去指挥他们，没有不可以办成的事。”

九月，曹操下令说：“河北人民蒙受袁氏造成的灾难，不用交纳今年的租赋。”这是一部重申制止豪强兼并的法律，老百姓们很高兴。天子任命曹操兼任冀州牧，曹操辞让，回到了兖州。曹操围攻邺城的时候，袁谭夺取了甘陵、安平、渤海、河间等地。袁尚被打败后，退回中山。袁谭去攻打他，袁尚又逃到故安，袁谭就吞并了袁尚的军队。曹操给袁谭送去书信，责备他违反了誓约，和他断绝联姻关系，先把袁谭的女儿送回去，然后再进军。袁谭害怕了，放弃平原，逃到南皮去防守。

十二月，曹操进入平原城，平定了各县。

原文

十年春正月，攻谭，破之，斩谭，诛其妻子，冀州平。下令曰：“其与袁氏同恶者，与之更始[1]。”令民不得复私仇，禁厚葬，皆一之于法[2]。是月，袁熙大将焦触、张南等叛攻熙、尚，熙、尚奔三郡乌丸。触等举其县降，封为列侯。初讨谭时，民亡椎冰，令不得降。顷之，亡民有诣门首者，公谓曰：“听汝则违令[3]，杀汝则诛首，归深自藏，无为吏所获。”民垂泣

周处除三害

知错能改，善莫大焉。周处是东吴吴郡阳羡人，鄱阳太守周鲂之子。年少时，他纵情肆欲，为祸乡里，后来改过自新，得到了人们的谅解。曹操给那些袁氏的手下改过的机会，赢得了人心。

而去；后竟捕得。

夏四月，黑山贼张燕率其众十馀万降，封为列侯。故安赵犊、霍奴等杀幽州刺史、涿郡太守。三郡乌丸攻鲜于辅于犷平[4]。

秋八月，公征之，斩犊等，乃渡潞河救犷平，乌丸奔走出塞[5]。

注释

①更使：重新开始，改过自新。②禁：禁止，不允许。③听：听任，任凭。④犷平：县名，属于渔阳镇，在现在的北京市密云县的东北。⑤奔：逃跑。

译文

建安十年（205）春季正月，曹操攻打袁谭，打败了他，杀了袁谭和他的妻子儿女。冀州平定了。曹操下令说："那些与袁氏一起作恶的人，给他们一个改过自新的机会。"曹操下令百姓们不得私自复仇，禁止厚葬，全都用法律统一治理。这个月，袁熙的大将焦触、张南等人叛变，攻打袁熙、袁尚。袁熙、袁尚逃到三郡乌丸人那里去了。焦触等人献出所在的县城投降，被封为列侯。先前征讨袁谭时，有些被征用凿冰的百姓逃跑了，曹操下令不许接受这些人投降。不久，有个逃亡的百姓到军营门口来自首。曹操说："接受你投降，就是违反了命令。杀了你又属诛杀自首的人。你回去藏到深山里，不要让官吏们捉到。"这个百姓哭着走了；最终还是被官府捕获。

夏季四月，黑山贼人张燕率领他的部下十几万人投降，被封为列侯。故安人赵犊、霍奴等人杀死了幽州刺史和涿郡太守。三郡乌丸在犷平攻打鲜于辅。

秋季八月，曹操征讨他们，杀死了赵犊等人；又渡河去援救犷平，乌丸人逃到塞外。

原文

九月，令曰："阿党比周[1]，先圣所疾也[2]。闻冀州俗，父子异部，更相毁誉[3]。昔直不疑无兄[4]，世人谓之盗嫂；第五伯鱼三娶孤女，谓之挝妇翁；王凤擅权[5]，谷永比之申伯；王商忠议，张匡谓之左道：此皆以白为黑，欺天罔君者也。吾欲整齐风俗，四者不除，吾以为羞。"

冬十月，公还邺。

初，袁绍以甥高幹领并州牧，公之拔邺，幹降，遂以为刺史。幹闻公讨乌丸，乃以州叛，执上党太守，举兵守壶关口。遣乐进、李典击之，幹还守壶关城。

十一年春正月，公征幹。幹闻之，乃留其别将守城，走入匈奴，求救

于单于，单于不受。公围壶关三月，拔之。幹遂走荆州，上洛都尉王琰捕斩之。

文姬归汉

蔡文姬是曹操的挚友和老师。她博学能文，又善诗赋。可惜东汉末年，社会动荡，蔡文姬被掳到了南匈奴。十二年后，曹操统一北方，想到恩师蔡邕对自己的教诲，用重金赎回了蔡文姬。

注释

①阿党：结成死党；比周：互相勾结。②疾：厌恶、痛恨。③更相：相互。毁誉：诽谤，吹捧。④直不疑：人名，南阳人，汉文帝时做郎官。⑤擅权：独揽大权。

译文

九月，曹操下令说：“结成私党互相袒护，这是古代圣贤最痛恨的。我听说冀州地方的风俗是父亲与儿子各自结成一帮，互相诋毁，自我吹捧。过去直不疑没有兄长，世人却说他与嫂嫂私通；第五伯鱼三次结婚娶的都是孤女，人们却说他殴打岳父；王凤独霸大权，谷永把他比喻成贤明的申伯；王商忠诚地为朝廷谋划，张匡却说他是旁门左道。这些全都是颠倒黑白，欺骗上天与君主的事例。我想要端正社会风俗，这四种弊端不消除，就是我的耻辱。”

冬季十月，曹操回到邺城。

早先，袁绍让他的外甥高幹兼任并州牧，曹操攻下邺城，高幹投降，就任命他做并州刺史。高幹听说曹操去讨伐乌丸，就在并州叛乱，抓住了上党太守，发兵守住壶关关口。曹操派乐进和李典去攻打他。高幹退回防守壶关城。

建安十一年（206）春季正月，曹操讨伐高幹。高幹听说后，便留下他的偏将守壶关城，自己跑到匈奴，向匈奴单于求救，匈奴单于没有答应。曹操包围壶关三个月，攻克了壶关城。高幹就逃向荆州，上洛都尉王琰抓住高幹，把他杀了。

原文

秋八月，公东征海贼管承，至淳于[1]，遣乐进、李典击破之，承走入海岛。割东海之襄贲、郯、戚以益琅[2]，省昌虑郡[3]。三郡乌丸承天下乱，破幽州，略有汉民合十馀万户。袁绍皆立其酋豪为单于，以家人子为己女，妻焉。辽西单于蹋顿尤强，为绍所厚，故尚兄弟归之，数入塞为害。公将

征之，凿渠，自呼淹入泒水，名平虏渠；又从泃河口凿入潞河，名泉州渠，以通海。

十二年春二月，公自淳于还邺。丁酉，令曰："吾起义兵诛暴乱，于今十九年，所征必克，岂吾功哉？乃贤士大夫之力也。天下虽未悉定，吾当要与贤士大夫共定之；而专飨其劳[4]，吾何以安焉！其促定功行封。"于是大封功臣二十馀人，皆为列侯，其馀各以次受封，及复死事之孤[5]，轻重各有差。

注释

①淳于：县名，在山东省安丘县东北。②郯：县名，在山东省郯城县北。③省：减省，引申为撤销；昌虑郡：建安三年曹操新建的，治所在的昌虑县。④飨：享受。⑤复：免除徭役租税。

译文

秋季八月，曹操东征沿海的贼寇管承，到了淳于，派乐进、李典去打败了管承，管承逃到海岛上去。曹操从东海郡割出襄贲、郯县、戚县划归琅琊郡，撤销了昌虑郡。三郡乌丸人趁着天下大乱，攻下幽州，抢走十几万户汉族百姓。袁绍把他们的酋长和豪强都立为单于，把亲属的女儿认做自己的女儿，嫁给这些酋豪做妻子。辽西单于蹋顿的势力最强，受到袁绍的优待，所以袁尚兄弟去投奔他。他们多次进入塞内，造成危害。曹操准备去讨伐他们，便开凿河渠，从呼淹河通到泒水，给它起名叫平虏渠。曹军又从泃河口挖渠通入潞河，叫做泉州渠，通过它和大海相连。

建安十二（207）年春季二月，曹操从淳于回到邺城。二月丁酉那一天，下令说："我兴起义兵讨伐暴乱，至今已十九年了。每次出征一定取得胜利，这难道是我的功劳吗？这是贤明的士大夫们的功劳啊。虽然天下还没有全部平定，我必须要和各位贤明的士大夫一起平定天下；但是让我独自占有这些功劳，我怎么能安心呢？要赶快评定各人的功劳，给予封赏。"于是封赏了二十多名功臣，把他们都封为列侯，其余的人按照功劳大小依次受封，并且给战死的将士遗孤们免除了徭役赋税，其轻重多少按照等级有所不同。

原文

将北征三郡乌丸，诸将皆曰："袁尚，亡虏耳[1]，夷狄贪而无亲，岂能为尚用？今深入征之，刘备必说刘表以袭许。万一为变，事不可悔。"惟郭嘉策表必不能任备[2]，劝公行。夏五月，至无终。

秋七月，大水，傍海道不通，田畴请为乡导[3]，公从之。引军出卢龙塞，塞外道绝不通，乃堑山堙谷五百馀里，经白檀，历平冈[4]，涉鲜卑庭，东指柳城。未至二百里，虏乃知之。尚、熙与蹋顿、辽西单于楼班、右北平单于能臣抵之等将数万骑逆军。

胡人出猎图

中国古代汉人称除了汉人以外的部族为胡人，通常是指中国北方以及西方的游牧民族，主要包括匈奴、鲜卑、氐、羌、吐蕃、突厥、蒙古国、契丹、女真等，带有藐视的意义。

八月，登白狼山，卒与虏遇，众甚盛。公车重在后，被甲者少，左右皆惧。公登高，望虏陈不整，乃纵兵击之，使张辽为先锋，虏众大崩，斩蹋顿及名王已下，胡、汉降者二十馀万口。辽东单于速仆丸及辽西、北平诸豪，弃其种人[5]，与尚、熙奔辽东，众尚有数千骑。初，辽东太守公孙康恃远不服。及公破乌丸，或说公遂征之，尚兄弟可禽也。公曰："吾方使康斩送尚、熙首，不烦兵矣。"

九月，公引兵自柳城还，康即斩尚、熙及速仆丸等，传其首。诸将或问："公还而康斩送尚、熙，何也？"公曰："彼素畏尚等，吾急之则并力，缓之则自相图，其势然也。"

十一月至易水，代郡乌丸行单于普富卢、上郡乌丸行单于那楼将其名王来贺。

注释

①亡虏：逃亡的敌人；耳：罢了，语气词。②策：推断。③田畴：人物名，字子泰。乡导：向导。④平冈：县名，西北置县，在河北省滦平县东北。⑤种人：同一个部族的人。

译文

曹操要去北方征讨三郡乌丸。众将领都说："袁尚是个丧家之犬。夷狄部族贪财又不讲亲戚情谊，怎么会被袁尚利用呢？现在深入乌丸境内去征伐他们，刘备一定会鼓动刘表来袭击许都，万一出现变故，后悔也来不及了。"只有郭嘉估

鲜卑侍吏俑

鲜卑是中国古代的游牧民族。先世是商代东胡族的一支。秦汉时，从大兴安岭一带南迁至西刺木伦河流域，曾归附东汉。"天苍苍，野茫茫，风吹草低见牛羊。"描绘的就是鲜卑人的生活。

计刘表一定不会任用刘备，劝曹操出征。夏季五月，曹操到了无终。

秋季七月，发大水，沿海的道路不通。田畴请求做向导，曹操答应了。田畴领兵从卢龙塞出关。塞外的道路断了，无法通行。曹军就开凿山路，填平河谷，修路五百多里，经过白檀、平冈，穿过鲜卑的居住区，向东直奔柳城。距柳城还有二百多里时，对方才知道。袁尚、袁熙和蹋顿、辽西单于楼班、右北平单于能臣抵之等人率领几万名骑兵迎击曹军。

八月，曹操登上白狼山，与敌人突然相遇，敌兵很多。曹操军队的车辆辎重都在后面，披甲的士兵很少。侍卫和将领都很惊慌害怕。曹操登上高处，看到敌人的阵容不整齐，就指挥军队出击，让张辽做先锋。敌人军队被彻底击溃。曹军杀死了蹋顿和其他有名望的单于等各级乌丸首领，招降的胡人、汉人一共二十多万。辽东单于速仆丸和辽西、北平各部酋长，扔下了他们部族的人民，和袁尚、袁熙逃往辽东，他们只剩几千名骑兵。从前，辽东太守公孙康依仗地区偏远，不服从曹操，到了曹操打败乌丸后，有的人劝说曹操趁势征伐辽东，可以抓住袁尚兄弟。曹操说："我正要让公孙康砍下袁尚、袁熙二人的头送来，不用烦劳军队了。"

九月，曹操领兵从柳城回来，公孙康立即砍下了袁尚、袁熙和速仆丸等人的头，把它们用驿马送来。将领中有人问道："您一收兵回来，公孙康就砍下了袁尚、袁熙的头送来，这是为什么呢？"曹操说："公孙康一直害怕袁尚等人。我逼急了，他们就会合力抵抗；我放松一点，他们就会互相残杀。这是形势发展的必然。"

十一月，曹操到易水，代郡乌丸行单于普富卢、上郡乌丸行单于那楼率领有名望的乌丸首领们前来祝贺。

原文

十三年春正月，公还邺，作玄武池以肄舟师[1]**。汉罢三公官，置丞相、御史大夫**[2]**。**

夏六月，以公为丞相。

秋七月，公南征刘表。八月，表卒，其子琮代，屯襄阳，刘备屯樊。九月，公到新野[3]，琮遂降，备走夏口。公进军江陵，下令荆州吏民，与之更始。乃论荆州服从之功，侯者十五人，以刘表大将文聘为江夏太守，使统本兵，引用荆州名士韩嵩、邓义等。益州牧刘璋始受征役[4]，遣兵给军。

十二月，孙权为备攻合肥。公自江陵征备，至巴丘，遣张憙救合肥。权闻憙至，乃走。公至赤壁，与备战，不利。于是大疫，吏士多死者，乃引军还。备遂有荆州江南诸郡[5]。

注释

①肄：练习，学习。②罢：废除。置：设置。③新野：县名，在河南省新野县。④益州：州名，治所在城都。刘璋：人名，字季玉。⑤江南诸郡：指武陵、零陵、长沙、贵阳等。

译文

建安十三年（208）春季正月，曹操回到邺城，修建了玄武池训练水军。汉朝廷废除了三公的官职，设置了丞相和御史大夫。

夏季六月，汉献帝任命曹操为丞相。

傀儡皇帝汉献帝

汉献帝，名刘协，字伯和。董卓最先立当时九岁的刘协为皇帝，并挟天子以令诸侯。其后，他继续当着曹操与曹丕的傀儡，直到公元220年，禅位给曹丕。公元234年，刘协病死。享年54岁。

秋季七月，曹操南征刘表。八月，刘表去世，他的儿子刘琮接替了他的职位，驻扎在襄阳,刘备驻扎在樊城。九月,曹操到达新野,刘琮就投降了,刘备逃往夏口。曹操进军江陵，向荆州的官员和百姓下达命令，叫他们跟从新主人，开始新生活。曹操又评议这次降服中荆州官员们的功绩，给十五个人封了侯位；任命原刘表的大将文聘为江夏太守，让他统领原有的军队；又选用了荆州的名士韩嵩、邓义等人。益州牧刘璋也开始接受朝廷征派的徭役，派士兵来补充曹操的军队。

十二月，孙权为了刘备而攻打合肥。曹操从江陵出发征讨刘备，到了巴丘，派张憙去救合肥。孙权听说张憙到了，就撤退了。曹操到了赤壁，与刘备作战，没有取胜。在那个地方发生了大瘟疫，官吏士兵中很多人都病死了。曹操就领兵回去。刘备便占有了荆州在长江以南的各个郡。

原文

十四年春三月，军至谯，作轻舟，治水军[1]。秋七月，自涡入淮，出肥水[2]，军合肥。辛未，令曰：“自顷已来，军数征行，或遇疫气，吏士死亡不归，家室怨旷[3]，百姓流离，而仁者岂乐之哉？不得已也。其令死者家无基业不能自存者，县官勿绝廪[4]，长吏存恤抚循，以称吾意。”置扬州郡县长吏，开芍陂屯田[5]。

十二月，军还谯。

十五年春，下令曰：“自古受命及中兴之君，曷尝不得贤人君子与之共治天下者乎！及其得贤也，曾不出闾巷，岂幸相遇哉？上之人不求之耳。今天下尚未定，此特求贤之急时也。‘孟公绰为赵、魏老则优，不可以为滕、薛大夫。’若必廉士而后可用，则齐桓其何以霸世！今天下得无有被褐怀玉而钓于渭滨者乎？又得无盗嫂受金而未遇无知者乎？二三子其佐我明扬仄陋，唯才是举，

铜雀台

曹操消灭袁氏兄弟后，夜宿邺城，半夜见到金光由地而起。隔日，掘出铜雀一只，荀攸说：“当初舜的母亲梦见玉雀入怀而生舜。今得铜雀，是吉祥之兆。”曹操大喜，于是决意建铜雀台于彰水之上。

吾得而用之。”冬，作铜雀台。

注释

①治：训练。②肥水：水名，在安徽省中部。③家室：夫妇，也指家属、家庭。怨旷：男女成年不能婚配的，男的称旷男，女的称为怨女。④县官：国家和各级政府。⑤芍陂：古代淮水最著名的水利工程。

译文

建安十四年（209）春季三月，曹军到了谯县，制造轻快的小型战船，操练水军。秋季七月，曹军从涡河进入淮河，经肥水上陆，驻扎在合肥。辛未那一天，曹操下命令说："自从近几年以来，军队多次出征。有时会遇上瘟疫，官吏和士兵死亡，回不了家，家属怨恨，夫妻离别，百姓们流离失所。这难道是仁义之士愿意见到的吗？只是不得已啊。现在命令：对那些死亡将士家中没有产业，家属无法养活自己的，官府不得停止供应口粮，地方长官要加以抚恤慰问。这样才符合我的心意。"曹操设置了扬州各郡县的长官，开挖了芍陂，让军队屯田。

十二月，曹军回到谯县。

建安十五年（210）春天，曹操下令说："自古以来，承受天命建国的君主与中兴的君主，有谁没有得到过贤人与君子和他一起治理天下呢？那些被他们得到的贤人，有些还没有走出过里巷，难道是他们侥幸相遇的吗？只不过是有些执政的人不去寻访罢了。现在天下还没有平定，这正是特别急切地寻求贤人的时候。'孟公绰做赵国、魏国的长老就很优秀，但做滕国、薛国的大夫却很平庸。'如果都像这样一定要任用廉洁的士人，那么齐桓公靠什么在世上称霸？现在天下难道没有像姜太公那样穿着粗布衣，胸怀大才，在渭河边上钓鱼的人吗？又难道没有像陈平那样背着私通嫂嫂、接受黄金的名声，却没有遇到魏无知那样的伯乐吗？你们要帮助我推举选用地位卑贱的贤人，只依据才能举荐，让我能够得到他们，使用他们。"冬季，曹操建造了铜雀台。

原文

十六年春正月，天子命公世子丕为五官中郎将，置官属[①]，为丞相副。太原商曜等以大陵叛，遣夏侯渊、徐晃围破之。张鲁据汉中，三月，遣钟繇讨之。公使渊等出河东与繇会。是时关中诸将疑繇欲自袭，马超遂与韩遂、杨秋、李堪、成宜等叛。遣曹仁讨之。超等屯潼关，公敕诸将："关西兵精悍，坚壁勿与战[②]。"

秋七月，公西征，与超等夹关而军。公急持之[③]，而潜遣徐晃、朱灵

等夜渡蒲阪津，据河西为营。公自潼关北渡，未济，超赴船急战。校尉丁斐因放牛马以饵贼[4]，贼乱取牛马，公乃得渡，循河为甬道而南[5]。贼退，拒渭口，公乃多设疑兵，潜以舟载兵入渭，为浮桥，夜，分兵结营于渭南。贼夜攻营，伏兵击破之。超等屯渭南，遣信求割河以西请和，公不许。

九月，进军渡渭。超等数挑战，又不许；固请割地，求送任子，公用贾诩计，伪许之。韩遂请与公相见，公与遂父同岁孝廉，又与遂同时侪辈，于是交马语移时，不及军事，但说京都旧故，拊手欢笑。既罢，超等问遂："公何言？"遂曰："无所言也。"超等疑之。他日，公又与遂书，多所点窜，如遂改定者；超等愈疑遂。公乃与克日会战，先以轻兵挑之，战良久，乃纵虎骑夹击，大破之，斩成宜、李堪等。遂、超等走凉州，杨秋奔安定，关中平。诸将或问公曰："初，贼守潼关，渭北道缺，不从河东击冯翊而反守潼关，引日而后北渡，何也？"公曰："贼守潼关，若吾入河东，贼必引守诸津，则西河未可渡，吾故盛兵向潼关；贼悉众南守，西河之备虚，故二将得擅取西河；然后引军北渡，贼不能与吾争西河者，以有二将之军也。连车树栅，为甬道而南，既为不可胜，且以示弱。渡渭为坚垒，虏至不出，所以骄之也；故贼不为营垒而求割地。吾顺言许之，所以从其意，使自安而不为备，因畜士卒之力，一旦击之，所谓疾雷不及掩耳，兵之变化，固非一道也。"始，贼每一部到，公辄有喜色。贼破之后，诸将问其故。公答曰："关中长远，若贼各依险阻，征之，不一二年不可定也。今皆来集，其众虽多，莫相归服，军无适主，一举可灭，为功差易，吾是以喜。"

注释

①官属：主官的属吏。②敕：命令，告诫。③持：挟持，牵制。④饵贼：诱惑敌人。⑤循：沿着。

译文

建安十六年（211）春季正月，汉献帝任命曹操的世子曹丕做五官中郎将，设置了五官中郎将的属官，让曹丕做丞相的助手。太原人商曜等人占领大陵叛变。曹操派遣夏侯渊、徐晃包围大陵，攻克了它。张鲁占据了汉中，三月曹操派遣钟繇去讨伐他，又派夏侯渊等人从河东出发与钟繇会合。当时关中的众军阀都疑心钟繇会来袭击自己，马超便与韩遂、杨秋、李堪、成宜等人叛变。曹操派遣曹仁讨伐他们。马超等人驻扎在潼关。曹操告诫各路将领说："关西的军队精锐强悍，你们要坚壁防守，不要与他们作战。”

秋季七月，曹操西征，与马超等人在潼关两侧相对驻军。曹操紧紧地牵制住马超，同时悄悄地派徐晃、朱灵等人在夜里渡过蒲阪津，依据黄河西边扎营。曹操从潼关向北渡河，尚未完全渡过时，马超赶来猛攻曹操的战船。校尉丁斐便把牛马放出来作为诱饵，马超军去乱抢牛马，曹操才得以渡河，沿着黄河修筑通道向南进军。马超军退回去在渭口抵挡曹军。曹操就大设疑兵，悄悄地用船把军队运入渭河，造了浮桥，在夜里调动一支军队到渭河南岸扎营。马超军在夜里来攻打曹营。曹操埋伏下军队打败了他们。马超等人退守渭河南岸，派人送信请求割让黄河以西的土地讲和，曹操不答应。

钟繇

钟繇，字元常，颍川长社人。官至太傅，故世称钟太傅。他是三国时期曹魏著名政治家、军事家、书法家。用文武双全来形容他完全不为过。

九月，曹操进军，渡过渭河。马超等人多次挑战，曹操不应战。马超等人一再请求割让土地，并送子弟作为人质。曹操采纳了贾诩的建议，假装答应了。韩遂请求和曹操相见。曹操与韩遂的父亲在同一年被选为孝廉，又和韩遂年龄相近，辈分相同。于是两个人马头相错，谈了很久，谈话中不牵扯军事，只是提及京城中旧日的朋友，兴致高处两人拍手欢笑。谈完以后，马超等人问韩遂：“曹操跟你讲了些什么？”韩遂说：“没有说什么要紧的。”马超等人便开始起疑心了。过了几天，曹操又给韩遂写信。信中文字有很多处涂改，像是经韩遂掩盖的样子。马超等人更加怀疑韩遂了。曹操就和马超等人约定日子会战，先派出轻装的军队来挑战，交战很久，曹操再出动勇猛的骑兵从两面夹击，把敌人打得大败，杀死了成宜、李堪等人。韩遂、马超等人逃到凉州去，杨秋逃到安定去，关中地区被平定了。曹操的部将中有人问：“以前，敌人守住潼关，渭北的道路无人防备。我们不从河东去攻打冯翊，却紧盯着潼关，拖延了很长时间才北渡黄河。这是为什么呢？”曹操说：“敌军守住潼关，如果我们到河东去，敌军一定移过来守卫各个渡口，这样无法渡过黄河西岸。我故意用重兵向潼关进攻；敌人就把全部兵力放在南面守卫，西河的守备空虚，所以我方的两位将军才能全力攻占西河；然后我们领兵北渡。贼军不能和我们争夺西河的原因，就是那里有我们两位将军的军队了。我们把军车相连，修起栅栏，筑成通道向南进军，既让敌人无法袭击取胜，又向敌人表示我们力量

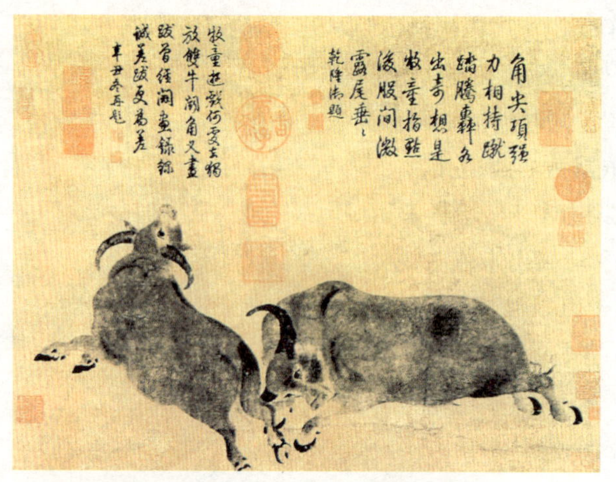

●斗牛图

曹操从潼关向北渡河，尚未完全渡过时，马超赶来猛攻曹操的战船。校尉丁斐把牛马放出来作为诱饵，马超军去乱抢牛马，曹操才得以渡河，沿着黄河修筑通道向南进军。

弱小。渡过渭河，筑起坚固的堡垒，敌军到来也不出战，是让敌人骄傲轻敌。所以敌人不修筑营垒，只请求割地讲和。我顺着他们的话答应，用来依从他们的意思，让他们安心，不加防备，趁机积蓄力量，休养士兵，一旦进攻敌人，就是迅雷不及掩耳的力量。用兵变化莫测，本来就不能有一定的程式。”起先敌人每一支部队来临时，曹操就面露喜色。敌军被打败后，众将军问他为什么面带喜色。曹操回答说：“关中地区辽阔广大，如果敌军各自凭借险阻守卫，我们去征讨他们，没有一二年的工夫是不能平定的。现在他们全集合到这里来，敌人的军队虽然多，但他们互相之间不服，没有归属感，军队中没有一个统帅，我们可以一举歼灭，比较容易成功。我因此感到高兴。”

原文

冬十月，军自长安北征杨秋，围安定。秋降，复其爵位①，使留抚其民人。

十二月，自安定还，留夏侯渊屯长安。

十七年春正月，公还邺。天子命公赞拜不名②，入朝不趋③，剑履上殿④；如萧何故事⑤。马超馀众梁兴等屯蓝田，使夏侯渊击平之。割河内之荡阴、朝歌、林虑，东郡之卫国、顿丘、东武阳、发干，钜鹿之瘿陶、曲周、南和，广平之任城，赵之襄国、邯郸、易阳以益魏郡。

冬十月，公征孙权。

十八年春正月，进军濡须口，攻破权江西营，获权都督公孙阳，乃引军还。诏书并十四州，复为九州。夏四月，至邺。

注释

①复：恢复。②赞拜：古代臣子朝拜皇帝时司仪在旁边唱导。不名：不直接称呼姓名，只称官职。③趋：小步快走，表示恭敬。④剑履上殿：允许

佩戴着剑穿着鞋上殿。⑤故事：旧例。

译文

冬季十月，曹操的军队从长安向北征讨杨秋，包围了安定。杨秋投降。曹操恢复了他旧有的爵位，让他留在当地安抚民众。

十二月，曹操从安定回来，把夏侯渊留下来驻守长安。

建安十七年（212）年春季正月，曹操率领军队回到邺城。献帝允许曹操朝见行礼时，司仪唱礼不用提及名讳，进入朝堂可以不用小步急走，还可以带着兵器上殿，和西汉初年萧何所享受的待遇一样。马超的手下梁兴聚集残兵驻扎蓝田，曹操命夏侯渊去予以平定。割出河内郡的荡阴、朝歌、林虑，东部的卫国、顿丘、发干，钜鹿郡的瘿陶、曲周、南和，广平郡的任城，赵郡的襄国、邯郸、易阳并入魏郡，来增加魏郡的地盘。

冬季十月，曹操领兵讨伐孙权。

建安十八年（213）春季正月，曹操进军濡须口，攻克孙权在长江西岸的军营，俘虏了孙权的都督公孙阳，然后领兵回来。汉献帝下诏书把十四个州合并为九个州。夏季四月，曹操回到邺城。

原文

五月丙申，天子使御史大夫郗虑持节策命公为魏公曰：朕以不德[1]，少遭愍凶[2]，越在西土，迁于唐、卫。当此之时，若缀旒然[3]，宗庙乏祀，社稷无位；群凶觊觎[4]，分裂诸夏[5]，率土之民，朕无获焉，即我高祖之命将坠于地。朕用夙兴假寐，震悼于厥心，曰："惟祖惟父，股肱先正，其孰能恤朕躬？"乃诱天衷，诞育丞相，保乂我皇家，弘济于艰难，朕实赖之。今将授君典礼，其敬听朕命。

昔者董卓初兴国难，群后释位以谋王室，君则摄进，首启戎行，此君之忠

刘邦

汉献帝所说的高祖，即是汉高祖刘邦。刘邦在秦末农民战争中起义，登高一呼，天下英雄云集于麾下。在与项羽经过争夺之后，建立了汉王朝。

于本朝也。后及黄巾反易天常，侵我三州，延及平民，君又翦之以宁东夏，此又君之功也。韩暹、杨奉专用威命，君则致讨，克黜其难，遂迁许都，造我京畿，设官兆祀，不失旧物，天地鬼神于是获乂，此又君之功也。袁术僭逆，肆于淮南，慑惮君灵，用丕显谋，蕲阳之役，桥蕤授首，棱威南迈，术以陨溃，此又君之功也。回戈东征，吕布就戮，乘辕将返，张杨殂毙，眭固伏罪，张绣稽服，此又君之功也。袁绍逆乱天常，谋危社稷，凭恃其众，称兵内侮，当此之时，王师寡弱，天下寒心，莫有固志，君执大节，精贯白日，奋其武怒，运其神策，致届官渡，大歼丑类，俾我国家拯于危坠，此又君之功也。济师洪河，拓定四州，袁谭、高幹，咸枭其首，海盗奔迸，黑山顺轨，此又君之功也。乌丸三种，崇乱二世，袁尚因之，逼据塞北，束马县车，一征而灭，此又君之功也。刘表背诞，不供贡职，王师首路，威风先逝，百城八郡，交臂屈膝，此又君之功也。马超、成宜，同恶相济，滨据河、潼，求逞所欲，殄之渭南，献馘万计，遂定边境，抚和戎狄，此又君之功也。鲜卑、丁零，重译而至，箄于、白屋，请吏率职，此又君之功也。君有定天下之功，重之以明德，班叙海内，宣美风俗，旁施勤教，恤慎刑狱，吏无苛政，民无怀慝；敦崇帝族，表继绝世，旧德前功，罔不咸秩；虽伊尹格于皇天，周公光于四海，方之蔑如也。

桐叶封虞

周成王有一次随手摘了一片梧桐树叶送给弟弟叔虞，并随口说："我把这作为信物，封赐给你！"成王只把这当成玩笑，周公却认为君无戏言，不能随便说说，成王只好把叔虞封于唐。后来，叔虞的儿子把都城迁到晋水岸边，改唐为晋。

注释

①朕：自从秦始皇开始“朕”成了皇帝用来称呼自己的专称。②愍：忧患，忧伤。凶：灾难。③缀旒：用来比喻在这个位置上却没有实际权力。④觊觎：非分的希望，企图。⑤分裂：使分裂。

译文

五月丙申，汉献帝派御史大夫郗虑手持符节来册封曹操为魏公。诏书说：我因为缺乏修养，从小就遭受到灾祸和不幸，先迁到西部地区，又辗转于古代唐国、卫国一带。当时，我的命运像旗子上缝缀的飘带一样，飘忽不定。这时宗庙没有人去祭祀，社稷神位没有固定的地点安置。大批恶徒们心怀叵测，想篡夺政权，分裂国家。全国的百姓，没有一个人属于我。我们高皇帝开创的基业，眼看就要崩溃了。我因此无法安眠，心中非常哀痛，常说：“祖宗啊，父亲啊，辅佐我们的公卿大夫啊，有谁能帮助我呢？”这样才感动了上天，赐给我曹丞相，来保护我们皇室的平安，是你从艰难困苦中把我们拯救出来的，有你朕有了实在的依靠。现在要为曹丞相您举行典礼，请敬听我的册命。

过去董卓刚一发动叛乱，各地诸侯都离开自己的辖地来保卫王室，是您督促他们进军，首先向敌军攻击，这是您忠心于本朝的功绩。后来黄巾军违背天意，侵占了我们三个州，连平民百姓都受到危害；您把他们消灭，平定了东方。这又是您的功劳。韩暹和杨奉专权，您前去讨伐，消除了祸害，接着迁都到许昌，修建了京城，设置了百官，恢复宗庙祭祀，旧日的制度没有丧失，天地鬼神都得到安宁。这又是您的功劳。袁术伪称皇帝叛乱，在淮南横行霸道，但他也惧怕您的威严。您施展高妙的谋略，在蕲阳交战，杀死了桥蕤，趁着军威向南进军，把袁术军队打败，袁术丧命。这又是您的功劳。回师东征，把吕布捕获处死，大军将要返回时，又把张杨消灭，眭固认罪被诛，张绣叩头降伏，这又都是您的功劳。袁绍叛乱，扰乱天道，阴谋危害社稷，他凭借自己兵马众多，发动军队挑起内战。在这个时候，国家的军队力量薄弱，天下的人民都感到失望恐惧，没有坚定的意志。您坚守大节，您的精诚使上天也

●周公旦

周公旦是文王的儿子，武王的兄弟。他辅助武王翦灭殷商；东征叛国平定三监；大行封建以屏周室；营建洛邑制礼作乐，为西周的稳定与发展作出了卓越的贡献。

显示出征兆，振奋您的勇武气魄。运用您的神妙计策，到达官渡，歼灭大量敌人，从危难灭亡中拯救了我的国家。这又是您的功劳。带领军队渡过大河，平定了四州，袁谭，高干等人都被您斩首，海盗逃窜，黑山贼人投降。这又是您的功劳。乌丸三支部族，两代人都在扰乱边疆，袁尚利用他们，占据塞北，您整顿军队，不费吹灰之力，一举消灭了他们。这又是您的功劳。刘表荒谬昏乱，背叛朝廷，不交纳租赋，国家的军队一上路出征，刘表就丧失了威风，八个郡的上百座城市纷纷投降，这又是您的功劳。马超、成宜，狼狈为奸，占据了黄河、潼关一带，企图实现他们的妄想，您在渭南消灭了他们，杀死的敌人数以万计。从此平定了边境，安抚了戎狄部族。这又是您的功劳。鲜卑、丁零这些民族，靠多重翻译辗转来到京城朝贡。箅于、白屋这些民族，称臣纳贡。请求派官吏去治理，这又是您的功劳。您有平定天下的功绩，再加上高尚的德行，整顿了全国的秩序，推行良好的社会风俗，普遍认真地施行教育，体贴下情，谨慎处理刑事案件，官吏们不使用苛刻的政令，百姓们没有欺诈狡猾之心。您真诚地尊敬和优待皇室亲族，上表让绝后的王族有人继承，对过去的功臣和有道德的人，全都给予官职任用。即便说伊尹的功德感动了上帝，周公的政绩照耀了四海之内，但和您相比都不如啊！

原文

朕闻先王并建明德[1]，胙之以土[2]，分之以民，崇其宠章[3]，备其礼物，所以藩卫王室[4]，左右厥世也。其在周成[5]，管、蔡不静，惩难念功，乃使邵康公赐齐太公履；东至于海，西至于河，南至于穆陵，北至于无棣，五侯九伯，实得征之，世祚太师，以表东海；爰及襄王，亦有楚人不供王职，又命晋文登为侯伯，锡以二辂、虎贲、𫓧钺、秬鬯、弓矢，大启南阳，世作盟主。故周室之不坏，繄二国是赖。今君称丕显德，明保朕躬，奉答天命，导扬弘烈，绥爰九域，莫不率俾，功高于伊、周，而赏卑于齐、晋，朕甚恧焉。朕以眇眇之身，托于兆民之上，永思厥艰，若涉渊水，非君攸济，朕无任焉。今以冀州之河东、河内、魏郡、赵国、中山、常山、钜鹿、安平、甘陵、平原凡十郡，封君为魏公。锡君玄土，苴以白茅，爰契尔龟，用建冢社。昔在周室，毕公、毛公入为卿佐，周、邵师保出为二伯，外内之任，君实宜之。其以丞相领冀州牧如故。又加君九锡，其敬听朕命。以君经纬礼律，为民轨仪，使安职业，无或迁志，是用锡君大辂、戎辂各一，玄牡二驷。君劝分务本，穑人昏作，粟帛滞积，大业惟兴，是用锡君衮冕之服，赤舄副焉。君敦尚谦让，俾民兴行，少长有礼，上下咸和，是用锡君

轩县之乐，六佾之舞。君翼宣风化，爰发四方，远人革面，华夏充实，是用锡君朱户以居。君研其明哲，思帝所难，官才任贤，群善必举，是用锡君纳陛以登。君秉国之钧，正色处中，纤毫之恶，靡不抑退，是用锡君虎贲之士三百人。君纠虔天刑，章厥有罪，犯关干纪，莫不诛殛，是用锡君𫓧钺各一。君龙骧虎视，旁眺八维，掩讨逆节，折冲四海，是用锡君彤弓一，彤矢百，玈弓十，玈矢千。君以温恭为基，孝友为德，明允笃诚，感于朕思，是用锡君秬鬯一卣，珪瓒副焉。魏国置丞相已下群卿百寮，皆如汉初诸侯王之制。往钦哉，敬服朕命！简恤尔众，时亮庶功，用终尔显德，对扬我高祖之休命！

注释

①并建：分封；明德：这里指大的功劳和高尚的道德。②胙：赐，赏赐。③崇：崇尚；宠章：加恩特赐的典章。④藩卫：包围；藩：篱笆。⑤周成：是指周成王。

译文

我听说先前的帝王都给德行崇高的人封爵，赐给他们土地，分给他们人民，给他们崇高的荣誉，为他们备齐礼仪制度用品；是用他们保卫王室，辅佐君王治

三监与武庚叛乱

三监之乱是西周初商王畿地区的三位统治者叛乱的事件。管叔、蔡叔、霍叔被派去监督殷商的遗民，却反而与商王子武庚一同叛乱。周公平息了这场战乱，并杀管叔、放蔡叔，废霍叔为庶民。

理天下。在周成王时，管叔、蔡叔叛乱，平定祸乱后评定功臣，就派邵康公赐给齐太公鞋履；向东到海边，向西到黄河，向南到穆陵，向北到无棣，其中的五侯九伯，齐太公都可以去征讨；让他世代担任太师，在东海边立表宣扬他的功绩。到了周襄王时，楚国不履行对周王的义务，不纳贡。周王就任用晋文公为诸侯的盟主，赐给他两辆大车、护卫的勇士、斧钺、米酒与弓箭，让他在南阳大量开拓土地，世代做诸侯的盟主。周王室之所以没有衰灭，全靠了这两个国家。现在您有崇高的品行，全心保卫我，顺应天意，做出伟大的功绩，使九州安宁，百姓循规蹈矩。您的功劳比伊尹、周公还高，而得到的奖赏却比齐太公、晋文公少。对此我感到很惭愧。我这一个渺小的人，位居亿万人民之上，经常想到执政的艰难，就如身临深渊，足履薄冰一样。没有您的帮助，我无法担任这个重任。现在把冀州的河东、河内、魏郡、赵国、中山、常山、钜鹿、安平、甘陵、平原一共十个郡赐给您，封您为魏公。赐给您黑色的土壤，包上白色茅草，您去刻灼龟甲占卜，选地建立魏国的宗庙社稷。过去在周朝，毕公、毛公到朝廷来做辅佐大臣，周公、邵公以太师太保的身份到外地做方伯。朝廷内外的重任，您都适合担当。您还可以像以前一样以丞相的官职兼任冀州牧。又给您加赐九锡，您敬听我的命令。因为您安排制定了礼仪和法律，让它们成为人民的规范准则，使人民安于自己的职业，没有人三心二意，所以我赐给您一辆君王的大车、一辆兵车、八匹黑马。您劝说百姓们守住本分，发展农业，农民努力耕作，粮食布帛有了大量储存，国家兴旺发达，因此赐给您衮冕礼服，配上红色的厚底鞋。您真诚地提倡谦让，让人民仿效实行，青年人与老年人都有礼貌，上下之间都很和睦，因此赐给您成套的乐器，六队舞人演出的舞乐。您推广宣传风化，让四方都传扬，远方的人们洗心革面，中原地区富裕充实，因此赐给您的居室红色大门。您研究贤王的智慧，为帝王分担困难的事务，给有才能的人官职，任用贤人，所有的优秀人才都得到推荐，因此赐给您从殿檐下的阶梯上殿的荣誉。您掌握国家的权柄，庄严地处在公正执中的地位，哪怕有一丝一毫的邪恶，也不会不予以斥退及抑制，因此赐给您三百名护卫勇士。您认真地监察朝廷的刑罚，

●吕尚

汉献帝说，曹操功绩比伊尹、周公还高，得到的却比齐太公、晋文公少。这里提到的齐太公就是吕尚。他是西周的开国元勋，齐文化的创始人，亦是中国古代的一位影响久远的杰出的韬略家与政治家。

揭露那些有罪的人，违犯国家法律的人，没有不受到诛杀的，因此赐给您斧、钺各一件。您像龙马一样奔驰，像猛虎一样环视，旁观八方，征讨叛臣逆贼，击败四海之内的敌人，因此赐给您一张红色的弓、一百支红色的箭、十张黑色的弓、一千支黑色的箭。您以温恭为基本，把孝敬父母、友爱兄弟作为美德，聪明、守信、真诚、忠实，使我非常感动，因此赐给您芬芳的美酒一坛，配上玉制的酒勺。魏国可以设置丞相以下的各级官员，全和汉代初年诸侯王的官属制度一样。您去魏国吧！要恭敬地听从我的命令，选拔和抚慰您的部下，经常建立功勋，来完善您的崇高品德，回报并颂扬我们高祖皇帝的美好遗命。

原文

秋七月，始建魏社稷宗庙。天子聘公三女为贵人[1]，少者待年于国。

九月，作金虎台，凿渠引漳水入白沟以通河。

冬十月，分魏郡为东西部，置都尉。

十一月，初置尚书、侍中、六卿。马超在汉阳，复因羌、胡为害，氐王千万叛应超[2]，屯兴国[3]。使夏侯渊讨之。

十九年春正月，始耕籍田[4]。南安赵衢、汉阳尹奉等讨超，枭其妻子，超奔汉中。韩遂徙金城，入氐王千万部，率羌、胡万馀骑与夏侯渊战，击，大破之，遂走西平[5]。渊与诸将攻兴国，屠之。省安东、永阳郡。安定太守毌丘兴将之官，公戒之曰："羌、胡欲与中国通，自当遣人来，慎勿遣人往。善人难得，必将教羌、胡妄有所请求，因欲以自利；不从便为失异俗意，从之则无益事。"兴至，遣校尉范陵至羌中，陵果教羌，使自请为属国都尉。公曰："吾预知当尔，非圣也，但更事多耳。"

注释

①聘：按照礼节明媒正娶。贵人：妃嫔的第一级。②叛应：反叛，响应。③屯：驻扎军队。④籍田：古代的天子、诸侯征用民力耕种的田。⑤走：逃跑；西平：郡名，东汉建安中分金城郡置。

译文

建安十八年（213）秋季七月，曹操开始建立魏国的宗庙社稷。汉献帝聘娶了曹操的三个女儿做后宫贵人，其中最小的一个留在魏国等长大以后再进宫。

九月，修建金虎台，开凿水渠把漳河水引进白沟，一直通到黄河。

冬季十月，把魏郡分成东西两部，设置了都尉。

十一月，魏国开始设置尚书、侍中、六卿等官员。马超在汉阳，又依靠羌人、胡人祸害百姓。氐王千万叛变，响应马超，驻扎在兴国。曹操派夏侯渊去讨伐。

建安十九年（214）春季正月，曹操第一次举行“耕籍田”的礼仪。南安人赵衢、汉阳人尹奉等将领去讨伐马超，斩杀了他的妻子儿女。马超逃到汉中去。韩遂迁往金城，进入氐王千万的部落，率领一万多名羌人胡人的骑兵和夏侯渊交战。夏侯渊将之击败。韩遂逃往西平。夏侯渊与众将领攻打兴国，屠杀居民，撤销了安东和永阳两个郡。安定太守毌兴将要赴任去。曹操告诫他说：“羌人、胡人想要与中国往来，就会自己派人来，你千万不要派人去。因为很难找到合适的使者。一般人一定会教羌人、胡人狂妄地提出过分的要求，他好从中得利。我们不答应这些要求，会失掉羌人、胡人的拥护，答应这些要求，又对国家没有益处。”毌丘兴到任后，派校尉范陵去羌人部落。范陵果然唆使羌人，让他们请求封自己做属国都尉。曹操说：“我早就预料到会是这样。我不是圣人，只不过经历的事情多些罢了。

三月，天子使魏公位在诸侯王上，改授金玺、赤绂、远游冠。

秋七月，公征孙权。初，陇西宋建自称河首平汉王，聚众枹罕[1]，改元，置百官，三十馀年。遣夏侯渊自兴国讨之。

冬十月，屠枹罕，斩建，凉州平。公自合肥还。

十一月，汉皇后伏氏坐昔与父故屯骑校尉完书，云帝以董承被诛怨恨公，辞甚丑恶，发闻[2]，后废黜死，兄弟皆伏法[3]。

十二月，公至孟津。天子命公置旄头[4]，宫殿设钟虡。乙未，令曰：“夫有行之士未必能进取[5]，进取之士未必能有行也。陈平岂笃行，苏秦岂守信邪？而陈平定汉业，苏秦济弱燕。由此言之，士有偏短，庸可废乎！有司明思此义，则士无遗滞，官无废业矣。”又曰：“夫刑，百姓之命也，而军中典狱者或非其人，而任以三军死生之事，吾甚惧之。其选明达法理者，使持典刑。”于是置理曹掾属。

二十年春正月，天子立公中女为皇后。省云中、定襄、五原、朔方郡，郡置一县领其民，合以为新兴郡。

三月，公西征张鲁，至陈仓，将自武都入氐；氐人塞道，先遣张郃、朱灵等攻破之。

夏四月，公自陈仓以出散关，至河池。氐王窦茂众万馀人，恃险不服。

五月，公攻屠之。西平、金城诸将麹演、蒋石等共斩送韩遂首。

●曹操杖杀伏皇后

汉献帝皇后伏氏曾在给父亲、前任屯骑校尉伏完的信中说汉献帝由于董承被诛杀而怨恨曹操，用词十分恶毒。信被发现以后，伏后因此被废黜而处死，她的兄弟也都被处死了。

秋七月，公至阳平。张鲁使弟卫与将杨昂等据阳平关，横山筑城十馀里，攻之不能拔，乃引军还。贼见大军退，其守备解散。公乃密遣解慓、高祚等乘险夜袭，大破之，斩其将杨任，进攻卫，卫等夜遁，鲁溃奔巴中。公军入南郑，尽得鲁府库珍宝。巴、汉皆降。复汉宁郡为汉中；分汉中之安阳、西城为西城郡，置太守；分锡、上庸郡，置都尉。

八月，孙权围合肥，张辽、李典击破之。

九月，巴七姓夷王朴胡、賨邑侯杜濩举巴夷、賨民来附，于是分巴郡，以胡为巴东太守，濩为巴西太守，皆封列侯。天子命公承制封拜诸侯守相。

注释

①枹罕：县名，在现在的甘肃省临夏县的西南方向。②发闻：发觉，发现。③伏法：判处死刑。④旄头：也就是旄头骑，是古代皇帝出行时在最前面开道的警卫骑兵。⑤行：德行。

陈平分肉

陈平曾为社庙里的社宰，在主持祭社神的仪式时，为大家分肉，分得十分均匀，受到了地方上父老乡亲的赞扬。但在军事上，他也并不讲什么公平、道义。因此，曹操以他来说明进取功名的人不一定能有德行。

译文

三月，汉献帝让魏公曹操的地位列于诸侯王以上，改授给他金印、红色的绶带和远游冠。

秋季七月，曹操征讨孙权。当初，陇西人宋建自称为河首平汉王，在枹罕聚集兵马，改换年号，设置百官，已经有三十多年了。曹操派遣夏侯渊从兴国去讨伐他。

冬季十月，曹军屠枹罕城，杀死了宋建，平定了凉州。曹操从合肥回到邺城。

十一月，汉献帝皇后伏氏曾在给父亲、前任屯骑校尉伏完的信中说汉献帝由于董承被诛杀而怨恨曹操，用词十分恶毒。信被发现以后，伏后因此被废黜处死，她的兄弟也都被处死。

十二月，曹操到了孟津，汉献帝命令曹操可以使用有旄头的仪仗，可以在宫殿中摆设钟架。乙未那天，曹操下令说："有德行的人不一定能进取功名，进取功名的人不一定能有德行。陈平难道有敦厚的德行？苏秦难道守信用吗？但是陈平却奠定了汉朝的大业，苏秦扶持弱小的燕国强盛起来。由此看来，士人都有缺点，怎么就能废弃不用呢？主管选拔任用的人想明白这个道理，就不会有遗漏的人才，官府也就没有荒废的事务了。"他又说："刑法是关系到百姓性命的大事，但是军队中主管刑狱的有些人不称职，把有关三军将士生死的大事交给他们，我很担心害怕。要选用通晓法律事理的人才，让他们主持刑狱。"于是专门设置了理曹掾属的官职。

建安二十年（215）春季正月，汉献帝将曹操的二女儿立为皇后，撤销了云中、定襄、五原、朔方各郡，把这几个郡改成县统领百姓，然后再合并为新兴郡。

三月，曹操向西去征讨张鲁，到了陈仓，将要从武都进入氐人地区；氐人堵塞了道路；曹操先派出张郃、朱灵等人打垮了他们。

夏季四月，曹操从陈仓出大散关，到了河池。氐王窦茂拥有一万多名士兵，凭借天险，不肯降服。

五月，曹操攻打河池，大开杀戒。西平和金城的将领麹演、蒋石等人一起杀死韩遂，把他的头送交曹操。

秋季七月，曹操到了阳平。张鲁让他的弟弟张卫与部将杨昂等人据守阳平关，在山腰筑了十几里长的城墙。曹操无法攻克，就领兵回去。贼军见曹操的大军退去，防守便松懈了。曹操就秘密地派出高祚等人越过天险去夜袭敌人，大败敌军，杀死了敌人的将军杨任，又去进攻张卫。张卫等人连夜逃走，张鲁溃败，逃向巴中。曹操的军队进入南郑，把张鲁仓库中的珠宝全部缴获。巴郡、汉中地区全部投降。曹操把汉宁郡重新定为汉中郡，又把汉中的安阳、西城划分出来成立西城郡，设置了太守；划分出锡郡与上庸两郡，设置了都尉。

八月，孙权围攻合肥，被张辽和李典打败。

九月，巴郡的七姓夷王朴胡和賨邑侯杜濩率领巴人、夷人和賨人前来归附。曹操便把巴郡分成东西两郡。任命朴胡做巴东郡太守，杜濩做巴西郡太守，把两个人都封为列侯。汉献帝授予曹操分封诸侯任命太守和国相的权力。

原文

冬十月，始置名号侯至五大夫，与旧列侯、关内侯凡六等，以赏军功。

十一月，鲁自巴中将其馀众降。封鲁及五子皆为列侯。刘备袭刘璋，取益州，遂据巴中；遣张郃击之。

十二月，公自南郑还，留夏侯渊屯汉中。

二十一年春二月，公还邺。

三月壬寅，公亲耕籍田。

夏五月，天子进公爵为魏王。代郡乌丸行单于普富卢与其侯王来朝。天子命王女为公主，食汤沐邑[1]。

秋七月，匈奴南单于呼厨泉将其名王来朝，待以客礼，遂留魏，使右贤王去卑监其国。

八月，以大理钟繇为相国[2]。

农耕图

中国古代十分重视农业，农业收成的好坏关系到国家的安定，农民的生活。曹操亲自参加耕籍田的仪式，表明了他对农业生产的重视。

冬十月，治兵，遂征孙权，十一月至谯。

二十二年春正月，王军居巢[3]，二月，进军屯江西郝溪谿[4]。权在濡须口筑城拒守，遂逼攻之，权退走。三月，王引军还，留夏侯惇、曹仁、张辽等屯居巢。

注释

①汤沐邑：诸侯朝见天子，皇帝赐给京城以内的供给诸侯住宿和斋戒沐浴的封邑。②大理：官名，也就是汉朝的廷尉，掌管司法刑狱。③居巢：县名，在现在的安徽省巢县的东北。④郝谿：地名。

译文

冬季十月，开始设置名号为侯到五大夫的爵位名称，加上过去的列侯、关内侯一共有六等，用来奖赏有军功的人。

十一月，张鲁率领残余的军队从巴中来投降。朝廷把张鲁和他的五个儿子都封为列侯。刘备袭击刘璋，夺取了益州，占据了巴中。曹操派张郃去攻打刘备。

十二月，曹操从南郑回来，留下夏侯渊驻守汉中。

建安二十一年（216）春季二月，曹操回到邺城。

三月壬寅，曹操亲自参加耕籍田的仪式。

夏季五月，汉献帝把曹操晋爵为魏王。代郡乌丸部族的行单于普富卢和他部下的侯王来朝见。汉献帝赐封魏王曹操的女儿称为公主，给予供给沐浴费用的食邑。

秋季七月，匈奴南单于呼厨泉率领他手下有名望的酋长来朝见，曹操用对宾客的礼节招待他们。他们被留在魏国，由右贤王去卑监管匈奴国。

八月，任命大理卿钟繇做相国。

冬季十月，曹操操练军队之后，便去征讨孙权，十一月到达谯郡。

建安二十二年（217）春季正月，曹操的军队驻扎在居巢。二月，进军驻扎在江西郝谿。孙权在濡须口筑城防守。曹操就逼近去攻打，孙权于是退走了。三月，曹操领兵退回，留下夏侯惇、曹仁、张辽等人驻守居巢。

原文

夏四月，天子命王设天子旌旗，出入称警跸[1]。五月，作泮宫[2]。六月，以军师华歆为御史大夫。冬十月，天子命王冕十有二旒，乘金根车，驾六马，设五时副车[3]，以五官中郎将丕为魏太子。刘备遣张飞、马超、吴兰等屯下辩；遣曹洪拒之。

二十三年春正月，汉太医令吉本与少府耿纪、司直韦晃等反[4]，攻许，烧丞相长史王必营[5]，必与颍川典农中郎将严匡讨斩之。曹洪破吴兰，斩其将任夔等。三月，张飞、马超走汉中，阴平氐强端斩吴兰，传其首。夏四月，代郡、上谷乌丸无臣氐等叛，遣鄢陵侯彰讨破之。

六月，令曰："古之葬者，必居瘠薄之地。其规西门豹祠西原上为寿陵，因高为基，不封不树。《周礼》冢人掌公墓之地，凡诸侯居左右以前，卿大夫居后，汉制亦谓之陪陵。其公卿大臣列将有功者，宜陪寿陵，其广为兆域，使足相容。"

秋七月，治兵，遂西征刘备，九月，至长安。

注释

①警跸：指皇帝出入的地方严加戒备，断绝行人。警，警戒。②泮宫：古代诸侯所设立的行宫。③设：设置。④反：谋反，叛乱。⑤丞相长史：官名，丞相府属官的最高长官。

译文

夏季四月，汉献帝命令曹操可以设置天子用的旌旗，出入可以用警卫清道戒严。五月，曹操修建泮宫。六月，任命军师华歆做御史大夫。冬季十月，汉献帝命令曹操可以戴有十二条旒的冠冕，乘坐金银车，车用六匹马驾驭，配有五时副车，册封五官中郎将曹丕为魏太子。刘备派遣张飞、马超、吴兰

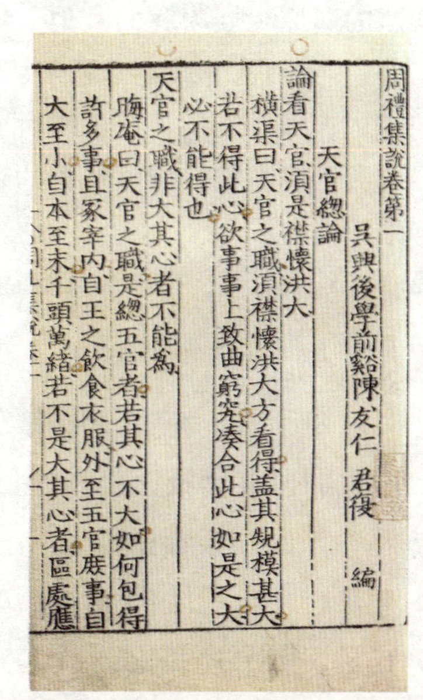

周禮集說卷第一
吳興後學前谿陳友仁君復　編
天官總論
論看天官須是襟懷洪大
横渠曰天官之職須襟懷洪大方看得蓋其規模甚大
若不得此心欲事事上致曲窮究湊合此心如是之大
必不能得也
天官之職非大其心者不能爲
晦菴曰天官之職是總五官者若其心不大如何包得
許多事且冢宰內自王之飲食衣服外至五官庶事自
大至小自本至末千頭萬緒若不是大其心者區處應

●《周礼》书影

《周礼》据传由西周时著名的政治家、思想家、文学家、军事家周公旦所著。内容包括天下九州，天文历象，政法文教，礼乐兵刑，赋税度支，农商医卜，工艺制作，典章制度等。

西门豹治邺

西门豹是战国时期魏国人。他是一个无神论者，在治理邺城时，取消了河伯娶妻这样的迷信行为。同时，他大兴农田水利，最终使邺城成为魏国的东北重镇。

等人驻守下辩；曹操派曹洪去抵御他们。

建安二十三年（218）春季正月，汉朝太医令吉本和少府耿纪、司直韦晃等人造反，攻打许都，烧毁了丞相长史王必的军营。王必和颍川典农中郎将严匡讨伐他们，把他们都杀死了。曹洪打败了吴兰，杀死了吴兰的部将任夔等人。三月，张飞、马超逃往汉中。阴平的氐人强端杀死吴兰，把他的首级传送到朝廷。夏季四月，代郡和上谷的乌丸无臣氐等发动叛乱。曹操派鄢陵侯曹彰打败了叛军。

六月，曹操下令说："古代人埋葬，一定选用瘠薄的土地。可将西门豹祠以西的高原规划为我的墓地，依照原有的高山作为陵墓的基址，不起坟冢，也不种树。《周礼》规定：冢人掌管国家的公墓，凡是诸侯，都葬在王陵前面的左右两边，卿大夫们葬在诸侯后面。汉代的制度也把它叫做陪陵。那些有功劳的公卿大臣将军们，应该在我的陵区内陪葬。现在扩充陵墓的地域，让它可以容下陪葬的人。"

秋季七月，曹操操练兵马，向西征讨刘备。九月到达长安。

原文

冬十月，宛守将侯音等反，执南阳太守，劫略吏民，保宛。初，曹仁讨关羽，屯樊城，是月使仁围宛。

二十四年春正月，仁屠宛，斩音。夏侯渊与刘备战于阳平，为备所杀。三月，王自长安出斜谷，军遮要以临汉中，遂至阳平。备因险拒守[1]。夏五月，引军还长安。秋七月，以夫人卞氏为王后。遣于禁助曹仁击关羽。

八月，汉水溢，灌禁军，军没，羽获禁，遂围仁。使徐晃救之。九月，相国钟繇坐西曹掾魏讽反免。冬十月，军还洛阳。孙权遣使上书，以讨关羽自效。王自洛阳南征羽，未至，晃攻羽，破之，羽走，仁围解。王军摩陂。

二十五年春正月，至洛阳。权击斩羽，传其首。

庚子，王崩于洛阳，年六十六。遗令曰："天下尚未安定，未得遵古也。葬毕，皆除服[2]。其将兵屯戍者，皆不得离屯部。有司各率乃职[3]。敛以时服[4]，无藏金玉珍宝。"谥曰武王。二月丁卯，葬高陵。

评曰：汉末，天下大乱，雄豪并起，而袁绍虎眎四州，强盛莫敌。太祖运筹演谋，鞭挞宇内，揽申、商之法术，该韩、白之奇策，官方授材，各因其器，矫情任算，不念旧恶，终能总御皇机，克成洪业者，惟其明略最优也。抑可谓非常之人，超世之杰矣。

注释

①拒守：抗拒、镇守。②除服：也叫除丧，除掉丧服。③乃：其，他。④敛：给尸体穿上衣服放进棺材里。

译文

冬季十月，宛城守将侯音等人造反，抓住了南阳太守，抢劫官吏和平民的财产，在宛城防守。之前，曹仁为攻打关羽，驻在樊城。当月曹操就派曹仁去包围宛城。

建安二十四年（219）春季正月，曹仁屠杀宛城军民，杀死了侯音。夏侯渊和刘备在阳平交战，被刘备杀死。三月，曹操从长安经斜谷进军，在险要地点驻军守卫，逼近汉中，到达阳平。刘备利用险要地势防守。夏季五月，曹操领兵回到长安。秋季七月，曹操立夫人卞氏为王后；派于禁去帮助曹仁攻打关羽。八月，汉水泛滥，淹了于禁的军营，曹军被消灭。关羽抓住了于禁，又去包围曹仁。曹操派徐晃去救援曹仁。九月，相国钟繇因为西曹掾魏

●韩信

公元前202年，汉军用十面埋伏的阵法击败楚军，使项羽自刎乌江。韩信就是这场著名战役的指挥者。他是一位著名的军事谋略家。说曹操通晓韩信的谋略，这是对曹操军事才能的肯定。

讽造反受到牵连，被免职。冬季十月，曹军回到洛阳。孙权派使节送信，愿意讨伐关羽为朝廷效力。曹操从洛阳向南征讨关羽，他还没有到战场，徐晃已去攻打关羽，打败了他，关羽逃走，对曹仁的包围被解除。曹操在摩陂驻军。

建安二十五年（220）春季正月，曹操到了洛阳。孙权攻打关羽，杀死了他，把首级传送给曹操。

正月庚子，曹操在洛阳去世，终年六十六。他的遗嘱中说："天下还没有安定，不要遵守古代的葬制。安葬完毕，大家就不要守丧了。率领士兵驻防的将领都不要离开自己的驻地，各级官员仍然坚守自己的职责。用平常穿的衣服给我收殓，墓中不要藏金玉珍宝。"给他的谥号是"武王"。二月丁卯，将他埋葬在高陵。

评论说：汉朝末年，天下大乱，豪强同时起兵，袁绍在北方四州虎视眈眈，力量强大，没有人是他的敌手。曹操运筹帷幄，用武力征讨国内，采取申不害、商鞅的法家治国方略，通晓韩信、白起的用兵奇计，根据每个人的才能授予官职，使人尽其才，克制感情，讲求谋略，不计旧仇，终于能完全掌握了国家机要，建成大业，就因为他具有最卓越的智慧和才略。曹操可以说是个非凡的人物、盖世的豪杰。

文帝纪

原文

文皇帝讳丕[1]，字子桓[2]，武帝太子也。中平四年冬[3]，生于谯[4]。建安十六年[5]，为五官中郎将、副丞相。二十二年，立为魏太子。太祖崩[6]，嗣位为丞相、魏王[7]。尊王后曰王太后。改建安二十五年为延康元年[8]。

注释

①讳：避讳，古代对帝王和长辈不能直接称呼名字，名字前面加"讳"，表示

● 魏文帝曹丕

魏文帝曹丕，字子桓，是三国时期曹魏著名的文学家、政治家，曹魏的开国皇帝。公元220年，他逼迫汉献帝退位，开创了曹魏。他总共在位6年，于公元226年去世。

尊敬。②字：表字。古代男子二十而冠，另取别名称字。③中平：汉灵帝的年号（公元 184 年 –189 年）。④谯：县名。在今安徽省亳县。⑤建安：汉献帝的年号（公元 196–220 年）。⑥崩：古代帝王的死称为崩。⑦嗣：继承。⑧延康：汉献帝的年号（公元 220 年）。

译文

文皇帝名丕，字子桓，是武帝的太子。中平四年冬天，出生于谯县。建安十六年，担任五官中郎将、副丞相。建安二十二年，被立为魏国太子。太祖去世后，继位为丞相、魏王。尊奉王后卞氏为王太后。改建安二十五年为延康元年。

原文

元年二月壬戌[1]，以大中大夫贾诩为太尉[2]，御史大夫华歆为相国，大理王朗为御史大夫[3]。置散骑常侍、侍郎各四人，其宦人为官者不得过诸署令[4]；为金策著令[5]，藏之石室[6]。

注释

①壬戌：古代以天干地支相配计时日，六十次循环一周。②以：任用。大中大夫：官名，即太中大夫，职掌议论。太尉：官名，为全国最高军事首领，东汉时与司徒、司空并称三公。③御史大夫：官名。仅次于丞相的中央最高长官。其职责为监察、执法，兼管重要文书图籍。④署令：少府下属的各署之令，如黄门令、尚方令等。⑤金策：即金册，用金粉书写记录功绩的策文。⑥石室：国家收藏图书档案的地方。

译文

延康元年二月壬戌，任命大中大夫贾诩为太尉，御史大夫华歆为相国，大理王朗为御史大夫。设置散骑常侍、侍郎各四人，规定宦官的官位最高不能超过各官署的令；把诏令记录在金质的简册上，收藏在石室中。

原文

初，汉熹平五年[1]，黄龙见谯[2]，光禄大夫桥玄问太史令单飏："此何祥也？"飏曰："其国后当有王者兴[3]，不及五十年，亦当复见。天事恒象[4]，此其应也。"内黄殷登默而记之[5]。至四十五年，登尚在。三月，黄龙见谯，登闻之曰："单飏之言，其验兹乎！"

注释

①熹平：汉灵帝的年号（公元 172 年 –178 年）。②见：同"现"，出现。

◎龙

龙是我国古代传说中的神异动物，传说能够翻江倒海，吞风吐雾，兴云降雨。在封建时代，人们常用龙来作为帝王的象征，也用来指帝王和帝王的东西。

③其：表示推测、估计，相当于现代汉语中的“恐怕”、“大概”、“或许”、“可能”等。国：指谯，当时谯县属于沛国。④恒：经常。⑤内黄：县名，在今河南省内黄县西北。

译文

当初，在汉熹平五年，在谯县出现黄龙，光禄大夫桥玄问太史令单飏：“这是什么预兆呢？”单飏说：“大概这个封国以后会有帝王兴起，不到五十年，黄龙还会再次出现。天上发生的事经常显示征兆，这大概会应验。”内黄县人殷登默默记下了这件事。四十五年之后，殷登还活着。三月，在谯县出现黄龙，殷登听说了这件事后说：“单飏的话，大概就在这里应验吧！”

原文

已卯，以前将军夏侯惇为大将军。濊貊、扶馀单于、焉耆、于阗王皆各遣使奉献。

夏四月丁巳，饶安县言白雉见[1]。庚午，大将军夏侯惇薨[2]。

五月戊寅，天子命王追尊皇祖太尉曰太王，夫人丁氏曰太王后，封王子睿为武德侯。是月，冯翊山贼郑甘、王照率众降，皆封列侯。

酒泉黄华、张掖张进等各执太守以叛[3]。金城太守苏则讨进，斩之。华降。

六月辛亥，治兵于东郊[4]，庚午，遂南征。

注释

①白雉：古代迷信以白雉为祥瑞。雉，野鸡。②薨：古代指诸侯、重臣

去世。③执：捉拿，拘捕。④治兵：训练军队。

译文

己卯，任命前将军夏侯惇为大将军。濊貊、扶余单于、焉耆、于阗王都各自派遣使者向魏王进贡。

夏四月丁巳，饶安县呈告有白色野鸡出现。庚午，大将军夏侯惇去世。

五月戊寅，天子诏命追尊魏王曹丕的祖父太尉曹嵩为太王，夫人丁氏为太王后，封魏王的儿子曹睿为武德侯。这月，冯翊郡的山贼郑甘、王照率领部队投降，都被封为列侯。

酒泉郡的黄华、张掖郡的张进等人各自把本郡的太守抓起来反叛。金城太守苏则讨伐张进，张进被杀。黄华投降。

六月辛亥，在东郊训练军队，庚午，就向南出征。

原文

秋七月庚辰，令曰："轩辕有明台之议[1]，放勋有衢室之问[2]，皆所以广询于下也。百官有司，其务以职尽规谏，将率陈军法，朝士明制度，牧守申政事，缙绅考六艺，吾将兼览焉。"

孙权遣使奉献。蜀将孟达率众降。武都氐王杨仆率种人内附，居汉阳郡。

甲午，军次于谯，大飨六军及谯父老百姓于邑东。八月，石邑县言凤皇集。

冬十月癸卯，令曰："诸将讨伐，士卒死亡者或未收敛[3]，吾甚哀之；其告郡国给槥椟殡敛[4]，槥音卫。送致其家，官为设祭。"丙午，行至曲蠡。

黄帝

黄帝对礼仪制度的确立作出了贡献，他"垂衣裳"、"作旃冕"、"制鼓作乐"，还设立了明台。"明台"即"明堂"，也就是后来人们想象中的远古帝王祭祀与布政的建筑。

注释

①轩辕：即黄帝。传说居住在轩辕之丘，名叫轩辕。②放勋：唐尧，名放勋。③或：有的。敛：收敛尸体。敛，通"殓"④槥椟：小而薄的棺材。

译文

秋七月庚辰，魏王发布命令说："黄帝

设有议政的明台，唐尧设有问政的衢室，这都是为了广泛征求下属的意见。各级官员，一定要尽到自己的职责进行规劝，将帅陈述军中的法纪，朝中的官员阐明朝廷的制度，州郡长官申报地方的政事，士大夫考察研究六艺，我对以上这些都要进行考察。”

孙权派遣使者向魏国进奉贡物。蜀国将领孟达率领部队前来投降。武都县氐王杨仆带领本部族人来归附朝廷，居住在汉阳郡。

甲午，魏王率领军队驻扎在谯县，在城外东郊大摆酒食，犒劳六军和谯县的百姓。八月，石邑县呈告说有凤凰聚集在一起。

冬十月癸卯，魏王发布命令说：“将领们出征讨伐，死亡的士兵有的没有收殓入葬，我非常哀怜他们。现在通告各郡国提供棺材收尸入殓，送到死者的家中，官府为他们安排祭奠。”丙午，魏王出行到曲蠡。

原文

汉帝以众望在魏，乃召群公卿士，告祠高庙[1]。使兼御史大夫张音持节奉玺绶禅位[2]，册曰：“咨尔魏王：昔者帝尧禅位于虞舜，舜亦以命禹，天命不于常，惟归有德。汉道陵迟[3]，世失其序，降及朕躬，大乱兹昏，群凶肆逆，宇内颠覆。赖武王神武，拯兹难于四方，惟清区夏，以保绥我宗庙，岂予一人获乂，俾九服实受其赐[4]。今王钦承前绪，光于乃德，恢文武之大业，昭尔考之弘烈。皇灵降瑞，人神告征，诞惟亮采，师锡朕命，佥曰尔度克协于虞舜，用率我唐典，敬逊尔位。於戏！天之历数在尔躬，允执其中，天禄永终；君其祗顺大礼，飨兹万国，以肃承天命。”乃为坛于繁阳。庚午，王升坛即阼[5]，百官陪位。事讫[6]，降坛，视燎成礼而反。改延康为黄初，大赦。

注释

①告祠：祷告和祭祀。高庙：汉祖庙。

帝尧

尧是传说中的上古帝王，又称唐尧。他将帝位禅让给了虞舜，而虞舜又将帝位禅让给了禹，直到启建立了夏朝，才开始了家天下的局面。

②玺绶：皇帝的印章和系在印章上的绶带。③陵迟：衰落，衰败。④俾：使。⑤即阼：继承皇位。⑥讫：完毕。

汉献帝认为众人的希望在于魏国，于是就召集朝中大臣，告祭祖庙。派遣兼御史大夫张音持符节、玉玺、绶带向魏王禅让帝位，诏书说："啊，魏王，从前唐尧把帝位禅让给虞舜，虞舜也把帝位禅让给禹，天命不是固定不变的，只归向有德的人。汉朝的命数已经衰败，世间失去了正常的秩序，到我这一代，大乱的局面更加严重，群凶反叛，天下倾覆不安。依赖魏武王的神明威武，在四方拯救危难，肃清中原，来保护安定汉朝的宗庙。这难道是我一个人得到安宁，实在是使全天下的人受到他的恩惠。当今魏王敬承先人之业，光大武王之德，弘扬文治武功的大业，显扬您父亲的伟绩。皇天降下祥瑞，人神预示吉兆，诞生您这样的辅佐之臣，众人给朕进言，都说您的气度和虞舜相当，应该遵循先王唐尧的典范，恭敬地把帝王之位让给您。呜呼！上天的命数已落在您的身上，诚实地坚持正确的治国方法，上天赐予的禄位就会永存。您要恭敬地顺承大礼，接受万国的朝拜，庄严地接受上天的旨意。"于是在繁阳修筑高坛。庚午，魏王登上高坛即位，百官陪同。仪式完了以后，走下高坛，观看燎祭成礼后返回。改汉年号延康为魏黄初，大赦天下。

原文

黄初元年十一月癸酉，以河内之山阳邑万户奉汉帝为山阳公，行汉正朔，以天子之礼郊祭，上书不称臣，京都有事于太庙，致胙[1]；封公之四子为列侯。追尊皇祖太王曰太皇帝，考武王曰武皇帝，尊王太后曰皇太后。赐男子爵人一级，为父后及孝悌力田人二级。以汉诸侯王为崇德侯，列侯为关中侯。以颍阴之繁阳亭为繁昌县。封爵增位各有差。改相国为司徒，御史大夫为司空，奉常为太常，郎中令为光禄勋，大理为廷尉，大农为大司农。郡国县邑，多所改易。更授匈奴南单于呼厨泉魏玺绶，赐青盖车、乘舆、宝剑、玉玦。十二月，初营洛阳宫，戊午幸洛阳[2]。

注释

①胙：祭肉。②幸：古代黄帝亲临某处为幸。

译文

黄初元年十一月癸酉，将河内郡的山阳县一万户送给汉献帝，封他作山阳公，奉行汉朝的历法，按天子的礼仪举行郊祭，给魏帝上书不自称臣，京都在太庙祭

洛阳春色图

公元前220年，曹丕迁都洛阳，并开始着手兴建洛阳宫。他的这一举动为洛阳的发展作出了重要贡献。此幅洛阳春色图描绘了洛阳牡丹甲天下的美景。

祀，送给他祭肉；封山阳公的四个儿子为列侯。文帝追尊祖父太王为太皇帝，父亲武王为武皇帝，尊奉王太后为皇太后。赐天下男子每人晋升爵位一级，做父亲的继承人和被举荐为孝悌力田的人每人晋升爵位二级。将汉朝封的诸侯王改封为崇德侯，列侯改封为关中侯。将颍阴县的繁阳亭改为繁昌县。封赏爵位提升官职各有不同。改称相国为司徒，御史大夫为司空，奉常为太常，郎中令为光禄勋，大理为廷尉，大农为大司农。郡国县邑的名称，有很多改变。改授匈奴南单于呼厨泉魏国的印玺绶带，赐给青盖车、乘舆、宝剑、玉块。十二月，开始营建洛阳宫，戊午，文帝亲临洛阳。

原文

是岁，长水校尉戴陵谏不宜数行弋猎[1]，帝大怒；陵减死罪一等。

二年春正月，郊祀天地、明堂。甲戌，校猎至原陵，遣使者以太牢祠汉世祖。乙亥，朝日于东郊。初令郡国口满十万者，岁察孝廉一人；其有秀异，无拘户口[2]。辛巳，分三公户邑，封子弟各一人为列侯。壬午，复颍川郡一年田租[3]。改许县为许昌县。以魏郡东部为阳平郡，西部为广平郡。

注释

①弋猎：射猎。②拘：限制。③复：免除赋税。

译文

这一年，长水校尉戴陵规劝文帝不应该经常出外射猎，文帝大怒；戴陵被判处轻于死刑一级的刑罚。

黄初二年春正月，文帝在郊外祭祀天地、明堂。甲戌，到原陵打猎，派遣使者用“太牢”祭祀汉光武帝。乙亥，在东郊祭日。开始命令各郡国人口满十万的，每年考察推荐孝廉一人；如有特别优秀的，可以不受户口的限制。辛巳，分出三公的食邑，封他们的子弟各一人为列侯。壬午，免除颍川郡一年的赋税。改称许县为许昌县。将魏郡东部改为阳平郡，西部改为广平郡。

原文

诏曰："昔仲尼资大圣之才[1]，怀帝王之器，当衰周之末，无受命之运，在鲁、卫之朝，教化乎洙、泗之上，凄凄焉[2]，遑遑焉[3]，欲屈己以存道，贬身以救世。于时王公终莫能用之，乃退考五代之礼，修素王之事[4]，因鲁史而制春秋，就太师而正雅颂，俾千载之后，莫不宗其文以述作，仰其圣以成谋，咨！可谓命世之大圣，亿载之师表者也。遭天下大乱，百祀堕坏，旧居之庙，毁而不修，褒成之后，绝而莫继，阙里不闻讲颂之声，四时不睹蒸尝之位，斯岂所谓崇礼报功[5]，盛德百世必祀者哉！其以议郎孔羡为宗圣侯，邑百户，奉孔子祀。"令鲁郡修起旧庙，置百户吏卒以守卫之，又于其外广为室屋以居学者。

注释

①仲尼：孔子的字。孔子是春秋末年的思想家，儒家学派的创始人。②凄凄：悲伤的样子。③遑遑：匆匆忙忙的样子。④修：学习，研究。素王：指孔子有帝王之德而未居其位。⑤报功：酬报有功的人。

译文

魏文帝下诏说："从前孔子具备至高的才能，胸怀帝王的器度，正逢周朝衰败的末期，没有承受上天的运数，在鲁国、卫国的宫廷做小官，在洙水、泗水一带进行教化，到处奔波，惶惶不安，想要委屈自己来保存大道，贬抑自己来拯救世间。那时各国的诸侯始终没有人能任用他，于是就回来考察五代的礼制，从事"素"王的事业，依据鲁国的史书撰写《春秋》，跟随鲁太师校正了《雅》《颂》，使得千年以后，没有人不依据他的文章来著书立说，仰赖他的贤德和智慧来成就大谋。哎！孔子可以说是闻名当世的大圣人，亿万年人们学习的榜样。如今天下大乱，许多祠庙被毁坏，孔子旧居的庙堂，被毁坏以

孔子

孔子是春秋时期著名的思想家，儒家学派的创始人。他曾经周游列国，传播儒家思想，继而隐退，著书立说。他的门徒遍布各地，最著名的是72门徒。

后没有修葺，褒成侯的后代，已经无人继承，孔子的故乡听不到讲学和吟诵的声音，一年四季看不到祭祀的神位，这难道是说崇尚礼仪酬报功德，有高尚德行的人一定会得到世世代代的祭祀吗？现在命令封议郎孔羡为宗圣侯，赐给他食邑一百户，主持孔子的祭祀。”命令鲁郡修复孔子的旧庙，设置一百户官兵守卫，又在庙外广建房屋，让学习儒学的人居住。

原文

三月，加辽东太守公孙恭为车骑将军。初复五铢钱[1]。夏四月，以车骑将军曹仁为大将军。五月，郑甘复叛，遣曹仁讨斩之。六月庚子，初祀五岳四渎[2]，咸秩群祀[3]。丁卯，夫人甄氏卒。戊辰晦[4]，日有食之，有司奏免太尉，诏曰：“灾异之作，以谴元首，而归过股肱[5]，岂禹、汤罪己之义乎？其令百官各虔厥职，后有天地之眚，勿复劾三公。”

注释

①复：恢复。②五岳：指中岳嵩山、东岳泰山、西岳华山、南岳衡山、

秦始皇封禅泰山

封禅是自古就有的祭祀天地神祇的宗教活动，主要在五岳山顶上举行。秦始皇、汉武帝就曾经祭天。魏文帝在黄初二年六月也开始了祭祀的活动，分别到达过泰山、华山、衡山、恒山、嵩山、长江、黄河、淮河、济水等。

北岳恒山。四渎：指长江、黄河、淮河、济水。③秩：排列秩序。④晦：阴历每月最后一天。⑤股肱：本指大腿和手臂从肘到腕的部分，常用以比喻帝王左右辅助得力的臣子。

译文

黄初二年三月，加封辽东太守公孙恭为车骑将军。开始恢复使用五铢钱。夏四月，任命车骑将军曹仁为大将军。五月，郑甘再次反叛，派遣曹仁讨伐并杀了他。六月庚子，第一次祭祀泰山、华山、衡山、恒山、嵩山和长江、黄河、淮河、济水，都依次举行各种祭祀。丁卯，夫人甄氏去世。戊辰三十日，发生日食，有关官员上疏要求罢免太尉，文帝下诏书说："灾异的发生，是为了谴责君王，但却把过错归咎于辅佐的大臣身上，这难道符合夏禹、商汤把罪责归于自己的本意吗？现在命令文武百官各自敬守自己的职责，以后天地间再有灾祸，不要再弹劾三公。"

原文

秋八月，孙权遣使奉章，并遣于禁等还。丁巳，使太常邢贞持节拜权为大将军，封吴王，加九锡[1]。冬十月，授杨彪光禄大夫。以谷贵，罢五铢钱。己卯，以大将军曹仁为大司马。十二月，行东巡。是岁筑陵云台[2]。

注释

①九锡：古代帝王赐给有大功和权势的诸侯大臣的九种物品。②陵云台：在今河南省洛阳市东北。北魏时尚完好。

译文

秋八月，孙权派遣使者呈送奏章，并且遣送于禁等人回国。丁巳，文帝派遣太常邢贞持符节授给孙权大将军的官职，封为吴王，加九锡。冬十月，授予杨彪光禄大夫的官职。因为粮食价格昂贵，停止使用五铢钱。己卯，任命大将军曹仁为大司马。十二月，文帝出行东方巡视。这一年修筑陵云台。

原文

三年春正月丙寅朔，日有蚀之。庚午，行幸许昌宫。诏曰："今之计、孝，古之贡士也；十室之邑，必有忠信，若限年然后取士，是吕尚、周晋不显于前世也。其令郡国所选，勿拘老幼；儒通经术，吏达文法[1]，到皆试用。有司纠故不以实者[2]。"

注释

①文法：法令条文。②纠：检举。故：以前。

诗经

《诗经》是中国最早的诗歌总集，先秦时称为《诗》。它收集了从西周初期到春秋中叶的诗歌共305篇。先秦的古籍常常会引用《诗》中的句子，《左传》中就有不少从《诗》中引用的句子。

译文

黄初三年春正月初一，发生日食。庚午，文帝出行到许昌宫。下诏书说："现在的上计吏、孝廉，相当于古代的贡士；十户人家的聚落，必定有忠诚守信的人，如果限定年龄然后选拔有才能的人，那么吕尚、周晋就无法在前世显名了。现在命令各郡国选拔人才，不受年纪大小的限制；读书人能精通经学，官吏能通晓法规，到了都可以试用。主管官员要检举有意不按实际才能取士的人。"

原文

二月，鄯善、龟兹、于阗王各遣使奉献，诏曰："西戎即叙，氐、羌来王，诗、书美之[1]。顷者西域外夷并款塞内附[2]，其遣使者抚劳之。"是后西域遂通，置戊己校尉。

注释

①美：赞美，称赞。②夷：我国古代用以泛指四方的少数民族。③戊己校尉：官名，统帅西域的驻军。

译文

黄初三年二月，鄯善、龟兹、于阗王各自派遣使者到魏国进贡，文帝下诏书说："西戎安定顺服，氐、羌前来朝见天子，《诗经》、《尚书》对此表示了赞美。不久西域几个部落一起来归附，要派遣使者去安抚慰劳他们。"从此以后，就和西域开始了交往，并设置了戊己校尉。

原文

三月乙丑，立齐公睿为平原王，帝弟鄢陵公彰等十一人皆为王。初制封王之庶子为乡公[1]，嗣王之庶子为亭侯[2]，公之庶子为亭伯。甲戌，立皇子霖为河东王。甲午，行幸襄邑[3]。夏四月戊申，立鄄城侯植为鄄城王。癸亥，行还许昌宫。五月，以荆、扬、江表八郡为荆州，孙权领牧故也；荆州江

北诸郡为郢州。

注释

①庶子：妾所生的儿子。②嗣王：继位的帝王。③襄邑：县名，在今河南省睢县。

译文

三月乙丑，封齐公曹睿为平原王，文帝的弟弟鄢陵公曹彰等十一人都被封为王，开始规定封王的庶子为乡公，嗣王的庶子为亭侯，公的庶子为亭伯。甲戌，封皇子曹霖为河东王。甲午，文帝出行到襄邑。夏四月戊申，封鄄城侯曹植为鄄城王。癸亥，返回许昌宫。五月，将荆州、扬州、长江以南八郡划为荆州，因为孙权兼任州牧的缘故；荆州长江以北各郡划为郢州。

原文

闰月，孙权破刘备于夷陵。初，帝闻备兵东下，与权交战，树栅连营七百馀里，谓群臣曰："备不晓兵，岂有七百里营可以拒敌者乎！'苞原隰险阻而为军者为敌所禽'[1]，此兵忌也。孙权上事今至矣。"后七日，破备书到。

注释

①苞：通"包"，围绕。原隰：广平低湿的地方。禽：通"擒"。

译文

闰六月，孙权在夷陵打败了刘备。起初，文帝听说刘备的军队东下，和孙权交战，设立栅栏把营垒连接起来长达七百多里，对群臣说："刘备不懂得用兵，哪里有营垒连接七百多里可以抵挡敌人的呢！'围绕低湿、险要阻塞的地方驻军就会被敌人抓获'，这是用兵的大忌。孙权报告战事的奏章现在就要到了。"七天以后，孙权打败刘备的文书就到了。

原文

秋七月，冀州大蝗，民饥，使尚书杜畿持节开仓廪以振之。八月，蜀大将黄权率众降。

九月甲午，诏曰："夫妇人与政[1]，乱之本也。自今以后，群臣不得奏事太后，后族之家不得当辅政之任，又不得横受茅土之爵[2]；以此诏传后世，若有背违，天下共诛之。"庚子，立皇后郭氏。赐天下男子爵人二级；

● 孝庄文皇后朝像

历史上常出现女子干政的情况，比如西汉的窦太后等。但是清朝的孝庄皇后虽然辅佐了两代皇帝，却没有把持政权，干预政事。文帝不让妇人干政是因为有前车之鉴。

鳏寡笃癃及贫不能自存者赐谷[3]。

注释

①与政：参与政事。②横：任意。③鳏寡：指没有配偶的老年男人和女人。引申为年老而穷苦无告者。

译文

秋七月，冀州发生严重的蝗灾，百姓遭受饥荒，文帝派遣尚书杜畿持符节打开粮仓救济百姓。八月，蜀国大将黄权带领部属前来投降。

九月甲午，文帝下诏书说："妇人参与政事，是国家动乱的根源。从今以后，大臣们不准向太后奏报政事，皇后的亲族不得担当辅佐朝政的重任，也不得无端加封王侯的爵位。把这份诏书传给后代，如果有违背的，天下的人共同讨伐他。"庚子，立郭氏为皇后。赐给天下男子每人晋升爵位二级；孤寡病残以及贫困不能生活的人赐给粮食。

原文

冬十月甲子，表首阳山东为寿陵[1]，作终制曰："礼，国君即位为椑，椑音扶历反。存不忘亡也。昔尧葬穀林，通树之，禹葬会稽，农不易亩，故葬于山林，则合乎山林。封树之制，非上古也，吾无取焉。寿陵因山为体，无为封树，无立寝殿，造园邑，通神道。夫葬也者，藏也，欲人之不得见也。骨无痛痒之知，冢非栖神之宅，礼不墓祭，欲存亡之不黩也[2]，为棺椁足以朽骨，衣衾足以朽肉而已[3]。故吾营此丘墟[4]不食之地，欲使易代之后不知其处。无施苇炭，无藏金银铜铁，一以瓦器，合古涂车、刍灵之义。棺但漆际会三过，饭含无以珠玉，无施珠襦玉匣，诸愚俗所为也。季孙以玙璠敛，孔子历级而救之，譬之暴骸中原。宋公厚葬，君子谓华元、乐莒

不臣，以为弃君于恶。汉文帝之不发，霸陵无求也；光武之掘，原陵封树也。霸陵之完，功在释之；原陵之掘，罪在明帝。是释之忠以利君，明帝爱以害亲也。忠臣孝子，宜思仲尼、丘明、释之之言，鉴华元、乐莒、明帝之戒，存于所以安君定亲，使魂灵万载无危，斯则贤圣之忠孝矣。自古及今，未有不亡之国，亦无不掘之墓也。丧乱以来，汉氏诸陵无不发掘，至乃烧取玉匣金缕，骸骨并尽，是焚如之刑，岂不重痛哉！祸由乎厚葬封树。'桑、霍为我戒'，不亦明乎？其皇后及贵人以下，不随王之国者，有终没皆葬涧西，前又以表其处矣。盖舜葬苍梧，二妃不从，延陵葬子，远在嬴、博，魂而有灵，无不之也，一涧之间，不足为远。若违今诏，妄有所变改造施，吾为戮尸地下，戮而重戮，死而重死。臣子为蔑死君父[5]，不忠不孝，使死者有知，将不福汝[6]。其以此诏藏之宗庙，副在尚书、秘书、三府。"

注释

①表：标明，指定。寿陵：生前营造的陵墓。②黩：玷污。③衾：大被。④丘墟：坟墓。⑤蔑：无视。⑥福：降福，保佑。

译文

冬十月甲子，文帝确定在首阳山的东面建造自己的寿陵，发布关于丧葬的文告说："按照礼制，国君即位后就制作内棺，为的是活着时不忘自己的后事。从前唐尧安葬在谷林，那里全都植上树，大禹安葬在会稽，农民不改换耕作的地方，所以安葬在山林中，就和山林合为一体。垒土为坟、种植松树柏树的制度，不是上古的制度，我不采取这种做法。寿陵随着原有的山势成体，不要再堆土筑坟、种植松树柏树，不要建立寝殿，营造园邑，铺设神道。葬，就是藏的意思，是不让别人看到而已。尸骨没有痛痒的感觉，坟墓不是居住灵魂的地方，按照礼制不在墓前祭祀，是想让生者

禹陵

大禹陵位于浙江省绍兴市东南郊的会稽山山麓，是4000多年前古代治水英雄大禹埋葬的地方。大禹陵由禹陵、禹祠、禹庙三大建筑群组成，三者皆在一地，后二者因前者而产生。

死者都不蒙受污辱，制作棺椁足够使骨头枯朽，衣被足够使肌肉腐烂而已。所以我在这不产谷物的地方建造寿陵，是想使改朝换代后无人知道我埋葬的地方。不要烧苇炭填塞，不要埋藏金银铜铁的器物，一律用瓦器随葬，以符合古代用泥制的车、茅草扎成的人马送葬的道理。棺木只在接缝处涂上三遍油漆，口中所含不要用珠玉，不要放入缀有珍珠的短衣和玉制的匣子，这些都是愚蠢的俗人所做的事。季孙死后用名为玙璠等美玉入殓，孔子登上台阶来阻止这种做法，把它比作暴露尸骨在原野上。宋文公死后厚葬，有德之士认为华元、乐莒没有尽到作为臣子的责任，认为这是把君主丢弃在恶人的行列中。汉文帝的陵墓没有被发掘，因为霸陵没有宝物可以寻找；汉光武帝的陵墓被发掘，因为原陵筑起了坟墓、种上了树木。霸陵的完好无损，是张释之的功劳；原陵的被掘，是明帝的罪过。这是张释之的忠使君主得到了益处，明帝的爱使亲人受到了危害。忠臣孝子，应该思考孔子、左丘明、张释之的话，以华元、乐莒、明帝为鉴戒，把心思放在怎样使君主、亲人安定，使他们的灵魂万年不受危害，这就是圣贤之人的忠孝。从古到今，没有不灭亡的国家，也没有不被发掘的坟墓。天下遭受祸乱以来，汉朝的各个陵墓没有不被发掘的，以至于烧取玉匣、金缕衣，尸骨都化为灰烬，这是受烈火焚烧的酷刑，难道不很痛心吗！灾祸来自用珍贵物品陪葬、堆土筑坟、种植树木。‘桑弘羊、霍禹是我的鉴戒’。不也是很明白的吗？现在命令皇后以及贵人以下的嫔妃，不跟随诸侯王到他的封国去的，死后都埋葬在涧西，以前已经勘定这个地方了。舜安葬在苍梧，他的两个妃子没有随葬，延陵季子埋葬儿子，远在嬴、博之间，魂魄如果有灵验，没有不能去的地方，一条涧水隔着，不算很远。如果违反了现在的诏令，任意改变实施筑坟植树，我在地下被斩戮尸体，那就是戮了再戮，死了又死。大臣、儿子就算是无视死去的君主、父亲，不忠不孝，假使死者还有知觉，将不会赐福给你们。要把这份诏书收藏在宗庙里，副本放在尚书府、秘书府、三公府。”

是月，孙权复叛。复郢州为荆州。帝自许昌南征，诸军兵并进，权临

江拒守。十一月辛丑，行幸宛。庚申晦，日有食之。是岁，穿灵芝池。

四年春正月，诏曰："丧乱以来，兵革未戢[1]，天下之人，互相残杀。今海内初定，敢有私复仇者皆族之。[2]"筑南巡台于宛。三月丙申，行自宛还洛阳宫。癸卯，月犯心中央大星。丁未，大司马曹仁薨。是月大疫。

注释

①戢：停止。②族：灭族，作动词用。

译文

这一月，孙权又反叛。将郢州恢复为荆州。文帝从许昌向南征讨，各路军队同时进发，孙权到长江边抵抗防守。十一月辛丑，文帝出行到达宛城。庚申三十日，发生日食。这一年，开掘灵芝池。

黄初四年春正月，文帝下诏书说："天下遭祸乱以来，战争没有停息过，天下的人，互相残杀。现在国内刚刚安定下来，胆敢有私自报仇的都要被灭族。"在宛城修筑南巡台。三月丙申，文帝从宛城返回洛阳宫。癸卯，月亮进入心宿中央的大星区域。丁未，大司马曹仁去世。这个月发生了大瘟疫。

原文

夏五月，有鹈鹕鸟集灵芝池，诏曰："此诗人所谓污泽也。曹诗'刺恭公远君子而近小人'，今岂有贤智之士处于下位乎？否则斯鸟何为而至？其博举天下俊德茂才[1]、独行君子[2]，以答曹人之刺。"

注释

①俊德：有才有德。茂才：即秀才，为避汉光武帝刘秀的名讳而改。②独行：指志节高尚，不随俗浮沉。

译文

夏五月，有鹈鹕鸟聚集在灵芝池，文帝下诏书说："这就是诗人所说的污泽鸟。《诗经 · 曹风》说：'刺恭公远君子而近小人'，现在难道有德才兼备的人处在卑下的地位吗？不然这种鸟为什么到这里来？现在命令广泛推举天下品德高尚的优秀人才和不随流俗的君子，以应答曹国人的讥刺。"

原文

六月甲戌，任城王彰薨于京都。甲申，太尉贾诩薨。太白昼见[1]。是月大雨，伊、洛溢流，杀人民，坏庐宅[2]。秋八月丁卯，以廷尉钟繇为太尉。

辛未，校猎于荥阳，遂东巡。论征孙权功，诸将已下进爵增户各有差。九月甲辰，行幸许昌宫。

狩猎人物图

围猎是古代贵族十分崇尚的运动。一来可以显示国威，二来可以锻炼选拔贵族子弟。

注释

①太白：星名。即金星，也叫“长庚”，最亮的时候可以在白天看见。传说太白星主杀伐，古诗文中多以此比喻战争。②庐宅：简陋的住宅。这里泛指房舍。

译文

六月甲戌，任城王曹彰在京城去世。甲申，太尉贾诩去世。太白星在白天出现。这个月天降大雨，伊水、洛水泛滥，淹死人民，冲坏房屋。秋八月丁卯，任命廷尉钟繇为太尉。辛未，文帝在荥阳围猎，于是向东巡视。评论征讨孙权的功劳，将领以下的人都不同等级地晋升了爵位，增加了食邑。九月甲辰，文帝亲临许昌宫。

原文

五年春正月，初令谋反大逆乃得相告，其余皆勿听治；敢妄相告，以其罪罪之。三月，行自许昌还洛阳宫。夏四月，立太学[1]，制五经课试之法[2]，置春秋穀梁博士。五月，有司以公卿朝朔望日[3]，因奏疑事，听断大政，论辨得失。秋七月，行东巡，幸许昌宫。八月，为水军，亲御龙舟，循蔡、颍，浮淮[4]，幸寿春。扬州界将吏士民，犯五岁刑已下，皆原除之。九月，遂至广陵，赦青、徐二州，改易诸将守。冬十月乙卯，太白昼见。行还许昌宫。十一月庚寅，以冀州饥，遣使者开仓廪振之。戊申晦，日有食之。

注释

①太学：古代的学校名。②课试：考查，考核。③朔望：指农历每月的初一和十五。④循：沿着。

译文

黄初五年春正月，初次下令规定有谋反大逆之罪的才能揭发举报，其余的小罪都不受理，胆敢任意诬告的，按诬告罪处分诬告者。三月，文帝从许昌返回洛阳宫。夏四月，设立太学，制定五经的考试制度，设置《春秋谷梁》博士。五月，有关官员因为公卿大臣在每月初一、十五朝见皇帝，趁机上奏有疑难的政事，听取决断国家的大政，研究辩论政事的得失。秋七月，文帝向东巡视，亲临许昌宫。八月，建立水军，文帝亲自登上龙舟，顺着蔡河、颖水，经过淮河，到达寿春。扬州境内的官吏百姓，犯了处五年徒刑以下的罪刑的，都赦免他们。九月，就到了广陵，赦免青州、徐州的犯人，改换各将领、太守。冬十月乙卯，太白星在白天出现。文帝返回许昌宫。十一月庚寅，因为冀州发生了饥荒，派遣使者打开粮仓救济灾民。戊申三十日，发生日食。

原文

十二月，诏曰："先王制礼，所以昭孝事祖[1]，大则郊社，其次宗庙，三辰五行[2]，名山大川，非此族也[3]，不在祀典。叔世衰乱，崇信巫史，至乃宫殿之内，户牖之间，无不沃酹，甚矣其惑也。自今，其敢设非祀之祭，巫祝之言，皆以执左道论，著于令典[4]。"是岁穿天渊池。

六年春二月，遣使者循行许昌以东尽沛郡，问民所疾苦，贫者振贷之。三月，行幸召陵，通讨虏渠。乙巳，还许昌宫。并州刺史梁习讨鲜卑轲比能，大破之。辛未，帝为舟师东征。五月戊申，幸谯。壬戌，荧惑入太微。

注释

①昭：显示，表明。事：侍奉。②三辰：指日月星。五行：古代称构成

良渚人祭祀场面

早在原始社会，就已经出现了祭祀的情况，既有祭祀天地的活动，也有祭祀宗庙的仪式。此图描述的就是良渚人的祭祀场面。时至今日，我们还是保留了祭祀祖先的传统。

各种物质的五种元素：水、火、木、金、土。③族：品类。④令典：法令典章。

译文

十二月，文帝下诏书说："古代君王制定礼仪，是用来显明孝道侍奉祖先的，最重要的是到郊外祭祀天地，其次是祭祀宗庙，至于日、月、星三辰和水、火、木、金、土五行，各地名山大川，都不属于这一类，不在祭祀的礼仪之内。在衰乱时期，人们尊崇信仰巫使，以至于宫殿之内，门窗之间，无处不洒酒祭祀，他们真是太糊涂了。从今以后，有谁敢设立不属祀典的祭祀，听信巫祝的话，一律按照歪门邪道论处，把这些都写入法令典章中。"这一年开掘天渊池。

黄初六年春二月，文帝派遣使者巡视许昌以东一直到沛郡，询问百姓有什么疾苦，对生活贫困的人给予救济。三月，文帝亲临召陵，修通讨虏渠。乙巳，返回许昌宫。并州刺史梁习讨伐鲜卑轲比能，把他打得大败。辛未，文帝派遣水师向东征讨。五月戊申，文帝亲临谯县。壬戌，火星进入太微星座。

原文

六月，利成郡兵蔡方等以郡反，杀太守徐质。遣屯骑校尉任福、步兵校尉段昭与青州刺史讨平之；其见胁略及亡命者[①]，皆赦其罪。

秋七月，立皇子鉴为东武阳王[②]。八月，帝遂以舟师自谯循涡入淮，从陆道幸徐。九月，筑东巡台。冬十月，行幸广陵故城，临江观兵，戎卒十馀万，旌旗数百里。是岁大寒，水道冰，舟不得入江，乃引还。十一月，东武阳王鉴薨。十二月，行自谯过梁，遣使以太牢祀故汉太尉桥玄。

注释

①胁略：胁从掠夺。②鉴：曹鉴，曹丕的儿子。

译文

黄初六年六月，利成郡士兵蔡方等人在郡城反叛，杀了太守徐质。文帝派遣屯骑校尉任福、步兵校尉段昭和青州刺史讨伐平定了反叛；对那些被胁迫而反叛以及逃跑了的人，都赦免了他们的罪行。

秋七月，封皇子曹鉴为东武阳王。八月，文帝命令水师从谯县顺着涡水进入淮河，他自己从陆路到达徐州。九月，修筑东巡台。冬十月，文帝亲临广陵旧城，到长江边检阅军队，魏军有十多万，战旗飘扬几百里。这年冬天天气特别寒冷，水路上结了冰，船只不能进入长江，于是撤军返回。十一月，东武阳王曹鉴去世。十二月，文帝出行从谯县经过梁国，派遣使者用太牢祭祀原汉朝的太尉桥玄。

原文

七年春正月，将幸许昌，许昌城南门无故自崩，帝心恶之，遂不入。壬子，行还洛阳宫。三月，筑九华台。夏五月丙辰，帝疾笃[1]，召中军大将军曹真、镇军大将军陈群、征东大将军曹休、抚军大将军司马宣王，并受遗诏辅嗣主。遣后宫淑媛、昭仪已下归其家[2]。丁巳，帝崩于嘉福殿，时年四十。六月戊寅，葬首阳陵。自殡及葬，皆以终制从事。

注释

①疾笃：病重。②后宫：宫中妃嫔所居住的地方。

译文

黄初七年春正月，文帝准备到许昌去，许昌城的南门无故自己崩塌，文帝心里感到厌恶，于是没有进城。壬子，巡行返回洛阳宫。三月，修筑九华台。夏五月丙辰，文帝的病情严重，召来中军大将军曹真、镇军大将军陈群、征東大将军曹休、抚军大将军司马懿，一同接受遗诏辅佐继位的君主。遣送后宫淑媛、昭仪以下的嫔妃回家。丁巳，文帝在嘉福殿去世，当时年纪四十岁。六月戊寅，安葬在首阳陵。从出殡到下葬，都是按照以前颁布的文告办理。

原文

初，帝好文学，以著述为务，自所勒成垂百篇[1]。又使诸儒撰集经传，随类相从，凡千馀篇，号曰皇览。

评曰：文帝天资文藻[2]，下笔成章，博闻强识，才艺兼该[3]；若加之旷大之度，励以公平之诚，迈志存道，克广德心[4]，则古之贤主，何远之有哉!

注释

①勒成：写成。勒：刻。②文藻：文采。

●洛神赋图

《洛神赋》是曹丕的弟弟曹植的作品。曹操、曹丕、曹植都是建安文学的代表人物，他们爱好文学，极具才情。故，《三国志》评价曹丕“天资文藻，下笔成章，博闻强识，才艺兼该。”

③才艺兼该：才艺兼备。兼该：完备。④克：能。广：推广。

译文

当初，文帝爱好文学，把著书立说当做重要的事情，自己写成的文章将近一百篇。又委派学者们编纂儒家的五经和解说经义的文字，按类合编，一共一千多篇，起名为《皇览》。

评论说：文帝天赋文才，下笔成章，博闻强识，才艺兼备；如果加上宽宏博大的气度，用公平的诚心来激励自己，勉行其志、坚持正道，能够广施仁德之心，那么他与古代贤明的君主，又相差多远呢！

明帝纪

原文

明皇帝讳睿，字元仲，文帝太子也[1]。生而太祖爱之[2]，常令在左右。年十五，封武德侯，黄初二年为齐公，三年为平原王。以其母诛，故未建为嗣[3]。七年夏五月，帝病笃[4]，乃立为皇太子。丁巳，即皇帝位，大赦。尊皇太后曰太皇太后，皇后曰皇太后。诸臣封爵各有差。癸未，追谥母甄夫人曰文昭皇后[5]。壬辰，立皇弟蕤为阳平王。

注释

①文帝：魏文帝曹丕。②太祖：指曹操。③嗣：继承人。④病笃：病情严重。⑤谥：古代帝王、贵族、大臣、士大夫死后，朝廷依其生前事迹给予的称号。

译文

明皇帝名睿，字元仲，是文帝的太子。生下来太祖就很爱他，经常让他在自己身边。十五岁时，被封为武德侯，黄初二年封为齐公，黄初三年封为平原王。因为他的母亲被赐死，所以没有立他为皇位的继承人。黄初七年夏季五月，文帝的病情严重，才立为皇太子。丁巳，登上皇帝位，大赦天下。尊奉皇太后卞后为太皇太后，皇后郭

●欧阳修

古代帝王、贵族、大臣、士大夫死后，朝廷依其生前事迹给予的称号就叫做谥号。比如欧阳修的谥号为文忠，我们常常称其为欧阳文忠公。

后为皇太后。大臣们赐封爵位各有等次。癸未，追认他的母亲甄夫人为文昭皇后。壬辰，封他的弟弟曹蕤为阳平王。

原文

八月，孙权攻江夏郡，太守文聘坚守。朝议欲发兵救之，帝曰："权习水战，所以敢下船陆攻者[1]，几掩不备也[2]。今已与聘相持，夫攻守势倍，终不敢久也。"先时遣治书侍御史荀禹慰劳边方，禹到，于江夏发所经县兵及所从步骑千人乘山举火[3]，权退走。

注释

①下船：上岸。②几：同"冀"希望。掩：偷袭。③乘：登。

译文

黄初七年八月，孙权攻打江夏郡，太守文聘坚守。朝廷商议准备派军队援救文聘，明帝说："孙权熟悉水战，他之所以敢下船从陆地上进攻，是希望趁我们没有防备时进行突然袭击。现在已经和文聘相互对峙，进攻和防守的力量相差一倍，他终究不敢长久地打下去。"在这之前明帝派遣治书侍御史荀禹去慰劳边防将士，荀禹到达后，在江夏发动他所经过各县的士兵，以及跟随着他的步兵骑兵千人登上山燃起火把，孙权就撤退了。

原文

辛巳，立皇子冏为清河王。吴将诸葛瑾、张霸等寇襄阳，抚军大将军司马宣王讨破之，斩霸，征东大将军曹休又破其别将于寻阳。论功行赏各有差。冬十月，清河王冏薨[1]。十二月，以太尉钟繇为太傅[2]，征东大将军曹休为大司马，中军大将军曹真为大将军，司徒华歆为太尉，司空王朗为司徒，镇军大将军陈群为司空，抚军大将军司马宣王为骠骑大将军。

注释

①薨：古代诸侯、重臣的死成为薨。②以：任用。

译文

辛巳，明帝立皇子曹冏为清河王。吴国将领诸葛瑾、张霸等人侵犯襄阳，抚军大将军司马宣王讨伐并打败了他们，斩杀了张霸，征东大将军曹休又在寻阳打败了另外的将领。论功行赏各有等次。冬十月，清河王曹冏去世。十二月，任命太尉钟繇为太傅，征东大将军曹休为大司马，中军大将军曹真为大将军，司徒华

诸葛瑾

诸葛瑾是三国时期吴国大臣，诸葛亮之兄，诸葛恪之父。由于他的脸狭长，孙权有一次让人牵了一头驴到大殿上，并挂上有诸葛瑾三个字的牌子，以嘲笑诸葛瑾。其子诸葛恪见状，在牌子上填了两字，于是变成“诸葛瑾之驴”，避免了尴尬。

歆为太尉，司空王朗为司徒，镇军大将军陈群为司空，抚军大将军司马宣王为骠骑大将军。

原文

太和元年春正月[①]，郊祀武皇帝以配天[②]，宗祀文皇帝于明堂以配上帝。分江夏南部，置江夏南部都尉。西平麴英反，杀临羌令、西都长，遣将军郝昭、鹿磐讨斩之。二月辛未，帝耕于籍田。辛巳，立文昭皇后寝庙于邺。丁亥，朝日于东郊。夏四月乙亥，行五铢钱。甲申，初营宗庙。秋八月，夕月于西郊[③]。冬十月丙寅，治兵于东郊。焉耆王遣子入侍[④]。十一月，立皇后毛氏。赐天下男子爵人二级，鳏寡孤独不能自存者赐谷。十二月，封后父毛嘉为列侯。新城太守孟达反，诏骠骑将军司马宣王讨之。

注释

①太和：魏明帝的年号（公元 227 年 –233 年）。②郊祀：古代在郊外

祭天地。③夕月：指古代帝王的祭月之礼。④焉耆：西域城国名。又作“乌夷”，“乌耆”。

译文

太和元年春正月，在郊外祭祀武皇帝以配享上天，在明堂祭祀文皇帝以配享上帝。划出江夏南部，设置江夏南部都尉。西平郡的麴英反叛，杀死临羌县令、西都县县长，明帝派遣将军郝昭、鹿磐讨伐并杀了他。二月辛未，明帝在籍田里耕种。辛巳，在邺城修建文昭皇后的寝庙。丁亥，在东郊祭太阳。夏四月乙亥，发行使用五铢钱。甲申，开始营建宗庙。秋八月，在西郊祭祀月亮。冬十月丙寅，在东郊训练军队。焉耆王派遣自己的儿子入朝侍奉。十一月，立毛氏为皇后。赐给天下男子每人晋升爵位二级，鳏寡孤独不能自己谋生的人赐给粮食。十二月，封皇后的父亲毛嘉为列侯。新城太守孟达反叛，下诏命令骠骑将军司马宣王去讨伐他。

原文

二年春正月，宣王攻破新城，斩达，传其首。分新城之上庸、武陵、巫县为上庸郡，锡县为锡郡。

蜀大将诸葛亮寇边，天水、南安、安定三郡吏民叛应亮。遣大将军曹真都督关右[1]，并进兵。右将军张郃击亮于街亭，大破之。亮败走，三郡平。丁未，行幸长安。夏四月丁酉，还洛阳宫。赦系囚非殊死以下[2]。乙巳，论讨亮功，封爵增邑各有差。五月，大旱。六月，诏曰：“尊儒贵学，王教之本也。自顷儒官或非其人，将何以宣明圣道？其高选博士，才任侍中、常侍者。申敕郡国[3]，贡士以经学为先。”秋九月，曹休率诸军至皖，与吴将陆议战于石亭，败绩[4]。乙酉，立皇子穆为繁阳王。庚子，大司马曹休薨。冬十月，诏公卿近臣举良将各一人。十一月，司徒王朗薨。十二月，诸葛亮围陈仓，曹真遣将军费曜等拒之。辽东太守公孙恭兄子渊，劫夺恭位，遂以渊领辽东太守。

注释

①都督：统领。②殊死：死刑。③申敕：告诫。④败绩：军队溃败。

马谡的戏曲形象

诸葛亮因街亭为汉中咽喉要地，打算派将驻守。马谡请令，诸葛再三叮嘱须靠山近水扎营，并令王平辅之。马谡刚愎自用，不听王平谏言，竟在山顶扎营，因而被魏将张郃打败，街亭失守。

太和二年春正月，司马宣王攻克新城郡，杀了孟达，把他的首级送到京都。分新城郡的上庸、武陵、巫县为上庸郡，锡县为锡郡。

蜀国大将诸葛亮侵犯边境，天水、南安、安定三郡的官吏百姓都反叛响应诸葛亮。明帝派遣大将军曹真统领关右各路军队，同时进军。右将军张郃在街亭进攻诸葛亮，把他打得大败。诸葛亮战败逃走，三郡平定了。丁未，明帝巡行到长安。夏四月丁酉，返回洛阳宫。赦免那些被囚禁但不是判处死刑的犯人。乙巳，评议讨伐诸葛亮的战功，封赏爵位增加食邑的等级各不相同。五月，发生大旱灾。六月，明帝下诏书说："尊崇儒学重视教育，这是帝王推行教化的根本。近来有的儒官不能胜任，这怎么能宣扬光大圣贤之道呢？要从优选拔博士，才智能够胜任侍中、常侍的人。告诫各郡国，向朝廷举荐人才首先要考察他的经学成就。"秋九月，曹休带领各军到皖县，和吴国将领陆议在石亭交战，被打得大败。乙酉，立皇子曹穆为繁阳王。庚子，大司马曹休去世。冬十月，明帝下诏命令公卿和亲近大臣各举荐优秀将领一人。十一月，司徒王朗去世。十二月，诸葛亮围攻陈仓，曹真派遣将军费曜等人前去抵抗。辽东太守公孙恭的哥哥的儿子公孙渊，篡夺了公孙恭的职位，于是任命公孙渊兼任辽东太守。

原文

三年夏四月，元城王礼薨。六月癸卯，繁阳王穆薨。戊申，追尊高祖大长秋曰高皇帝，夫人吴氏曰高皇后。

秋七月，诏曰："礼，王后无嗣，择建支子以继大宗[1]，则当纂正统而奉公义[2]，何得复顾私亲哉！汉宣继昭帝后，加悼考以皇号；哀帝以外藩援立，而董宏等称引亡秦，惑误时朝，既尊恭皇，立庙京都，又宠藩妾，使比长信[3]，叙昭穆于前殿[4]，并四位于东宫，僭差无度[5]，人神弗祐，而非罪师丹忠正之谏，用致丁、傅焚如之祸。自是之后，相踵行之。昔鲁文逆祀，罪由夏父；宋国非度，讥在华元。其令公卿有司，深以前世行事为

戒。后嗣万一有由诸侯入奉大统，则当明为人后之义；敢为佞邪导谀时君，妄建非正之号以干正统，谓考为皇，称妣为后⑥，则股肱大臣，诛之无赦。其书之金策，藏之宗庙，著于令典。”

注释

①支子：封建宗法制度规定嫡长子及继承先祖的儿子为宗子，其余的儿子为支子。②纂：继承。正统：嫡系子孙。③比：并列。④叙：排列次序。⑤僭：超出规定的范围。⑥妣：已经去世的母亲。

译文

太和三年夏四月，元城王曹礼去世。六月癸卯，繁阳王曹穆去世。戊申，追尊高祖父大长秋曹腾为高皇帝，曹腾夫人吴氏为高皇后。

太庙前殿

宗庙是祭祀祖先的地方。帝王的宗庙制是天子七庙，诸侯五庙，大夫三庙，士一庙。庶人不准设庙。

秋七月，明帝下诏书说：“按照礼制，皇后没有儿子，挑选庶子来继承皇位，那么就应当继承正统奉行公道，怎么能再顾及自己的亲属呢？汉宣帝继承汉昭帝的皇位后，追尊它的生父刘悼为皇帝；汉哀帝以藩王的身份被扶立继位，而董宏等人援引已灭亡的秦朝的例子，迷惑当时的朝政，既尊奉哀帝的生父为恭皇，在京都建立宗庙，又尊奉藩王的姬妾丁氏、傅氏，让她们的地位与居住在长信宫中的皇太后、太皇太后等同，在宗庙前殿将生父恭皇和汉成帝按昭穆次序排列，在东宫将丁氏、傅氏和皇太后、太皇太后四人同等并列，超越礼制没有法度，人神不会保佑他们，却指责惩治师丹的忠诚正直的规劝，因此招致丁氏、傅氏遭受掘坟焚尸的灾祸。自此以后，汉朝皇帝都相继这样做。从前鲁文公颠倒祭祀先祖的顺序，罪过是由夏父弗忌造成的；宋国不遵守法度，应当谴责的是华元。现在命令公卿和文武百官，以前代的那些事情作为鉴戒。以后皇位的继承人万一有由诸侯入朝继承帝业的，应该明白作为皇位继承人的道理；有谁胆敢用奸邪的手段引诱奉承当时的君主，随便建立不合礼制的称号来干犯正统，把生父称为‘皇’，把生母称为‘后’的，那么朝廷的辅佐大臣，就要诛杀他们决不宽赦。要把这份诏书写在金质的简册上，藏在宗庙里，载入国家的法令典章中。”

原文

冬十月，改平望观曰听讼观。帝常言“狱者，天下之性命也”，每断大狱，常幸观临听之。

初，洛阳宗庙未成，神主在邺庙。十一月，庙始成，使太常韩暨持节迎高皇帝、太皇帝、武帝、文帝神主于邺[1]，十二月己丑至，奉安神主于庙。

癸卯，大月氏王波调遣使奉献[2]，以调为亲魏大月氏王。

●包拯

包拯以断狱英明而著称于世。后世称他为包青天。明帝常说“断案，关系到天下人的性命”，因此经常亲自听诉讼。

注释

①高皇帝：即曹腾。太皇帝：即曹嵩。武帝：曹操。文帝：曹丕。②大月氏：古代民族名。

译文

冬十月，将平望观改称听讼观。明帝常说“断案，关系到天下人的性命”，每当判决重大的案件，他经常亲临听讼观旁听。

起初，洛阳的宗庙还没有完工，先君的神位放在邺城的宗庙里。十一月，洛阳的宗庙才建成，明帝派遣太常韩暨持符节到邺城迎取高皇帝、太皇帝、武帝、文帝的神位，十二月己丑到达洛阳，把神位恭敬地安放在宗庙里。

癸卯，大月氏王波调派遣使者前来进贡，任命波调为亲魏大月氏王。

原文

四年春二月壬午，诏曰：“世之质文[1]，随教而变[2]。兵乱以来，经学废绝，后生进趣，不由典谟。岂训导未洽，将进用者不以德显乎？其郎吏学通一经，才任牧民，博士课试，擢其高第者[3]，亟用；其浮华不务道本者，皆罢退之。”戊子，诏太傅三公：以文帝典论刻石，立于庙门之外。癸巳，以大将军曹真为大司马，骠骑将军司马宣王为大将军，辽东太守公孙渊为车骑将军。夏四月，太傅钟繇薨。六月戊子，太皇太后崩。丙申，省上庸郡。秋七月，武宣卞后祔葬于高陵。诏大司马曹真、大将军司马宣王伐蜀。

八月辛巳，行东巡，遣使者以特牛祠中岳。乙未，幸许昌宫。九月，大雨，伊、洛、河、汉水溢，诏真等班师[4]。冬十月乙卯，行还洛阳宫。庚申，令："罪非殊死听赎各有差。[5]"十一月，太白犯岁星。十二月辛未，改葬文昭甄后于朝阳陵。丙寅，诏公卿举贤良。

注释

①质文：朴实和浮华。文，文采，引申为浮华。②教：教育。③擢：选拔，提升。④班师：指军队出征回来。⑤听：听任。赎：用财物或劳动解除刑罚换回人身自由。

译文

太和四年春二月壬午，明帝下诏书说："世风的质朴和浮华，随着教化而改变。自从战乱以来，对经学的研究荒废停止，年轻人求取功名，不通过研习经书典籍的途径。这难道不是教育引导得不恰当，要推荐任用的人不是德行显著的原因吗？今后郎吏官员能精通一部经书，才能胜任治里百姓，由博士考试，选拔成绩优秀的人，迅速予以任用；对那些作风浮华而不致力于经学道理之根本的人，全都罢免黜退。"戊子，下诏书给太傅三公：将文帝的《典论》刻在石碑上，竖立在太庙门外。癸巳，任命大将军曹真为大司马，骠骑将军司马宣王为大将军，辽东太守公孙渊为车骑将军。夏四月，太傅钟繇去世。六月戊子，太皇太后去世。丙申，撤除上庸郡。秋七月，将武宣卞后和武帝合葬在高陵。下诏书命令大司马曹真、大将军司马宣王讨伐蜀国。八月辛巳，往东巡视，派遣使者用公牛祭祀中岳嵩山。乙未，明帝亲临许昌宫。九月，下大雨，伊水、洛水、黄河、汉水泛滥，明帝命令曹真等人撤军。冬十月乙卯，巡行返回洛阳宫。庚申，发布命令："没有处死

五牛图（局部）

古代常用牛、羊、猪等来祭祀。《大戴礼记·第五十八·曾子天圆》中说：诸侯之祭，牲牛，曰太牢；大夫之祭，牲羊，曰少牢；士之祭，牲特豕，曰馈食。

刑的犯人让他们各按不同的等级赎罪。”十一月，太白金星进入岁星区域。十二月辛未，将文昭甄后改葬在朝阳陵。丙寅，下诏书命令公卿举荐有德行才干的人。

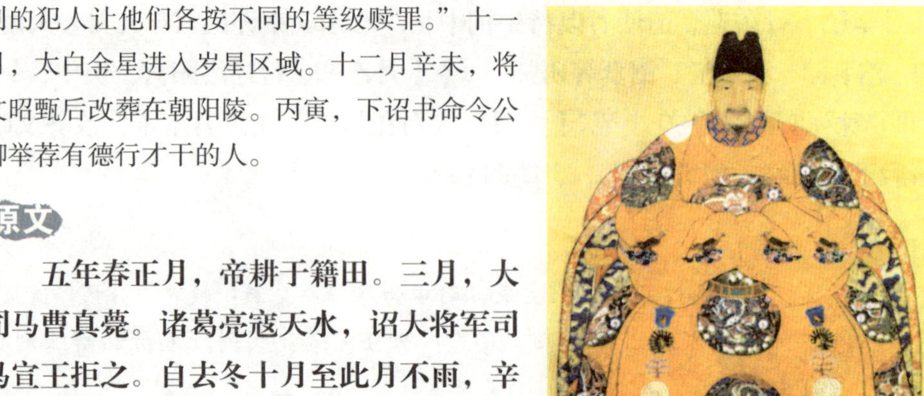

明崇祯皇帝像

崇祯皇帝虽然是明代的末代皇帝，但他也是有心要治理好国家的。他每年都会亲自下田耕种，以示对农业的重视。早在曹魏时期，明帝就已经在籍田上耕作，以做表率。

原文

五年春正月，帝耕于籍田。三月，大司马曹真薨。诸葛亮寇天水，诏大将军司马宣王拒之。自去冬十月至此月不雨，辛巳，大雩。夏四月，鲜卑附义王轲比能率其种人及丁零大人兒禅诣幽州贡名马[1]。复置护匈奴中郎将。秋七月丙子，以亮退走[2]，封爵增位各有差。乙酉，皇子殷生，大赦。

注释

①诣：到。②以：因为。

译文

太和五年春正月，明帝到籍田上耕作。三月，大司马曹真去世。诸葛亮进犯天水，下诏书命令大将军司马宣王去抵抗。从去年冬季十月到这个月没有下雨，辛巳，举行盛大的求雨祭典。夏四月，鲜卑附义王轲比能率领本族的人和丁零部族首领儿禅到幽州进贡名马。于是重新设置护匈奴中郎将。秋七月丙子，因诸葛亮败退逃走，对有功的将领封赏爵位提升官职各有等级。乙酉，皇子曹殷出生，大赦天下。

原文

八月，诏曰：“古者诸侯朝聘[1]，所以敦睦亲亲协和万国也[2]。先帝著令，不欲使诸王在京都者，谓幼主在位，母后摄政[3]，防微以渐，关诸盛衰也。朕惟不见诸王十有二载，悠悠之怀[4]，能不兴思！其令诸王及宗室公侯各将適子一人朝。后有少主、母后在宫者，自如先帝令，申明著于令。”冬十一月乙酉，月犯轩辕大星。戊戌晦[5]，日有蚀之。十二月甲辰，月犯镇星。戊午，太尉华歆薨。

注释

①朝聘：古代诸侯定期朝见天子。②敦睦：亲厚和睦。③摄政：古代君主年幼不能亲政，由其最近的年长的亲属暂时代理职务。④悠悠：忧思的样子。⑤晦：阴历每月最后一天。

译文

八月，明帝下诏书说："古代的诸侯朝见天子，是为了使亲属间和睦亲密、各国的关系融洽和谐。先帝发布命令，不愿让诸王留在京都，是因为年幼的君主在位，由母亲皇太后代他处理朝政，要防止篡位的事情萌生和发展，这关系到国家的兴衰。朕有十二年没见到诸王了，悠悠的怀念之情，怎能不产生思念呢！现在命令诸王及宗室公侯各带一个嫡子前来朝见。以后有年幼的君主、母后在宫中的，自然遵照先帝的命令，把这些申述明白并记载在法令中。"冬十一月乙酉，月亮进入轩辕大星区域。戊戌晦日，发生日食。十二月甲辰，月亮进入镇星区域。戊午，太尉华歆去世。

原文

六年春二月，诏曰："古之帝王，封建诸侯，所以藩屏王室也[1]。诗不云乎，'怀德维宁，宗子维城'。秦、汉继周，或强或弱，俱失厥中。大魏创业，诸王开国，随时之宜，未有定制，非所以永为后法也。其改封诸侯王，皆以郡为国。"三月癸酉，行东巡，所过存问高年鳏寡孤独[2]，赐谷帛。乙亥，月犯轩辕大星。夏四月壬寅，行幸许昌宫。甲子，初进新果于庙。五月，皇子殷薨，追封谥安平哀王。秋七月，以卫尉董昭为司徒。九月，行幸摩陂，治许昌宫，起景福、承光殿。冬十月，殄夷将军田豫帅众讨吴将周贺于成山，杀贺。十一月丙寅，太白昼见。有星孛于翼，近太微上将星。庚寅，陈思王植薨。十二月，行还许昌宫。

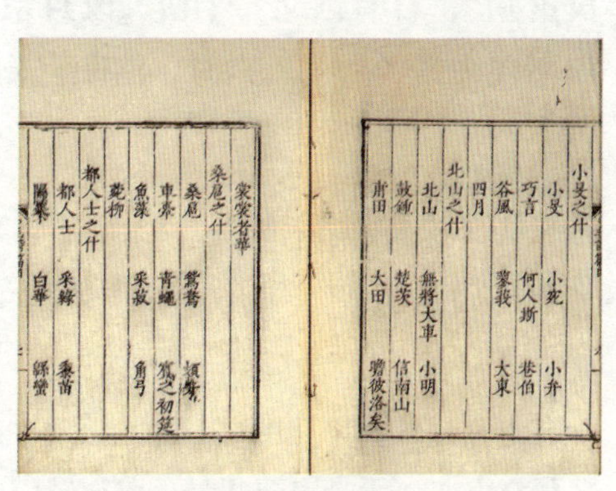
小旻之什
小旻 小宛 小弁
巧言 何人斯 巷伯
谷風 蓼莪 大東
四月
北山之什
北山 無將大車 小明
鼓鍾 楚茨 信南山
甫田 大田 瞻彼洛矣
裳裳者華
桑扈之什
桑扈 鴛鴦 頍弁
車舝 青蠅 賓之初筵
魚藻 采菽 角弓
菀柳
都人士之什
都人士 采綠 黍苗
隰桑 白華 綿蠻

《诗经》书影

《诗经》共305首，包括风、雅、颂三种体例。其中，"风"是民间的诗歌，"雅"是贵族的雅乐，而"颂"是宗庙祭祀的乐歌和史诗。

注释

①藩屏：保卫。②存问：问候。

译文

太和六年春二月，明帝下诏书说："古代的帝王，分封建立诸侯国，是用来保卫王室的。《诗经》不是说了吗，'胸怀仁德就能使国家安宁，同姓的诸侯王就像那护卫王室的坚固城墙'。秦朝、汉朝继周朝之后，对分封诸侯的制度有时加强有时削弱，都失之于中允适当。大魏开创基业，诸王分土建国，是顺应当时的形势，没有一定的制度，不能用来永久作为以后的法规。现在命令改封诸侯王，都以郡为国。"三月癸酉，明帝巡视东方，在所经过的地方慰问鳏寡孤独的人，赐给他们粮食布帛。乙亥，月亮进入轩辕大星区域。夏四月壬寅，明帝巡行亲临许昌宫。甲子，开始向宗庙进献时新果品。五月，皇子曹殷去世，追封谥号为安平哀王。秋七月，任命卫尉董昭为司徒。九月，明帝巡行亲临摩陂，整修许昌宫，建起景福殿、承光殿。冬十月，殄夷将军田豫率领部属到成山讨伐吴国将领周贺，杀了周贺。十一月丙寅，太白星在白天出现。有彗星出现在翼宿星旁，接近太微垣的上将星。庚寅，陈思王曹植去世。十二月，明帝巡行返回许昌宫。

原文

青龙元年春正月甲申[1]，青龙见郏之摩陂井中。二月丁酉，幸摩陂观龙，于是改年；改摩陂为龙陂，赐男子爵人二级，鳏寡孤独无出今年租赋。三月甲子，诏公卿举贤良笃行之士各一人[2]。夏五月壬申，诏祀故大将军夏侯惇、大司马曹仁、车骑将军程昱于太祖庙庭。戊寅，北海王蕤薨。闰月庚寅朔[3]，日有蚀之。丁酉，改封宗室女非诸王女皆为邑主。诏诸郡国山川不在祠典者勿祠。六月，洛阳宫鞠室灾[4]。

注释

①青龙：魏明帝的年号（公元233年－237年）。②笃行：行为淳厚。③朔：阴历每月初一。④鞠室：踢球的房子。

译文

青龙元年春正月甲申，青龙出现在郏县的摩陂井中。二月丁酉，明帝亲临摩陂观看青龙，于是更改年号；改称摩陂为龙陂，赐给天下有男、子爵位的人每人晋升爵位二级，鳏寡孤独者免缴当年的租赋。三月甲子，明帝下诏命令公卿各举荐一名德才兼备行为淳厚的人。夏五月壬申，诏令在太祖庙的庭院里祭祀已故的大将军夏侯惇、大司马曹仁、车骑将军程昱。戊寅，北海王曹蕤去世。闰五月庚寅初一，发生日食。丁酉，将宗室中不是诸王女儿的女子全都改封为邑主。诏令各郡国不要祭祀未列入祭祀典制的山川。六月，洛阳宫内的鞠室发生火灾。

原文

保塞鲜卑大人步度根与叛鲜卑大人轲比能私通，并州刺史毕轨表，辄出军以外威比能[1]，内镇步度根。帝省表曰："步度根以为比能所诱，有自疑心。今轨出军，适使二部惊合为一，何所威镇乎？"促敕轨，以出军者慎勿越塞过句注也。比诏书到，轨以进军屯阴馆，遣将军苏尚、董弼追鲜卑。比能遣子将千馀骑迎步度根部落，与尚、弼相遇，战于楼烦，二将败没[2]。步度根部落皆叛出塞，与比能合寇边。遣骁骑将军秦朗将中军讨之，虏乃走漠北[3]。

注释

①辄：就。②没：通"殁"，死亡。③漠北：内蒙古高原大沙漠以北的地区。

译文

保卫边塞的鲜卑部族首领步度根和反叛的鲜卑部族首领轲比能私下勾结，并州刺史毕轨上表报告，并出动军队用来对外威慑轲比能，对内镇慑步度根。明帝看到毕轨的表章说："步度根因被轲比能所引诱，自己已有疑心。现在毕轨出动军队，正好使这两个部族受到惊吓而合为一体，怎么能威胁镇慑他们呢？"立刻下诏命令毕轨，已经出动的军队千万不要越出边塞超过句注山。等诏书送到，毕轨已经进军驻扎在阴馆，派遣将军苏尚、董弼追击鲜卑部落。轲比能派遣他的儿子带领一千多名骑兵迎接步度根的部落，与苏尚、董弼相遇，双方在楼烦交战，两位将领战败阵亡。步度根的部落全部反叛逃出边塞，与轲比能联合起来共同掠夺边境。明帝派遣骁骑将军秦朗率领中军讨伐他们，他们于是逃到大漠以北。

原文

秋九月，安定保塞匈奴大人胡薄居姿职等叛，司马宣王遣将军胡遵等追讨，破降之。

冬十月，步度根部落大人戴胡阿狼泥等诣并州降，朗引军还。

十二月，公孙渊斩送孙权所遣使张弥、许晏首，以渊为大司马乐浪公。

昭君出塞图

自古匈奴与中原或战或和，始终保持着联系。汉元帝时期，王昭君作为汉室和亲的对象嫁给了匈奴的呼韩邪单于，他对汉匈两族的关系作出了贡献。

二年春二月乙未，太白犯荧惑[1]。癸酉，诏曰："鞭作官刑[2]，所以纠慢怠也[3]，而顷多以无辜死[4]。其减鞭杖之制，著于令。"三月庚寅，山阳公薨，帝素服发哀[5]，遣使持节典护丧事。己酉，大赦。夏四月，大疫。崇华殿灾。丙寅，诏有司以太牢告祠文帝庙[6]。追谥山阳公为汉孝献皇帝，葬以汉礼。

注释

①荧惑：指火星。②鞭：鞭刑，用鞭子抽打犯人的刑法。③纠：矫正。慢怠：懈怠。④顷：近来。⑤素服：即丧服。素：白色的丝绢。⑥太牢：祭品，古代用牛羊猪各一只作为祭品，叫太牢。又称三牲。后专指用牛作祭品为太牢。

秋九月，安定郡保卫边塞的匈奴部族首领胡薄居、姿职等人叛乱，司马宣王派遣将军胡遵等人追击讨伐，打败了他们并使他们投降。

冬十月，步度根的部落首领戴胡、阿狼泥等人到并州投降，秦朗带领军队返回。

十二月，公孙渊杀了孙权派遣的使者张弥、许晏，并送来他们的首级，任命公孙渊为大司马、乐浪公。

青龙二年春二月乙未，太白星侵犯荧惑星。癸酉，明帝下诏书说："鞭刑作为惩戒官吏的刑罚，是用来纠察办事怠惰的人，可是近来很多人被无辜鞭打至死。现在命令减免鞭杖刑罚的制度，记录在法令上。"三月庚寅，山阳公去世，明帝穿上丧服公告天下，派遣使者持符节主持督察丧事。己酉，大赦天下。夏四月，流行大瘟疫。崇华殿发生火灾。丙寅，明帝下诏书命令有关官员用太牢祭祀文帝庙。追赐山阳公为汉孝献皇帝，用汉朝的礼制安葬。

是月，诸葛亮出斜谷，屯渭南，司马宣王率诸军拒之。诏宣王："但

坚壁拒守以挫其锋，彼进不得志，退无与战，久停则粮尽，虏略无所获，则必走矣。走而追之，以逸待劳，全胜之道也。”

五月，太白昼见。孙权入居巢湖口，向合肥新城，又遣将陆议、孙韶各将万馀人入淮、沔。六月，征东将军满宠进军拒之。宠欲拔新城守，致贼寿春[1]，帝不听，曰：“昔汉光武遣兵县据略阳，终以破隗嚣，先帝东置合肥，南守襄阳，西固祁山，贼来辄破于三城之下者，地有所必争也。纵权攻新城[2]，必不能拔[3]。敕诸将坚守，吾将自往征之，比至，恐权走也。”秋七月壬寅，帝亲御龙舟东征，权攻新城，将军张颖等拒守力战，帝军未至数百里，权遁走，议、韶等亦退。群臣以为大将军方与诸葛亮相持未解，车驾可西幸长安。帝曰：“权走，亮胆破，大将军以制之，吾无忧矣。”遂进军幸寿春，录诸将功，封赏各有差。八月己未，大曜兵[4]，飨六军，遣使者持节犒劳合肥、寿春诸军。辛巳，行还许昌宫。

注释

①致：招引，引来。②纵：即使。③拔：攻破。④曜兵：检阅军队，炫耀武力。

译文

这月，诸葛亮从斜谷出兵，驻扎在渭南，司马宣王率领各军抵抗他。明帝下诏书给司马宣王：“只需坚守营垒防御防守挫败敌人的前锋，他们想前进也不能如愿，后退就没人和他们交战，长期滞留粮食就会耗尽，抢掠也没有收获，那么他们就一定会退兵。退兵时我们就追击他们，以逸待劳，这是取得全胜的办法。”

五月，白天出现太白星。孙权进入居巢湖口，攻向合肥的新城，又派遣将领陆议、

龙舟竞渡

龙舟就是船上画着龙的形状或做成龙的形状的船。赛龙舟是中国民间传统水上体育娱乐项目，已流传两千多年，多是在喜庆节日举行。史书记载，赛龙舟是为了纪念爱国诗人屈原而兴起的。

孙韶各率领一万多人进入淮水、沔水。六月，征东将军满宠进军抵御他们。满宠打算撤去新城的防守，把敌人引到寿春，明帝不同意，说："从前汉光武帝派遣军队远去占据略阳，最终打败了隗嚣，先帝在东面设防合肥，南面守卫襄阳，西面坚守祁山，贼军来攻打总是被打败在这三座城之下，因为这些地方是兵家必争的。即使孙权攻打新城，也一定不能攻下。命令将领们坚守，我准备亲自前去征讨，等我到达，恐怕孙权已经逃走了。"秋七月壬寅，明帝亲自乘龙舟向东出征，孙权攻打新城，将军张颖等坚守奋战，明帝的军队还没走几百里远时，孙权就逃走了，陆议、孙韶等人也撤退了。大臣们认为大将军正与诸葛亮相互对峙，未见胜负，皇帝可以西去亲临长安。明帝说："孙权逃走了，诸葛亮被吓破了胆，大将军已经制服了他，我没有忧虑了。"于是进军亲临寿春，把将领们的功劳记录下来，封爵赐赏各有等次。八月己未，大规模地检阅军队，设酒食犒赏全军，派遣使者持符节慰劳合肥、寿春各军。辛巳，明帝巡行返回许昌宫。

原文

司马宣王与亮相持，连围积日，亮数挑战[1]，宣王坚垒不应。会亮卒[2]，其军退还。

冬十月乙丑，月犯镇星及轩辕。戊寅，月犯太白。十一月，京都地震，从东南来，隐隐有声，摇动屋瓦。十二月，诏有司删定大辟[3]，减死罪。

三年春正月戊子，以大将军司马宣王为太尉。己亥，复置朔方郡。京都大疫。丁巳，皇太后崩。乙亥，陨石于寿光县。三月庚寅，葬文德郭后，营陵于首阳陵涧西，如终制[4]。

注释

①数：多次。②会：刚好，恰好。③大辟：死刑。④如：依照，遵从。

译文

司马宣王和诸葛亮对峙，连续围攻许多天，诸葛亮多次挑战，司马宣王坚守营垒不应战。恰逢诸葛亮去世，蜀军撤退返回。

冬十月乙丑，月亮掩没镇星和轩辕星。戊寅，月亮侵犯太白星。十一月，京都洛阳发生地震，震波从东南方向袭来，隐隐约约发出声音，震动房屋上的瓦片。十二月，明帝诏令有关官员删定关于死刑的法律，减少判处死刑的人。

青龙三年春正月戊子，任命大将军司马宣王为太尉。己亥，又设置朔方郡。京都瘟疫流行严重。丁巳，皇太后郭氏去世。乙亥，有陨石落在寿光县。三月庚寅，安葬了文德郭后，在首阳陵涧西营造陵墓，按照文帝颁发的关于丧葬的文告办理。

原文

是时，大治洛阳宫，起昭阳、太极殿，筑总章观。百姓失农时，直臣杨阜、高堂隆等各数切谏，虽不能听，常优容之[1]。

秋七月，洛阳崇华殿灾，八月庚午，立皇子芳为齐王，询为秦王。丁巳，行还洛阳宫。命有司复崇华[2]，改名九龙殿。冬十月己酉，中山王衮薨。壬申，太白昼见。十一月丁酉，行幸许昌宫。

四年春二月，太白复昼见，月犯太白，又犯轩辕一星，入太微而出。夏四月，置崇文观，征善属文者以充之[3]。五月乙卯，司徒董昭薨。丁巳，肃慎氏献楛矢。

魏徵

魏徵是历史上有名的谏臣。他与唐太宗之间的君臣之谊为后人所传颂。明帝虽然不肯听从大臣杨阜、高堂隆的劝谏，但是还是常常宽容他们，虽比不上唐太宗，但也不失为一个好皇帝。

注释

①优容：宽容。②复：修复。③征：征召。

译文

这时，大规模兴建洛阳宫，建起昭阳殿、太极殿，修筑总章观。老百姓耽误了农时，耿直的大臣杨阜、高堂隆等人多次恳切地劝谏，明帝虽然不肯听从，但常常宽容他们。

秋七月，洛阳宫的崇华殿发生火灾。八月庚午，立皇子曹芳为齐王，曹询为秦王。丁巳，明帝巡行返回洛阳宫。命令有关官员修复崇华殿，改名为九龙殿。冬十月己酉，中山王曹衮去世。壬申，太白星在白天出现。十一月丁酉，明帝巡行亲临许昌宫。

青龙四年春二月，太白星又在白天出现，月亮侵犯太白星，又侵犯轩辕星座中的一颗星，进入太微星座然后出来。夏四月，设置崇文观，征召擅长撰写文章的人在崇文观充任官职。五月乙卯，司徒董昭去世。丁巳，肃慎氏进奉枯木做的箭。

原文

六月壬申，诏曰："有虞氏画象而民弗犯，周人刑错而不用。朕从百王之末，追望上世之风[1]，邈乎何相去之远[2]？法令滋章[3]，犯者弥多，刑罚愈众，而奸不可止。往者按大辟之条，多所蠲除[4]，思济生民之命，此

朕之至意也。而郡国蔽狱，一岁之中尚过数百，岂朕训导不醇，俾民轻罪，将苛法犹存，为之陷阱乎？有司其议狱缓死，务从宽简，及乞恩者，或辞未出而狱以报断，非所以究理尽情也。其令廷尉及天下狱官，诸有死罪具狱以定⑤，非谋反及手杀人，亟语其亲治，有乞恩者，使与奏当文书俱上，朕将思所以全之。其布告天下，使明朕意。”

注释

①追望：追随敬仰。②邈：久远，渺茫。③滋章：更加显明。④蠲除：免除。⑤具狱：定案或根据以定罪的全部案卷。

译文

六月壬申，明帝下诏书说：“有虞氏在罪犯衣服上画像表示刑罚而老百姓不去犯法，周朝没人犯法而刑法搁置不用。朕追随历代帝王之后，追慕前代的良好风尚，怎么相距得这样遥远呢？法令越是显明，犯法的人越多，刑罚越多，而邪恶的行为不能制止。以往判处死刑的法律条文，有许多被删除了，想挽救百姓的

启杀伯益建夏

启是夏朝的开国皇帝，从他开始，禅让制变成了继承制，国家机器也开始建立，而刑罚也开始逐渐完备。明帝感慨说：上古以及周代的时候，没有什么刑罚也没有什么犯罪行为，如今刑罚越严，犯罪越多。

生命，这是朕的一片好意。可是各郡国审判处以死刑的案件，一年中还是超过几百，难道是朕教诲开导得不纯正，使百姓轻视犯罪，或者残酷的刑法还存在，给老百姓设置了陷阱吗？有关官员议论案情延缓死刑，一定要从宽从简，至于乞求恩赐减罪的犯人，有的话未说出而案子就已判决，这不是合理尽情的作法。现在命令廷尉以及全国的执法官员，对那些犯有死罪的要根据全部案情来定罪，只要不是谋反和亲手杀人的，赶快告诉处理案件的人，有乞求开恩减死罪的犯人，让他的申诉和奏报判决的文书一起送上来，我将考虑怎样来保全他们。现在布告天下，使人们明白我的意思。"

原文

秋七月，高句骊王宫斩送孙权使胡卫等首，诣幽州。甲寅，太白犯轩辕大星。冬十月己卯，行还洛阳宫。甲申，有星孛于大辰，乙酉，又孛于东方。十一月己亥，彗星见[①]，犯宦者天纪星。十二月癸巳，司空陈群薨。乙未，行幸许昌宫。

注释

①彗星：古代称为"妖星"，通称"扫帚星"。

译文

秋七月，高句骊的王宫斩杀了孙权的使者胡卫等人，把他们的首级送到幽业。甲寅，太白星进入轩辕大星区域。冬十月己卯，明帝巡行返回路阳宫。甲申，在大辰星区域出现了彗星。乙酉，又有彗星出现在东方。十一月己亥，彗星出现，侵犯宦者星座的天纪星。十二月癸巳，司空陈群去世。乙未，明帝巡行亲临许昌宫。

原文

景初元年春正月壬辰[①]，山茌县言黄龙见。茌音仕狸反。于是有司奏，以为魏得地统，宜以建丑之月为正。三月，定历改年为孟夏四月[②]。服色尚黄，牺牲用白[③]，戎事乘黑首白马[④]，建大赤之旂，朝会建大白之旗。改太和历曰景初历。其春夏秋冬孟仲季月虽与正岁不同，至于郊祀、迎气、礿祠、蒸尝、巡狩、蒐田、分至启闭、班宣时令、中气早晚、敬授民事，皆以正岁斗建为历数之序。

注释

①景初：魏明帝的年号（公元 237-239）。②孟夏：夏季的第一个月。③牺牲：祭祀用的牲畜。④戎事：战争。

译文

景初元年春正月壬辰，山茌县呈告黄龙出现。这时有关官员上奏，认为魏国得地统，应当用建丑这一月（即夏历十二月）作为一年的开始。三月，确定历法，改换年号，把这一年的三月改为孟夏的四月。衣服的颜色尊尚黄色，祭祀用的祭品用白色，出征时乘坐黑头白马，竖大红旗，朝会时竖大白旗。改太和历为景初历。春夏秋冬四季、孟仲季三月与夏历不同，至于在郊外祭祀天地、祭迎五帝祈求丰年、礿祭宗庙、秋祭冬祭、巡视四方、田猎阅兵、春分秋分夏至冬至立春立夏立秋立冬、颁布按季节制定的政令、节气的早晚、交付百姓徭役之事，都用夏历正月北斗星斗柄所指的方位作为历法的推算次序。

原文

五月己巳，行还洛阳宫。己丑，大赦。六月戊申，京都地震。己亥，以尚书令陈矫为司徒，尚书右仆射卫臻为司空。丁未，分魏兴之魏阳、锡郡之安富、上庸为上庸郡。省锡郡，以锡县属魏兴郡。

● 霓裳羽衣舞

舞在中国古代不仅是一种休闲娱乐的项目，也是祭祀等重大活动中必不可少的一项。什么时候用什么舞乐都是有一定的规定的。许多皇帝爱好舞乐，自己也是这方面的专家，比如唐玄宗创造了霓裳羽衣舞。

有司奏：武皇帝拨乱反正，为魏太祖，乐用武始之舞[1]。文皇帝应天受命，为魏高祖，乐用咸熙之舞[2]。帝制作兴治，为魏烈祖，乐用章斌之舞。三祖之庙，万世不毁。其馀四庙，亲尽迭毁[3]，如周后稷、文、武庙祧之制。

注释

①武始：三国魏时的舞蹈名称。②咸熙：三国魏时的舞蹈名称。③迭：交替。

译文

五月己巳，明帝巡行返回洛阳宫。己丑，大赦天下。六月戊申，京都发生地震。己亥，任命尚书令陈矫为司徒，尚书右仆射卫臻为司空。丁未，划出魏兴郡的魏阳县、锡郡的安富县、上庸县，设置上庸郡。撤销锡郡，把锡县划归魏兴郡。

有关官员上奏：武皇帝拨乱反正，称为魏太祖，祭祀的音乐用武始舞乐。文皇帝顺应上天接受大命，称为魏高祖，祭祀的音乐用咸熙舞乐。皇上制定法度而使国家得到振兴治理，称为魏烈祖，祭祀的音乐用章斌舞乐。三祖的祭庙，万代不毁。其余的四庙，随着亲缘关系的疏远依次撤去，按照周朝建立后稷、周文王、周武王祖庙的制度。

原文

秋七月丁卯，司徒陈矫薨。孙权遣将朱然等二万人围江夏郡，荆州刺史胡质等击之，然退走。初，权遣使浮海与高句骊通，欲袭辽东。遣幽州刺史毌丘俭率诸军及鲜卑、乌丸屯辽东南界，玺书征公孙渊。渊发兵反，俭进军讨之，会连雨十日，辽水大涨，诏俭引军还。右北平乌丸单于寇娄敦、辽西乌丸都督王护留等居辽东[1]，率部众随俭内附[2]。己卯，诏辽东将吏士民为渊所胁略不得降者，一切赦之。辛卯，太白昼见。渊自俭还，遂自立为燕王，置百官，称绍汉元年。

注释

①都督：官名，领军将帅。②内附：向魏归附。

译文

秋七月丁卯，司徒陈矫去世。孙权派遣部将朱然等两万人围攻江夏郡，荆州刺史胡质等人反击他们，朱然败退逃走。起初，孙权派遣使者渡海与高句骊通好，打算袭击辽东。明帝派遣幽州刺史毌丘俭率领各军和鲜卑、乌丸驻扎在辽东的南部边界，用盖有明帝印章的文书征召公孙渊。公孙渊出动军队反叛，毌丘俭进军讨伐他，正好遇上接连十天下雨，辽河的水暴涨，明帝下诏书命令毌丘俭率领军队撤回右北平郡。乌丸单于寇娄敦、辽西乌丸都督王护留等人居住在辽东，带领他们的部属跟随毌丘俭归附朝廷。己卯，下诏书给辽东被公孙渊胁迫掳掠而不能投降的官吏百姓，对他们一律赦免。辛卯，太白星在白天出现。公孙渊自从毌丘俭撤回右北平后，就自己立为燕王，设置各级官职，称年号为绍汉元年。

郑和宝船模型

中国古代的航海事业走在世界前列。无论是造船的技术还是航行的技术都领先世界。三国时期，我国已经能够建造出出色的海船了。而上图是明代郑和下西洋时的宝船，技艺更加高超了。

原文

诏青、兖、幽、冀四州大作海船。九月，冀、兖、徐、豫四州民遇水，遣侍御史循行没溺死亡及失财产者，在所开仓振救之[1]。庚辰，皇后毛氏卒。冬十月丁未，月犯荧惑。癸丑，葬悼毛后于愍陵[2]。乙卯，营洛阳南委粟山为圜丘。十二月壬子冬至，始祀。丁巳，分襄阳临沮、宜城、旍阳、邔音其己反。四县，置襄阳南部都尉。己未，有司奏文昭皇后立庙京都。分襄阳郡之鄀叶县属义阳郡。

注释

①振救：救济。振，通“赈”。②愍陵：陵墓名。

译文

明帝下诏书命令青州、兖州、幽州、冀州四州大力制造海船。九月，冀州、兖州、徐州、豫州四州的百姓遭遇水灾，明帝派遣侍御史巡视被淹死的和失去财产的人，在当地打开粮仓救济他们。庚辰，皇后毛氏去世。冬十月丁未，月亮侵犯荧惑星。癸丑，在愍陵安葬了毛后。乙卯，营造洛阳南面的委粟山作为祭天的圜丘。十二月壬子冬至，开始祭祀。丁巳，划出襄阳郡的临沮、宜城、旍阳、邔县四县，设置襄阳南部都尉。己未，有关官员上奏在京都建立文昭皇后的祭庙。分出襄阳郡的鄀叶县划归义阳郡。

原文

二年春正月，诏太尉司马宣王帅众讨辽东。

二月癸卯，以大中大夫韩暨为司徒。癸丑，月犯心距星[1]，又犯心中央大星。夏四月庚子，司徒韩暨薨。壬寅，分沛国萧、相、竹邑、符离、蕲、铚、龙亢、山桑、洨、虹洨音胡交反。虹音绛。十县为汝阴郡。宋县、陈郡苦县皆属谯郡。以沛、杼秋、公丘、彭城丰国、广戚，并五县为沛王国。庚戌，大赦。五月乙亥，月犯心距星，又犯中央大星。六月，省渔阳郡之狐奴县，复置安乐县。

注释

①心：星宿名，二十八星宿之一。

译文

景初二年春正月，明帝下诏书命令太尉司马宣王率领军队讨伐辽东。

二月癸卯，任命大中大夫韩暨为司徒。癸丑，月亮侵犯心宿的距星，又侵犯心宿的中央大星。夏四月庚子，司徒韩暨去世。壬寅，划出沛国的萧县、相县、竹邑、符离、蕲县、铚县、龙亢、山桑、洨县、虹县等十县为汝阴郡。将宋县、陈郡的苦县都划归谯郡。将沛县、杼秋、公丘、彭城郡的丰国、广戚共五县合并为沛王国。庚戌，大赦天下。五月乙亥，月亮侵犯心宿的距星，又侵犯心宿的中央大星。六月，撤销渔阳郡的狐奴县，又设置安乐县。

原文

秋八月，烧当羌王芒中、注诣等叛，凉州刺史率诸郡攻讨，斩注诣首。癸丑，有彗星见张宿[1]。

丙寅，司马宣王围公孙渊于襄平，大破之，传渊首于京都，海东诸郡平。冬十一月，录讨渊功，太尉宣王以下增邑封爵各有差。初，帝议遣宣王讨渊，发卒四万人。议臣皆以为四万兵多，役费难供。帝曰："四千里讨伐，虽云用奇，亦当任力，不当稍计役费[2]。"遂以四万人行。及宣王至辽东，霖雨不得时攻[3]，群臣或以为渊未可卒破[4]，宜诏宣王还。帝曰："司马懿临危制变[5]，擒渊可计日待也。"卒皆如所策[6]。

注释

①张宿：星宿名，二十八星宿之一。②稍计：过于考虑。③霖雨：连绵

五星二十八宿神形图（局部）

我国古代天文学家把天空中可见的星分成二十八组，叫做二十八宿，东西南北四方各七宿。东方青龙，北方玄武，西方白虎，南方朱雀。印度、波斯、阿拉伯古代也有类似我国二十八宿的说法。

大雨。④卒：通“猝”，突然。⑤制变：裁断。⑥策：谋划。

译文

秋八月，烧当羌王芒中、注诣等人反叛，凉州刺史率领各郡部队攻打讨伐，将注诣的斩首。癸丑，有彗星出现在张宿星区域。

丙寅，司马宣王在襄平包围了公孙渊，把他打得大败，将公孙渊的首级传送到京都，大海以东各郡平定。冬十一月，记录讨伐公孙渊的功劳，太尉司马宣王以下的将领增加分邑，赐封爵位各不相同。当初，明帝商议派遣司马宣王讨伐公孙渊，调动兵马四万人。参加商议的大臣都认为四万兵力过多，用于兵役的费用难以供给。明帝说：“到四千里远的地方讨伐，虽说要出奇制胜，也应当依靠实力，不应当过分计较兵役的费用。”于是用四万人出征。等司马宣王到了辽东，连日下雨，不能趁机进攻，大臣们有的认为公孙渊不可能一下子被打败，应该下令要司马宣王撤回。明帝说：“司马懿面临危险能随机应变，捉住公孙渊可以算着日子等待。”最终都像明帝所预料的那样。

原文

壬午，以司空卫臻为司徒，司隶校尉崔林为司空。闰月，月犯心中央大星。十二月乙丑，帝寝疾不豫[1]。辛巳，立皇后。赐天下男子爵人二级，鳏寡孤独谷。以燕王宇为大将军，甲申免，以武卫将军曹爽代之。

初，青龙三年中，寿春农民妻自言为天神所下，命为登女，当营卫帝室，蠲邪纳福[2]。饮人以水[3]，及以洗疮，或多愈者。于是立馆后宫，下诏称扬，甚见优宠[4]。及帝疾，饮水无验，于是杀焉。

注释

①豫：安适。②蠲邪：去邪。③饮：使喝。④见：被。

译文

壬午，任命司空卫臻为司徒，司隶校尉崔林为司空。闰十一月，月亮侵犯心宿的中央大星。十二月乙丑，明帝生病卧床。辛巳，立郭夫人为皇后。赐天下男子每人晋升爵位二级，赐给鳏寡孤独者粮食。任命燕王曹宇为大将军，甲申免去他的官职，由武卫将军曹爽代替他。

当初，青龙三年间，寿春县有个农民的妻子自称是天神下凡，名为登女，应当护卫帝室，去邪纳福。她把水给病人喝，还用水清洗疮口，有很多人被治好了。于是在后宫为她设立馆舍，明帝下诏书称赞她，对她非常优待宠信。到明帝生病时，喝了她的水没有灵验，于是就把她杀了。

原文

三年春正月丁亥，太尉宣王还至河内，帝驿马召到，引入卧内，执其手谓曰："吾疾甚，以后事属君[1]，君其与爽辅少子。吾得见君，无所恨[2]！"宣王顿首流涕[3]。即日，帝崩于嘉福殿，时年三十六。癸丑，葬高平陵。

注释

①属：托付。属，通"嘱"。②恨：遗憾。③顿首：叩头。

译文

景初三年春正月丁亥，太尉司马宣王回到河内，明帝派人用驿站的快马把他召回，把他引进卧室内，握着司马宣王的手对他说："我病得很严重，把后事托付给您，望您与曹爽辅佐我幼小的儿子。我能够见到您，就没有什么遗恨了！"司马宣王叩头流泪。当天，明帝在嘉福殿去世，当时年纪三十六岁。癸丑，安葬在高平陵。

原文

评曰：明帝沉毅断识，任心而行，盖有君人之至概焉。于时百姓凋弊[1]，四海分崩，不先聿修显祖[2]，阐拓洪基，而遽追秦皇、汉武，宫馆是营[3]，格之远猷[4]，其殆疾乎！

注释

①凋弊：衰败。②聿：语气助词，没有意义。③遽：急速。④格：准则。远猷：远大的谋划。

露台惜费

汉文帝刘恒曾想造一座露台，请工匠预算费用，约需百金。他说："这么多钱，是十家中等民户的产业所值，我承继先帝的宫室，经常害怕自己无德行而辱没了先帝的英灵，为什么还要修这座露台呢？"于是放弃了计划。

评论说：明帝沉着刚毅、果断有胆识，遇事按照自己的意愿去做，有作为君王的宏大气概。当时百姓生活贫困，天下四分五裂，他不先去修明祖辈的功德，开拓宏伟的基业，却急着追随秦始皇、汉武帝，大肆营建宫殿馆所，用具有远大谋略的标准来要求，这大概是他的毛病吧！

吕布张邈臧洪传

原文

吕布字奉先，五原郡九原人也。以骁武给并州[1]。刺史丁原为骑都尉，屯河内，以布为主簿，大见亲待。灵帝崩，原将兵诣洛阳。与何进谋诛诸黄门[2]，拜执金吾。进败，董卓入京都，将为乱，欲杀原，并其兵众。卓以布见信于原，诱布令杀原。布斩原首诣卓，卓以布为骑都尉，甚爱信之，誓为父子。

注释

①骁武：勇猛强健。②黄门：这里指宦官。汉代供职内廷的黄门令、中黄门、小黄门等都是由宦官充任的。

译文

吕布字奉先，五原郡九原县人，因为骁勇有武艺在并州当差。此时丁原做了骑都尉后，在河内驻兵，任命吕布为主簿，非常受丁原的宠信和厚待。灵帝死了以后，丁原带兵到达洛阳。与何进谋划杀掉宫里的宦官，被任命为执金吾。何进失败，董卓进入京城，准备制造叛乱，想杀掉丁原，吞并他的队伍，董卓因为知道吕布深受丁原的信任，诱使吕布让他杀掉丁原。吕布砍下丁原的头颅去见董卓，董卓任命吕布为骑都尉，非常宠爱信任他，两人发誓做父子。

原文

布便弓马，膂力过人，号为飞将。稍迁至中郎将，封都亭侯。卓自以遇人无礼[1]，恐人谋己，行止常以布自卫[2]。然卓性刚而褊[3]，忿不思难，尝小失意，拔手戟掷布。布拳捷避之[4]，为卓顾谢[5]，卓意亦解。由是阴怨卓。卓常使布守中閤，布与卓侍婢私通[6]，恐事发觉，心不自安。

注释

①遇人无礼：待人没有礼貌。遇，对待。②行止：意思是无论在什么地方。③褊：心胸狭隘。④拳捷：有力量而又动作敏捷。⑤顾谢：道歉请罪。⑥私通：秘密地相好，指不正当的男女关系。

译文

吕布善于射箭骑马，勇气和力量超过一般的人，号称飞将。他在军中慢慢升至中郎将，封为都亭侯。董卓知道自己对人刻薄，没有恩情，怕别人谋害自己，行走休息都有

马球图

吕布善于射箭骑马，勇气和力量超过一般的人，但是他有勇无谋。在古代，评价一个武将技艺高低，骑马射箭是其中十分重要的评比标准。

吕布保护自己。然而董卓性情刚烈而心胸狭窄，生气的时候不考虑后果，吕布曾经犯过一个小小的过失，董卓拔出手戟就投向吕布。吕布用尽全力快速地躲开，然后心态平和地向董卓赔礼道歉，董卓的怒气也就消除了。吕布由此就暗恨董卓。董卓经常让吕布守卫内室，吕布和董卓身边的婢女私通，他恐怕事情被发现，所以内心不安。

原文

先是，司徒王允以布州里壮健，厚接纳之[1]。后布诣允，陈卓几见杀状。时允与仆射士孙瑞密谋诛卓，是以告布使为内应。布曰："奈如父子何！"允曰："君自姓吕，本非骨肉。今忧死不暇，何谓父子？"布遂许之，手刃刺卓。语在卓传。允以布为奋武将军，假节，仪比三司[2]，进封温侯，共秉朝政。布自杀卓后，畏恶凉州人，凉州人皆怨。由是李傕等遂相结还攻长安城。布不能拒，傕等遂入长安。卓死后六旬，布亦败。将数百骑出武关，欲诣袁术。

注释

①接纳：结交，结识。②仪：根据制度所受到的礼遇，所使用的仪仗等等。

译文

在此之前，司徒王允因为吕布是州里的健壮人士，对他非常好。后来吕布到王允那里去，告诉他自己几乎被董卓杀死的状况，当时王允与仆射士孙瑞秘密谋划要杀掉董卓，因此要吕布做内应。吕布说："我们的父子名分怎么办啊！"王允说："你本姓吕，并不是亲生骨肉，现在担心自己的性命还来不及呢，还说什么父子？"吕布就答应了，亲手杀了董卓。这件事被记载在《董卓传》里。王允任命吕布为奋武将军，授予符节，仪节与三司相同，进封为文侯，共同把持朝政。吕布自从把董卓杀掉后，害怕并厌恶凉州人，凉州人也都很怨恨他。于是，李傕等人便互相勾结率军攻打长安城。吕布抵抗不了，李傕等人便进驻长安。董卓死后六十天，吕布也战败了。带了几百名骑兵逃出了武关，想去投靠袁术。

原文

布自以杀卓为术报仇，欲以德之[1]。术恶其反覆，拒而不受。北诣袁绍，绍与布击张燕于常山。燕精兵万馀，骑数千。布有良马曰赤兔。常与其亲近成廉、魏越等陷锋突陈，遂破燕军。而求益兵众[2]，将士钞掠，绍患忌

之。布觉其意，从绍求去。绍恐还为己害，遣壮士夜掩杀布，不获。事露，布走河内，与张杨合。绍令众追之，皆畏布，莫敢逼近者。

●奚官放马图

马是古代战争中的重要因素，也是人类忠实的伙伴。古往今来，名驹辈出。吕布的赤兔马就是其中的楚翘。这匹马最后又由曹操转手送给了关羽，陪伴着关羽南征北战，立下赫赫战功。

注释

①德：感谢，报答。这里用作动词。②益：增加，增多。

译文

吕布自以为杀了董卓是替袁术报了仇，所以想要袁术报答他，袁术则恨吕布反复无常，不愿意接纳他。他就往北投靠袁绍，袁绍与他在常山袭击张燕。张燕有一万多名精兵，几千匹战马。吕布有一匹好马名为赤兔。他经常和他的亲信成廉、魏越一起冲锋陷阵，终于打败了张燕的队伍。于是吕布要求扩充队伍，但是他的士兵却烧杀抢掠，袁绍非常担心。吕布发觉了袁绍的心思，就去他那里要求离开。袁绍怕他以后会成为自己的强敌，就派壮士连夜刺杀吕布，但是没有成功。事情败露后，吕布逃到河南，和张扬联合起来。袁绍派兵追杀他，追他的士兵都怕吕布，没有人敢靠近他。

原文

张邈字孟卓，东平寿张人也。少以侠闻，振穷救急[1]，倾家无爱[2]，士多归之。太祖、袁绍皆与邈友。辟公府，以高第拜骑都尉[3]，迁陈留太守。董卓之乱，太祖与邈首举义兵。汴水之战，邈遣卫兹将兵随太祖。袁绍既为盟主，有骄矜色[4]，邈正议责绍。绍使太祖杀邈，太祖不听，责绍曰："孟卓，亲友也，是非当容之。今天下未定，不宜自相危也。"邈知之，益德太祖。太祖之征陶谦，敕家曰："我若不还，往依孟卓。"后还，见邈，垂泣相对。其亲如此。

注释

①振穷：救济穷人。振，救济。②爱：吝惜，吝啬。③高第：考试成绩

被列入优等。④骄矜：骄傲自大。

译文

张邈字孟卓，东平寿张县人。年轻的时候以侠义闻名于天下，救济贫穷救助危难，即使倾家荡产也毫不吝啬，士人大都归附于他。太祖、袁绍都和他是朋友。曾经被征召到朝廷，因为业绩好被封为骑都尉的官职，升任陈留太守。董卓作乱，太祖和张邈首先发起义军。与董卓在汴水交战，张邈派遣自己的部将卫兹率兵追随太祖。袁绍做了盟主之后，流露出骄傲的神情，张邈义正言辞地责备他，袁绍让太祖杀掉张邈，太祖没有听从，责怪袁绍说：“孟卓是我们的亲密朋友，即使有过错也应该宽容他。现在天下还没有平定下来，我们不应该自相残杀。”张邈知道这件事后更加感激太祖。太祖征伐陶谦的时候，告诉家里人：“我如果不能活着回来，你们就去投靠孟卓。”后来回来后，见到张邈，两人相对而哭。他们的关系密切到这样的程度。

原文

吕布之舍袁绍从张杨也，过邈临别，把手共誓。绍闻之，大恨。邈畏太祖终为绍击己也，心不自安。兴平元年，太祖复征谦，邈弟超，与太祖将陈宫、从事中郎许汜、王楷共谋叛太祖。宫说邈曰：“今雄杰并起，天下分崩[1]，君以千里之众，当四战之地，抚剑顾眄[2]，亦足以为人豪，而反制于人，不以鄙乎！今州军东征，其处空虚，吕布壮士，善战无前，若权迎之，共牧兖州[3]，观天下形势，俟时事之变通[4]，此亦纵横之一时也。”邈从之。太祖初使宫将兵留屯东郡，遂以其众东迎布为兖州牧，据濮阳。郡县皆应，唯鄄城、东阿、范为太祖守。太祖引军还，与布战于濮阳，太祖军不利，相持百馀日。是时岁旱、虫蝗、少谷，百姓相食，布东屯山阳。二年间，太祖乃尽复收诸城，击破布于钜野。布东奔刘备。邈从布，留超将家属屯雍丘。太祖攻围数月，屠之，斩超及其家。邈诣袁术请救未至，自为其兵所杀。

注释

①分崩：指四分五裂。②顾眄：左右察看。③牧：官名，这里用作动词

统治。④俟：等待，等候。

流民图（局部）

曹操与吕布在濮阳大战一百多天，再加上天大旱，出现了蝗虫，粮食缺乏，百姓出现了人吃人的现象。战争对人民的伤害是最大的，“乱离人不及太平犬”，表达的就是人民渴望安定的愿望。

译文

吕布离开袁绍去投奔张扬，临分别时去拜访张邈，两个人握手发誓。袁绍听说后非常痛恨张邈。张邈害怕太祖到最后会帮助袁绍攻打自己，心中非常不安。兴平元年，太祖再次讨伐陶谦，张邈的弟弟张超和太祖的部将陈宫、从事中郎许汜、王楷一起谋划背叛太祖。陈宫劝说张邈：“现在天下的英雄豪杰纷纷起兵，天下四分五裂，你拥有方圆千里的土地，居于四方必争的重要地区，手中拿着佩剑四处观望，这些也使你足能做人中的豪杰，你却反而受别人控制，难道不是太没出息了吗！现在兖州军向东征讨，城内空虚，吕布是位武士，能征善战。如果暂时把他拉过来，共同统治兖州，观察天下的形势，等待形势发生变化，这也是驰骋天下的良好机会啊。”张邈采纳了他的建议，太祖当初让陈宫带兵留守在东郡，陈宫便率他的部队迎接吕布担任兖州牧，驻守濮阳。兖州所属的郡县都起来响应，只有鄄城、东阿、范县仍然被太祖坚守。太祖带兵回来以后同吕布在濮阳展开激烈的战斗，太祖的军队在战争中处于不利地位，双方相持一百多天。这个时候天大旱、出现蝗虫、缺少粮食，百姓出现了人吃人的现象，吕布率军向东驻守山阳。在两年时间里，太祖便全部把各城都收了回来，在钜野打败了吕布。吕布向东逃去投奔刘备。张邈追随吕布，留下弟弟张超带领全家人据守雍丘。太祖把雍丘围攻了几个月，最后攻陷，屠杀了全城的百姓，杀了张超和他的全家人。张邈到袁术那里请求援助，还没有走到那儿就被他的部将杀掉了。

原文

备东击术，布袭取下邳，备还归布。布遣备屯小沛。布自称徐州刺史。术遣将纪灵等步骑三万攻备，备求救于布。布诸将谓布曰：“将军常欲杀备，今可假手于术。”布曰：“不然。术若破备，则北连太山诸将，吾为在术围中，不得不救也。”便严步兵千、骑二百[1]，驰往赴备。灵等闻布至，皆敛兵不敢复攻[2]。布于沛西南一里安屯，遣铃下请灵等[3]，灵等亦请布共

吕布辕门射戟

刘备投奔吕布，众将想让吕布除掉刘备。在剑拔弩张之时，吕布在营门竖立一支戟，并举弓射箭，正中戟的小支，在场的将士们都震惊不已，不敢提反对之声。

饮食。布谓灵等曰："玄德，布弟也。弟为诸君所困，故来救之。布性不喜合斗，但喜解斗耳。"布令门候于营门中举一只戟[4]，布言："诸君观布射戟小支，一发中者诸君当解去，不中可留决斗。"布举弓射戟，正中小支。诸将皆惊，言"将军天威也"！明日复欢会，然后各罢。

注释

①严：这里是紧急调遣的意思。②敛兵：停止战斗。③铃下：这里指随从士兵。④门候：守门的士兵。

译文

刘备向东进攻袁术，吕布攻下了下邳，刘备回来以后就归附了吕布，吕布派刘备驻守在小沛。吕布自称为徐州刺史。袁术派大将纪灵率领三万名步兵骑兵进攻刘备，刘备向吕布请求援助。吕布的部将对他说："将军常常想杀掉刘备，现在可以借袁绍的手来杀掉他。"吕布说："不能这样做，袁术如果打败了刘备，就会和北方太山郡的一些将领联合起来，我们正好陷入他们的包围之中，所以不能不援助刘备。"于是紧急调遣一千名步兵、二百名骑兵向刘备那里奔去。纪灵听说吕布来了，收兵不敢再进攻。吕布在小沛城西南一里远的地方安营扎寨，派卫士请纪灵等人，纪灵等人也请吕布一起赴宴饮酒。吕布对纪灵说："玄德是我的弟弟。弟弟被各位将军围困，所以我来救助他。我天性不喜欢和别人争斗，只喜欢为别人调解纷争。”吕布要军侯在营门竖立一支戟。吕布说：“大家请看我要射这支戟的小支，如果我一次就射中的话请各位撤军回去，如果一次射不中的话就留下来决战。”于是举弓射箭，正中戟的小支，在场的将士们都震惊了，说道：“将军实在是有天生的神威啊！”第二天又聚会畅饮，然后各自撤兵离去。

原文

术欲结布为援，乃为子索布女，布许之。术遣使韩胤以僭号议告布[1]，并求迎妇。沛相陈珪恐术、布成婚，则徐、扬合从，将为国难，于是往说布曰：“曹公奉迎天子，辅赞国政，威灵命世，将征四海，将军宜与协同策谋，图太山之安。今与术结婚，受天下不义之名，必有累卵之危。”布亦怨术初不己受也，女已在涂[2]，追还绝婚，械送韩胤，枭首许市[3]。珪欲使子登诣太祖，布不肯遣。会使者至，拜布左将军。布大喜，即听登往，并令奉章谢恩。登见太祖，因陈布勇而无计，轻于去就，宜早图之。太祖曰：“布，狼子野心，诚难久养，非卿莫能究其情也。”即增珪秩中二千石[4]，拜登广陵太守。临别，太祖执登手曰：“东方之事，便以相付。”令登阴合部众以为内应[5]。

注释

①僭号：古代指私自称帝的人的名号。僭，超越本分。②涂：通“途”。在涂，也就是在路上的意思。③枭首：古代杀死犯人后，一般把头悬挂在木杆上示众。这里是斩杀的意思。④秩：官吏的职位、等级、俸禄的总称。⑤阴合：暗地集结。

金城公主入嫁吐番图

和亲是中国古代保障双方政治利益的一种政治手段。在唐代，唐与吐蕃之间就存在这这种和亲关系。袁术也想通过这种手段联合吕布，谁知吕布竟然半路反悔。

译文

袁术想与吕布联合起来让吕布做他的外援，便替自己的儿子求吕布的女儿做妻子，吕布答应了他的请求。袁术便派使者韩胤把他想自己称帝的阴谋告诉了吕布，同时要求把儿媳妇迎接过去。沛相陈圭害怕袁术、吕布结为亲家，这样一来，徐州、扬州就会连在一起，这将是国家的灾难，于是劝吕布说：“曹公迎接皇帝，辅佐朝政，威武英明文明当世，将要征服天下，将军应该与他同心协力共同谋划，使自己像泰山一样牢固，现在和袁术结为亲家，担负不义的名声，必定会有很大的危险。”吕布也怨恨袁术当初不收纳自己，可是女儿已经在路上了，便派人把她追了回来断绝了这门亲事，给韩胤戴上刑具送走，在许昌斩首示众。陈圭想派儿子陈登去拜见太祖，吕布不愿意。正好这时朝廷的使者来到，任命吕布为左将军，吕布很高兴，就同意陈登去京城许昌，而且让他带着奏章去谢恩。陈登见到太祖，向他汇报了吕布有勇无谋，轻率地与别人分合，劝太祖早点对他动手。太祖说：“吕布有狼子般的野心，实在是不能久养，除了你之外，没有人能这样清楚透彻地了解实际情况。”于是把陈圭的俸禄增为中二千石，任命陈登为广陵太守。临分别的时候，太祖拉着陈登的手说：“东部的事情我就托付给你了。”陈登暗地集合军队做太祖的内应。

原文

始，布因登求徐州牧①，登还，布怒，拔戟斫几曰：“卿父劝吾协同曹公，绝婚公路；今吾所求无一获，而卿父子并显重，为卿所卖耳！卿为吾言，其说云何？”登不为动容②，徐喻之曰③：“登见曹公言：‘待将军譬如养虎，当饱其肉，不饱则将噬人。’公曰：‘不如卿言也。譬如养鹰，饥则为用，饱则扬去。’其言如此。”布意乃解。

术怒，与韩暹、杨奉等连势，遣大将张勋攻布。布谓珪曰：“今致术军，卿之由也，为之奈何？”珪曰：“暹、奉与术，卒合之军耳，策谋不素定④，不能相维持，子登策之⑤，比之连鸡，势不俱栖，可解离也。”布用珪策，遣人说暹、奉，使与己并力共击术军，军资所有，悉许暹、奉。于是暹、奉从之，勋大破败。

金虎符

陈登对曹操说：“养将军就像养虎一样，要让他吃饱，如果吃不饱就要咬人。”虎是十分凶猛的一种动物，春秋时期，以虎型做虎符，作为命令军队的凭证。

注释

①因：依靠，依赖。②动容：改变脸色。③徐：慢慢地。④素定：事先制订，事先准备好。⑤策：估计，估测。

译文

起初，吕布委托陈登向朝廷要求徐州牧的官职，陈登回来后吕布大怒，拔戟砍桌子，说：“你的父亲劝我协助曹公，与袁术断绝亲事；今天我想要的东西都没有得到，而你们父子却都显赫起来，我被你们出卖了！你对我讲讲，曹公是怎么对你说的？”陈登脸色不变，慢慢开导他说：“我见到了曹公，对他说：‘养将军就像养虎一样，要让他吃饱，如果吃不饱就要咬人。’曹公说：‘事情不是你说的那样。养将军就像养鹰一样，饿的时候就被我们所用，饱的时候他就会飞走。’他是这样说的。”吕布的怒气才消解。

袁术非常生气，与韩暹、杨奉等人联合起来，派遣大将张勋攻打吕布。吕布对陈圭说：“现在招惹来袁术的大军，是由你造成的，怎么办呢？”陈圭说：“韩暹、杨奉和袁术，只不过是仓促联合起来的军队，计谋不是平时就确定的，因此不能维持太长的时间，我的儿子陈登估计他们就像被绑在一起的鸡，不能同时站在一个木架上，可以把他们离散。”吕布采纳了陈圭的计策，派人说服韩暹、杨奉，让他们与自己同心协力共同向袁术的军队发起进攻，并且答应他们将获得的所有军需物资全部都给他们。于是，韩暹、杨奉答应了吕布的要求，张勋大败。

原文

建安三年，布复叛为术，遣高顺攻刘备于沛，破之。太祖遣夏侯惇救备，为顺所败。太祖自征布，至其城下，遗布书，为陈祸福[①]。布欲降，陈宫等自以负罪深，沮其计。布遣人求救于术，自将千馀骑出战，败走，还保城，不敢出。术亦不能救。布虽骁猛，然无谋而多猜忌，不能制御其党[②]，但信诸将。诸将各异意自疑，故每战多败。太祖堑围之三月，上下离心，其将侯成、宋宪、魏续缚陈宫，将其众降。布与其麾下登白门楼[③]。兵围急，乃下降。遂生缚布，布曰：“缚太急，小缓之。”太祖曰：“缚虎不得不急也。”布请曰：“明公所患不过于布，今已服矣，天下不足忧。明公将步，令布将骑，则天下不足定也。”太祖有疑色。刘备进曰：“明公不见布之事丁建阳及董太师乎！”太祖颔之。布因指备曰：“是儿最叵信者[④]。”于是缢杀布。布与宫、顺等皆枭首送许，然后葬之。

注释

①陈：陈述，讲述。②制御：控制驾驭。③麾下：部下。麾是古代用来指挥军队的旗帜。④叵：不能，不可以。

曹操白门斩吕布

东汉建安三年，吕布被曹操所擒。吕布曾经要求松绑，表示愿意投靠曹操。曹操因其勇猛，一度心动。最终，在刘备提醒下，认识到吕布多次叛变，不讲信用，不可为己所用，故将其处死。

译文

建安三年，吕布又背叛了太祖，替袁术效力，他派遣高顺到小沛攻击刘备，打败了刘备。太祖派夏侯惇救助刘备，被高顺打败。太祖亲自讨伐吕布，到达下邳城下以后给吕布写了一封信，替他分析了利害关系。吕布想投降，陈宫等人自认为罪过很深，便阻拦他的计划。吕布派人向袁术请求援助，亲自带领一千多人马出来迎战，战败逃走，回去以后坚守城门，不敢再出来。袁术也不能过来救助。吕布虽然非常勇猛，但是没有谋略而且性格多猜疑忌讳，不能控制驾驭他的同党，只相信几个将领。而将领们各自有自己的想法，以至于互相猜疑，因此每次战斗大都以失败结束。太祖挖了壕沟把下邳围攻了三个月，吕布的部下涣散离心，他的部将侯成、宋宪、魏续把陈宫绑起来，带领他们的队伍向太祖投降。吕布和他的部将登上白门楼。整个城被众兵包围，而且情势非常危急，于是下楼投降。曹军便活捉了吕布把他捆绑起来，吕布说："绑得太紧了，稍微松一点吧。"太祖说："捆绑老虎不得不紧点啊！"吕布请求太祖道："你担心的不过是我，现在我已经投降服从你了，你夺取天下已经没有什么忧虑了。你率领步兵，让我吕布率领骑兵，天下就完全可以平定了。"太祖露出疑虑的表情。刘备进言道："明公不是看到吕布是怎么样对待丁原和董卓的吗？”曹操点了点头。吕布因此指责刘备说：“你这小子是最不值得信任的人。”于是下令将吕布绞死。吕布和陈宫、高顺等人都被砍掉头送往许昌示众，然后把他们埋葬了。

原文

太祖之禽宫也，问宫欲活老母及女不？宫对曰：“宫闻孝治天下者不绝人之亲，仁施四海者不乏人之祀[①]，老母在公，不在宫也。”太祖召养其母终其身，嫁其女。

陈登者，字元龙，在广陵有威名。又掎角吕布有功，加伏波将军，年三十九卒。后许汜与刘备并在荆州牧刘表坐，表与备共论天下人，汜曰：“陈元龙湖海之士，豪气不除。”备谓表曰：“许君论是非？”表曰：“欲言非，此君为善士，不宜虚言；欲言是，元龙名重天下。”备问汜：“君言豪，宁有事邪？”汜曰：“昔遭乱过下邳，见元龙。元龙无客主之意，久不相与语，自上大床卧，使客卧下床。”备曰：“君有国士之名，今天下大乱，帝主失所，望君忧国忘家，有救世之意，而君求田问舍，言无可采，是元龙所讳也[②]，何缘当与君语？如小人，欲卧百尺楼上，卧君于地，何但上下床之间邪？”表大笑。备因言曰：“若元龙文武胆志，当求之于古耳，造次难得比也[③]。”

注释

①乏：荒废，这里引申为断绝的意思。②讳：禁忌，忌讳。③造次：仓促匆忙。比喻时间紧迫。

译文

太祖捉住陈宫的时候，问陈宫想不想让母亲和女儿活下去，陈宫回答说：“我听说凭借孝道治理天下的人不会杀害别人的亲人，凭借仁德施行天下的人不会断绝别人的后代，母亲的生死完全在于你，而不在于我。”太祖把他的母亲接过来奉养直到她去世，并且把他的女儿嫁了出去。

虞舜孝行感天

孝是中华民族历来所重视的。舜就是历史上有名的大孝子。曹操捉住陈宫，以其母和女儿的命威胁他，陈宫就以“孝”说服了曹操放弃之前的想法。

●曾国藩

曾国藩是中国历史上儒生将军的典范。一方面，他学识渊博；另一方面他战功赫赫。刘备盛赞的陈元龙也是一个文武双全之人。

陈登，字元龙，在广陵一带很有名气。又因为牵制吕布立下功劳，被封为伏波将军，三十九岁的时候死去。后来许汜和刘备同时在荆州牧刘表家里做客，刘表和刘备一起谈论天下的人物，许汜说："陈元龙是个豪放大气的人，粗豪的习气没有消除。"刘备对刘表说："许汜的评论对还是不对？"刘表说："如果说不对，那是因为许汜是一个善良的人，不会撒谎；如果说对，他在全国的名气很大。"刘备又问许汜："您说陈元龙粗豪，有事实作根据吗？"许汜说："以前遭受兵乱时我曾经经过下邳，拜访过陈元龙。他没有诚意款待客人，见了很久也不跟我说话，自己到大床睡觉，让客人睡在下床。"刘备说："你拥有国士的的声名，现在天下大乱，皇帝也丢掉了位子，希望你为国家担忧忘记小家，有拯救时局的志向，但是您只知道购置田产房屋，说的话没有一点值得采纳的地方，这正是陈元龙所忌讳的事情，他怎么会和你交谈呢？如果换了我，我还要睡到百尺高的楼上，让你睡在地下，哪里只有上下床的间隔呢？"刘表听了大笑。刘备又趁机说："像陈元龙这样文武双全且有气魄、有志向的人，只好回到古人当中去寻找，匆忙之间很难找到能与他相比的人啊。"

原文

臧洪字子源，广陵射阳人也。父旻，历匈奴中郎将、中山、太原太守，所在有名。洪体貌魁梧[1]，有异于人，举孝廉为郎[2]。时选三署郎以补县长；琅邪赵昱为莒长，东莱刘繇下邑长，东海王朗菑丘长，洪即丘长。灵帝末，弃官还家，太守张超请洪为功曹。

董卓杀帝，图危社稷[3]，洪说超曰："明府历世受恩，兄弟并据大郡，今王室将危，贼臣未枭，此诚天下义烈报恩效命之秋也。今郡境尚全，吏民殷富，若动枹鼓，可得二万人，以此诛除国贼，为天下倡先，义之大者也。"超然其言，与洪西至陈留，见兄邈计事。邈亦素有心，会于酸枣，

邈谓超曰："闻弟为郡守，政教威恩，不由己出，动任臧洪，洪者何人？"超曰："洪才略智数优超，超甚爱之，海内奇士也。"邈即引见洪，与语大异之。致之于刘兖州公山、孔豫州公绪，皆与洪亲善。乃设坛场[4]，方共盟誓，诸州郡更相让，莫敢当，咸共推洪。洪乃升坛操槃歃血而盟曰："汉室不幸，皇纲失统[5]，贼臣董卓乘衅纵害，祸加至尊，虐流百姓，大惧沦丧社稷，翦覆四海[6]。兖州刺史岱、豫州刺史伷、陈留太守邈、东郡太守瑁、广陵太守超等，纠合义兵，并赴国难。凡我同盟，齐心戮力，以致臣节，殒首丧元，必无二志。有渝此盟，俾坠其命，无克遗育[7]。皇天后土[8]，祖宗明灵，实皆鉴之！"洪辞气慷慨，涕泣横下，闻其言者，虽卒伍厮养[9]，莫不激扬，人思致节[10]。顷之，诸军莫适先进，而食尽众散。

注释

①魁梧：形容身材高大健壮。②郎：跟随在皇帝身边的侍从的通称。③社稷：指国家。社，土神；稷，谷神。④坛场：用土建筑的高台，用于祭祀、盟誓等大事。⑤皇纲：皇帝的大权。纲，原来指网上的总绳，这里比喻权力。⑥翦覆：剪断颠覆。这里是灭亡的意思。⑦育：后裔，后代。⑧皇天后土：指天地。⑨厮养：指仆役等身份低下的人。⑩致节：即尽节。节是气节的意思。

译文

臧洪字子源，广陵郡射阳县人。父亲叫臧旻。历任匈奴中郎将、太原两郡的太守，他在他任职的地方的名声很好。臧洪的体格相貌魁梧，与一般人不一样，被推举为孝廉当了郎官。当时朝廷选拔三署的郎官担任县长；琅邪人赵昱担任莒县的县长，东莱郡人刘繇担任下邑县长，东海郡人王朗担任菑丘县长，臧洪担任即丘县长。汉灵帝末年，他辞去官职回到家乡，太守张超请他担任功曹。

董卓谋杀少帝，企图危害国家，臧洪对张超说："明府你家世代受到皇帝的恩泽，兄弟都掌握大郡，现在皇室将有危险，乱臣没有被消灭掉，这正是天下的忠烈之士报答皇恩为国效力的时候。现在郡州还算完整，官民富足，如果击鼓召集士兵，可以得到两万人，率领这支队伍消灭乱贼，是全国的先导，这是大义啊。"张超也赞同他的建议，和臧洪向西行到达陈留，会见了哥哥张邈商量起兵的大事。张邈本来就有这种想法，他们在酸枣会合，张邈对张超说："我听说弟弟担任郡守，政事、教化、奖励和惩罚这样的大事都不是自己做主，凡事都让臧洪去做，臧洪是什么人？"张超说："臧洪的才能胆略智谋都比我强，我非常喜欢他，他是国内的一个奇人。"张邈就邀请臧洪前来相见，与他交谈后对他产生很惊异的感觉，把他介绍给兖州刺史刘岱、豫州刺史孔伷，他们和臧洪的关系都很亲密友好。于是设立了祭坛，以期宣誓结成盟约，各个州郡互相推让，没有人敢担任盟主的职位，都共同推举臧洪。臧洪便走上祭坛端起放着杯子的托盘喝了杯血酒宣誓：“汉朝王室非常不幸，朝廷的政纲失去了控制，乱臣董卓趁机作乱，灾祸降临到了皇帝的身上，暴虐的行动殃及百姓，最害怕国家沦亡、江山遭到颠覆。今天兖州刺史刘岱、豫州刺史孔伷、陈留太守张邈、东郡太守乔瑁、广陵太守张超等人，召集义军，共同赶赴国难。所有参加盟会的人都要齐心协力，尽到作为大臣的大节，即使头掉身亡，也不会有二心。如果有人敢违背这个誓约，神灵将使他丢掉性命，不使他遗留后代。天地神灵，祖宗英灵，都看得非常清楚！”臧洪言辞慷慨，涕泪交零，听到他誓言的人，即使士兵仆役听到这些话也没有不慷慨激昂的，每个人都愿意尽节。不久，各个部队竟然没有带头率先进攻的，粮食吃完以后队伍就散了。

超遣洪诣大司马刘虞谋，值公孙瓒之难，至河间，遇幽、冀二州交兵，使命不达。而袁绍见洪，又奇重之，与结分合好。会青州刺史焦和卒，绍

袁绍诛灭宦官

袁绍，字本初，是东汉末年群雄之一，出身名门望族。他与曹操在北方争夺霸权。在官渡之战中，袁绍大败，失去了与曹操争雄的资本，袁绍势力开始衰弱。202年，他悲愤而死。

使洪领青州以抚其众[1]。洪在州二年，群盗奔走。绍叹其能，徙为东郡太守[2]，治东武阳。

注释

①领：兼任的意思。②徙：迁移，移动。

译文

张超派遣臧洪去见大司马刘虞一同谋划。恰巧遭到公孙瓒的袭击，到了河间，又碰上幽州和冀州的军队交战，使命不能传达到刘虞那里。而袁绍遇到了臧洪，特别器重他，和他成为好朋友。正好青州刺史史焦和死去，袁绍让臧洪兼任青州刺史，以安抚民众。臧洪在青州待了两年，强盗和土匪都逃走了。袁绍感叹佩服他的才能，改任他为东郡太守，在东武阳处理政事。

原文

太祖围张超于雍丘，超言："唯恃臧洪[1]，当来救吾。"众人以为袁、曹方睦，而洪为绍所表用，必不败好招祸[2]，远来赴此。超曰："子源，天下义士，终不背本者，但恐见禁制，不相及逮耳[3]。"洪闻之，果徒跣号泣，并勒所领兵[4]，又从绍请兵马，求欲救超，而绍终不听许。超遂族灭。洪由是怨绍，绝不与通。绍兴兵围之，历年不下。绍令洪邑人陈琳书与洪，喻以祸福，责以恩义。

洪答曰：隔阔相思[5]，发于寤寐。幸相去步武之间耳[6]，而以趣舍异规，不得相见，其为怆悢，可为心哉！前日不遗[7]，比辱雅贶，述叙祸福，公私切至。所以不即奉答者，既学薄才钝，不足塞诘；亦以吾子携负侧室，息肩主人[8]，家在东州，仆为仇敌。以是事人，虽披中情，堕肝胆，犹身疏有罪，言甘见怪，方首尾不救，何能恤人？且以子之才，穷该典籍，岂将暗于大道，不达馀趣哉！然犹复云云者，仆以是知足下之言，信不由衷，将以救祸也。必欲算计长短，辩谘是非[9]，是非之论，言满天下，陈之更不明，不言无所损。又言伤告绝之义，非吾所忍行也，是以捐弃纸笔，一无所答。亦冀遥忖其心[10]，知其计定，不复渝变也[11]。重获来命，援引古今，纷纭六纸[12]，虽欲不言，焉得已哉！

注释

①恃：依靠、依赖。②败好：损害情意。③逮：等到。④勒：统帅，带领。⑤隔阔：久别，远离。⑥步武：指相距不远。六尺为一步，半步为

●伯牙鼓琴识知音

伯牙高山流水遇知音的故事耳熟能详。张超和臧洪两人之间也可以算是知音吧。张超在被曹操包围的时候，虽然没有等到臧洪的援军，但是他依然相信臧洪是被控制住了，所以才不能来，这是一种绝对的信任。

一武。⑦不遗：不嫌弃。⑧息肩：把肩上的行李放下来休息，这里比喻陈琳投靠袁绍的事情。⑨辩咨：辩论，商量。⑩忖：揣度，考虑。⑪渝变：改变，改动。⑫纷纭：形容多，满。

译文

太祖在雍丘包围了张超，张超说："我只依靠臧洪，他会来帮助援救我的。"大家认为袁绍、曹操现在非常友好，而臧洪被袁绍任用，臧洪一定不会破坏友好而招来灾祸，远来这里援救张超。张超却说："子源是天下的义士，绝对不会背其根本的，只怕他受到别人的控制，不能及时赶到这里。"臧洪听到张超被围困的消息，果然赤脚痛哭，于是调遣自己的军队，并向袁绍请求调派军队，要去救张超，但是袁绍拒绝了他的请求。于是张超遭到灭族的灾祸。臧洪因此非常怨恨袁绍，绝对不与他再来往。袁绍发兵包围了他，与他对峙了一年多仍然没有攻下。袁绍让臧洪的同乡陈琳写信告诉臧洪利害关系，责备他忘恩负义。

臧洪回信说："久别相思，日夜动情，幸好我们离得不远，但是由于志向不同不能经常相见，这种悲痛的心情是难以忍受的！前一段时间承蒙你不嫌弃，屡次来信，叙述利害关系，于公于私都非常恳切。我之所以没有及时回信给你，既因为我才疏学浅不能回答你的责难；也因为你携带家人投奔了我以前的主人，我们都曾经居住在东州，但是现在我已经成了你的敌人，以我现在这样的处境再侍奉故主袁绍，即使表达真情，袒露肝胆，也还是会被疏远而且被定罪，说得再好听也要被责怪，真的是自身难保，又怎么能顾及别人呢？况且以你的才识，遍读典籍，难道你还不明白大道理，不了解我的志向吗！但是你还是反复这样劝说，所以我知道你所说的话不是出于你的内心，而是想使我免除灾祸罢了。如果你一定要弄清楚长短利弊，辨别谁对谁错，而议论是非的讨论充斥天下，陈述将会变得更不清楚，不说也没有什么损害。说了反而会伤害感情而断绝情谊，我不忍心这样做，所以就放下纸笔，没有答复一句话，也希望你能够深切地体会到我的心意，知道我的主意已经拿定，不会再改变了。这一次又收到你的来信，引用古今道理，写了满满的六大张，虽然我不想回复，但怎么能甘休呢！

原文

仆小人也[1]，本因行役，寇窃大州，恩深分厚[2]，宁乐今日自还接刃！每登城勒兵，望主人之旗鼓，感故友之周旋，抚弦搦矢，不觉流涕之覆面也。何者？自以辅佐主人，无以为悔。主人相接，过绝等伦[3]。当受任之初，自谓究竟大事，共尊王室。岂悟天子不悦，本州见侵，郡将遘牖里之厄[4]，陈留克创兵之谋，谋计栖迟[5]，丧忠孝之名，杖策携背，亏交友之分。揆此二者，与其不得已，丧忠孝之名与亏交友之道，轻重殊涂，亲疏异画，故便收泪告绝。若使主人少垂故人[6]，住者侧席，去者克己，不汲汲于离友[7]，信刑戮以自辅，则仆抗季札之志，不为今日之战矣。何以效之？昔张景明亲登坛喢血，奉辞奔走，卒使韩牧让印，主人得地；然后但以拜章朝主，赐爵获传之故，旋时之间[8]，不蒙观过之贷[9]，而受夷灭之祸。吕奉先讨卓来奔，请兵不获，告去何罪？复见斫刺，滨于死亡。刘子琪奉使逾时，辞不获命，畏威怀亲，以诈求归，可谓有志忠孝，

岳飞

一说到忠诚，人们首先想到的就是岳飞。古代人十分看重“忠”这个字。臧洪背叛故主袁绍，心中自然也不好受。

无损霸道者也；然辄僵踣麾下，不蒙亏除。仆虽不敏[10]，又素不能原始见终[11]，睹微知著，窃度主人之心，岂谓三子宜死，罚当刑中哉？实且欲一统山东，增兵讨仇，惧战士狐疑，无以沮劝，故抑废王命以崇承制[12]，慕义者蒙荣，待放者被戮，此乃主人之利，非游士之愿也。故仆鉴戒前人，困穷死战。仆虽下愚，亦尝闻君子之言矣。此实非吾心也。乃主人招焉。凡吾所以背弃国民，用命此城者，正以君子之违，不适敌国故也。是以获罪主人，见攻逾时，而足下更引此义以为吾规，无乃辞同趋异[13]，非君子所为休戚者哉！

注释

①小人：文中指地位低下的人，是臧洪的自谦之词。②分：情分，情意。③等伦：同辈。④遘：遇到，遭遇。⑤栖迟：停顿。⑥少垂：稍微地加以垂念。⑦汲汲：心情非常急切的样子。⑧旋时：即时，说明时间仓促。⑨观过：观察人的过失。⑩敏：明智，聪慧。⑪素：本来，原来。⑫抑废：抑制废除。⑬趋异：兴趣爱好不同。

译文

我只是一个小人物，本来是为了谋生而在外面奔走，能够在冀州窃据一个职位，确实是主人袁绍待我的恩情非常深厚的原因，我难道愿意出现和他刀兵相见

●纣王妲己饮酒观炮烙

臧洪感叹袁绍的翻脸无情，对待有功之臣十分不公。商朝的纣王也是这样，残酷对待有功的、忠心的大臣，最后使大臣们寒心，纷纷离去，导致亡国。

的局面吗？每当我登上城楼部署军队行列的时候，远远地望见主人的旗鼓，有感于老朋友你在中间周旋，抚摩着弓弦拿着箭杆，禁不住泪流满面。为什么呢？我自以为过去辅佐主人，没有做出值得后悔的事情。主人对我，恩泽也超过了我们的同辈。当初接受任命的时候，自以为深切地明白国家大事，共同侍奉朝廷。谁知道天子不高

兴，豫州因此受到了攻击，郡州将遭到牖里那样的危险，在陈留实现了组建联军共同讨伐董卓的计划，但是计划被搁置，丢掉了忠孝的名声，现在我扬鞭而去，背叛了主人，失掉了我们之间的情谊。估计这两方面，与其在不得已时丧失忠孝的名声和失掉我们之间的情谊，轻重是不一样的，亲疏的界限非常明显，还不如因此就收住眼泪宣告绝交。如果主人稍微挂念旧友，留下的会表示敬意，离去的会克制自己，不会急于绝交，施用惩罚来辅助自己，那么我将会效法吴季札那样的高尚操节，就不会有现在的战争爆发了。怎么样验证这些呢？从前张景明曾经亲自登上高坛歃血结盟，又奉主人的命令到处奔走联络，最终使冀州牧韩馥交出印章，主人得到冀州；后来只是因为他呈奏章朝见皇上，皇帝赏赐给他爵禄符信，转眼之间，竟然因为观察人的过失，遭来了杀身之祸。吕布刺杀董卓后投奔主人您，向主人请求援兵没有得到应允，要求离开又有什么罪呢？后又被刺客砍杀，差点被杀死。刘勋奉命出使，时间超过了期限，告辞回去又不同意，他惧怕主人的威严，怀念家中的亲人，只好讲了谎话要求回去，可以说是他有忠君孝顺的志向，对主人的大业并没有什么损害；然而随后就被主人诛杀于军旗下面，没有获得减罪和赦免。我虽然不够明智，向来不能从追溯事物发展的开端来预见事物发展的结果，不能从细微的地方看到事物的发展，但是暗地里猜测主人的心思，难道认为这三个人都应该被处死吗？主人的惩罚量刑得当合理吗？实际上主人是想统一山东，将加强兵力来讨伐所有的敌人，担心队伍带着疑虑散去，没有办法挽留，所以违背王侯的命令而看重秉承皇帝的旨意，爱慕虚名的得到嘉奖，要求离开的被杀掉，这纯粹是主人为了自身的利益，而不是游士们的愿望。所以我才以前人为鉴戒，即使穷困也要死战到底。我虽然愚蠢到极点，也曾经听到过君子的言论啊。这实在不是我的本来愿望，是主人逼我这样做的。我之所以背弃国民，在这个孤城拼命，正是因为君子逃亡不应该去敌国的原因。因此我得罪了主人，被他围攻了很长时间。现在您竟然用这个道理来说服我，不会是语言相同而意思恰好相反吧，那样，君子是会感到悲伤的啊！

原文

吾闻之也，义不背亲，忠不违君，故东宗本州以为亲援[1]，中扶郡将以安社稷，一举二得以徼忠孝[2]，何以为非？而足下欲使吾轻本破家[3]，均君主人。主人之于我也，年为吾兄，分为笃友，道乖告去，以安君亲，可谓顺矣。若子之言，则包胥宜致命于伍员，不当号哭于秦庭矣。苟区区于攘患[4]，不知言乖乎道理矣。足下或者见城围不解，救兵未至，感婚姻之义，惟平生之好[5]，以屈节而苟生，胜守义而倾覆也。昔晏婴不降志于白刃，南史不曲笔以求生，故身著图象，名垂后世，况仆据金城之固，驱士民之力，散三年之畜，以为一年之资，匡困补乏，以悦天下，何图筑室反耕哉！但惧秋风扬尘，伯珪马首南向，张杨、飞燕，膂力作难，北鄙将告倒县之急[6]，股肱奏乞归之诚耳。主人当鉴我曹辈，反旌退师，治兵邺垣，何宜久辱盛怒，暴威于吾城下哉？足下讥吾恃黑山以为救，独不念黄巾之合从邪！加飞燕之属悉以受王命矣。昔高祖取彭越于钜野，光武创基兆于绿林，卒能龙飞中兴，以成帝业，苟可辅主兴化，夫何嫌哉！况仆亲奉玺书，与之从事[7]。

注释

①宗：尊崇的意思。②徼：求取。③轻本：丢掉了根本。④区区：形容人喜悦自得的样子。⑤惟：思念，想念。⑥倒县：比喻处境非常艰难和危急，就像被人倒挂起来一样。县，通悬。⑦从事：治理政事。

译文

我听说过，讲义气的人不会背弃亲人，尽忠的人不会背弃君主，因此尊奉本州作为亲近的声援，衷心地支持郡将来安定社稷，这是求得忠孝两全的一举两得的行为，怎么会不正确呢？你现在竟要我抛弃最根本的忠孝、毁坏故家，和您一

精忠传

精忠传讲的是南宋岳飞的故事。岳飞的忠诚，千古难得，即使明知被诬陷，还是束手就擒。"忠不违君"说的就是他这样的人啊。

起效忠于主人。对于我来说，主人在年龄上可以做我兄长，在情分上我们是亲密的朋友，志向不同才要求离去，使君王和双亲安宁，可以说这是顺理成章的事情。按照您的建议，申包胥应该为伍子胥效命，不应该到秦国朝廷上大哭了。如果仅仅是为了躲避灾祸的话，岂不知这些做法已经违背了大道理了。或许你只是看到我的孤城被围困而我无力解除包围，而且援兵有没有来到，念及您和我有亲戚关系，想到你和我平生友好的份上，让我委屈名节苟且保全自己的性命，认为我这样做要比因坚守正义而招致败亡强很多。从前晏婴不愿意在刀刃下降低志气，南史也不为了苟全性命而歪曲史实，因此他们的形象见于画像，名声流传于后代，更何况我占据着坚固的城池，驱使民众的力量，散尽三年的积蓄，作为一年的费用，尽可能地救济贫困补救不足，从而取悦于天下的百姓，哪里会害怕主人长期围困不肯撤兵呢？我只是怕秋风扬起尘土，公孙瓒发兵南下，张扬、张燕，极力发难，北方边境将会出现人体倒挂那样的危急情况，而且他的亲信会向他报告请求回家的真情。主人应该看清楚我是什么性格的人，赶紧撤兵，退保邺城，怎么可以长期地不消怒气，在我的城下大耍威风呢？你嘲笑我只是依靠张燕的黑山军的救援，唯独没想到我会和黄巾军联合起来啊！再加上张燕的黑山军都已经接受了天子的诏书而归顺朝廷了。以前汉高祖在钜野收编了彭越，光武帝创建的基业立本于绿林军的兵力，他们最后都登基称帝，成就一番帝王的伟业，假如能辅佐君主弘扬教化，还忧虑什么呢！况且我还亲自得到皇帝下的诏书，允许我和他们合作。

原文

行矣孔璋！足下徼利于境外，臧洪授命于君亲；吾子托身于盟主，臧洪策名于长安。子谓余身死而名灭，仆亦笑子生死而无闻焉，悲哉！本同而末离，努力努力，夫复何言！

绍见洪书，知无降意，增兵急攻。城中粮谷以尽，外无强救，洪自度必不免[1]，呼吏士谓曰："袁氏无道，所图不轨，且不救洪郡将。洪于大义，不得不死，今诸君无事空与此祸[2]！可先城未败，将妻子出。"将吏士民皆垂泣曰："明府与袁氏本无怨隙，今为本朝郡将之故，自致残困，吏民何忍当舍明府去也！"初尚掘鼠煮筋角[3]，后无可复食者。主簿启内厨米三斗，请中分稍以为糜粥，洪叹曰："独食此何为！"使作薄粥，众分歠之，杀其爱妾以食将士。将士咸流涕，无能仰视者。男女七八千人相枕而死[4]，莫有离叛。

注释

①度：估测，估量。②空与：白白地遭受。③筋角：用来制造弓箭弩和

刀剑鞘的材料。④相枕：重合，互相偎依。

再见了，孔璋，您在境外谋求利益，而我只能听命于朝廷，您把身体托付给了盟主，而我则把名声传到了都城长安。您认为我会身死名灭，我也笑你生死都会默默无闻，可悲啊！我们原先志同道合而最后却各自走各自的道路，都努力吧，还需要再说什么呢！

袁绍看到臧洪写的信，明白他没有投降的意向，于是增加兵力猛烈攻打，城中的粮食已经吃完了，外面又没有强大的救兵，臧洪自己权衡，觉得一定不会免于死亡，便召集队伍对他们说：“袁氏大逆不道，图谋不轨，而且不愿意援助我的队伍。从大义上来说，我不能不死，想到各位本来没有犯错误何必白白地遭受这个灾难！你们可以趁着城破之前带着妻子儿女逃出去。”将士民众都哭着说：“您同袁氏本来没有仇恨，现在因为朝廷的郡将而招来灾祸，我们怎么能忍心丢开您而独自逃离呢？”刚开始还挖掘老鼠，把他们的皮革煮烂充饥，后来再也没有可以吃的东西了。主簿打开内厨拿出剩下的三斗米，请求分一些略微煮点稠粥喝，臧洪感叹着说：“我怎么能独自吞食呢？”让主簿煮成稀粥，大家分着喝，又杀死他的爱妾把肉分给将士们吃。将士都流下眼泪，没有人能够抬头看他。七八千男女互相靠着直到死去，没有一个人背叛逃走。

伍子胥像

当初，伍子胥因为父亲被杀，投奔了吴国，与故国楚国相对峙。在对峙中，遇到了以前的朋友。他的朋友说：“你为吴国效力，那就好好干吧，我也会好好干，使楚国强大起来。”两人之间就如同孔璋与臧洪。

原文

城陷，绍生执洪。绍素亲洪，盛施帏幔，大会诸将见洪，谓曰：“臧洪，何相负若此！今日服未？”洪据地瞋目曰[1]：“诸袁事汉，四世五公，可谓受恩。今王室衰弱，无扶翼之意[2]，欲因际会[3]，希冀非望，多杀忠良以立奸威。洪亲见呼张陈留为兄，则洪府君亦宜为弟，同共戮力，为国除害，何为拥众观人屠灭！惜洪力劣，不能推刃为天下报仇，何谓服乎！”绍本爱洪，意欲令屈服，原之[4]；见洪辞切，知终不为己用，乃杀之。洪邑人陈容少为书生，亲慕洪，随洪为东郡丞；城未败，洪遣出。绍令在坐，见

洪当死，起谓绍曰：“将军举大事，欲为天下除暴，而专先诛忠义，岂合天意！臧洪发举为郡将，奈何杀之！”绍惭，左右使人牵出，谓曰：“汝非臧洪俦[5]，空复尔为！”容顾曰：“夫仁义岂有常，蹈之则君子[6]，背之则小人。今日宁与臧洪同日而死[7]，不与将军同日而生！”复见杀。在绍坐者无不叹息，窃相谓曰：“如何一日杀二烈士！”先是，洪遣司马二人出，求救于吕布；比[8]还，城已陷，皆赴敌死。

注释

①据地：身体盘踞在地上。②扶翼：扶持，帮助。③际会：这里是遇合的意思。④原：原谅。⑤俦：同辈，同一类的人。⑥蹈：实践，行动。⑦宁：宁愿，宁可。⑧比：等到。

译文

城市陷落后，袁绍活捉了臧洪，袁绍与臧洪素来关系就不错，于是装饰好帐篷，把所有的将领集合起来和臧洪见面，对他说：“臧洪，你为什么辜负我到这样的程度！今天顺服吗？”臧洪坐在地上睁大眼睛说：“袁家侍奉朝廷，四代中有五个人被封为公爵，可以说受到了皇帝的厚恩，现在朝廷衰弱，你没有辅佐扶持的心意，还想趁着天下混乱的机会达到自己的非分的想法，杀害了很多忠良的人树立自己的淫威。我亲眼看到你把陈留太守张邈叫做哥哥，我的府君张超也应该是你的弟弟，你和他一起奋斗，为朝廷除害才对，为什么拥有强大的兵力却看着别人被杀害呢？可惜我的力量非常薄弱，不能拔刀为天下人报这个仇恨，说什么顺服不顺服！”袁绍本来爱惜臧洪，想让他顺服，原谅他；可是听到臧洪的言辞非常恳切，知道他最终也不会为自己效力，便杀掉了他。臧洪的同乡陈容年轻时是一个书生，爱慕臧洪，跟随臧洪在东郡做过郡丞；邺城还没有失守之前，臧洪就让他逃出去。袁绍也让他在座，他看到臧洪即将被处死，站起来对袁绍说：“将军要担当天下的重任，为天下除掉暴徒，现在专门杀害忠义的人士，怎么能合乎天意呢？”袁绍听了感到很惭愧，他身边的人叫人把陈容赶出去，对陈容说：“你不是臧洪一党的人，何必与他一样被杀掉呢？”陈容回头对袁绍说：“仁义怎么会有一定的模式，遵从它就是君子，违背它就是小人。现在我宁愿和臧洪一起死，不愿意和将军一起生！”于是被杀害。在座的人没有不叹息的，暗地里互相说：“怎么在一天之内杀害两个有志气的人呢？”当初，臧洪派司马二人出城向吕布请求援助；等到他们回来，城池已经被攻破，都同敌人拼死。

原文

评曰：吕布有虓虎之勇[1]，而无英奇之略[2]，轻狡反覆[3]，唯利是视。

汉光武帝

《三国志》中提到：汉光武帝被庞萌所耽误。这里说到的庞萌出身于反对王莽的义军，后来投靠于刘秀，深得刘秀信任，但最后却叛变了。

自古及今，未有若此不夷灭也。昔汉光武谬于庞萌[4]，近魏太祖亦蔽于张邈。知人则哲，唯帝难之，信矣！陈登、臧洪并有雄气壮节，登降年夙陨[5]，功业未遂，洪以兵弱敌强，烈志[6]不立，惜哉！

注释

①虓虎：愤怒咆哮的老虎。②英奇：英明奇异。③轻狡：轻率狡猾。这里形容一个人的品质恶劣。④谬：错误。这里用作动词。⑤降年：寿命短。⑥烈志：指人的雄伟壮烈的志向。

译文

评论说：吕布有猛虎般的勇猛，但是没有雄伟不凡的谋略，轻率狡猾而且反复无常，只看到手头的小利。从古到今，这种人没有不灭亡的。以前汉光武帝被庞萌所耽误，近代魏太祖又受到张邈的蒙蔽。由此可见，认清人才就是明智的作为，即使皇帝也很难做到，可信啊！陈登、臧洪都有英雄般的气概、壮烈的情操，陈登命短早死，没有成就功业，臧洪凭借弱兵对抗袁绍的强兵，壮烈的志向不能实现，可惜啊！

二公孙陶四张传

原文

公孙瓒字伯珪，辽西令支人也。令音郎定反。支音其儿反。为郡门下书佐。有姿仪，大音声，侯太守器之，以女妻焉，遣诣涿郡卢植读经。后复为郡吏。刘太守坐事征诣廷尉[1]，瓒为御车[2]，身执徒养。及刘徙日南[3]，瓒具米肉，于北芒上祭先人，举觞祝曰：“昔为人子，今为人臣，当诣日南。日南瘴气，或恐不还，与先人辞于此。”再拜慷慨而起，时见者莫不歔欷[4]。刘道得赦还。瓒以孝廉为郎，除辽东属国长史。尝从数十骑

出行塞，见鲜卑数百骑，瓒乃退入空亭中，约其从骑曰：“今不冲之，则死尽矣。”瓒乃自持矛，两头施刃，驰出刺胡，杀伤数十人，亦亡其从骑半，遂得免。鲜卑惩艾[5]，后不敢复入塞。迁为涿令。光和中，凉州贼起，发幽州突骑三千人，假瓒都督行事传，使将之。军到蓟中，渔阳张纯诱辽西乌丸丘力居等叛，劫略蓟中，自号将军，略吏民攻右北平、辽西属国诸城，所至残破。瓒将所领，追讨纯等有功，迁骑都尉。属国乌丸贪至王率种人诣瓒降。迁中郎将，封都亭侯，进屯属国[6]，与胡相攻击五六年。丘力居等钞略青、徐、幽、冀[7]，四州被其害[8]，瓒不能御。

注释

①坐事：犯罪。②御车：驾车。③徙：迁移，这里指流放。④歔欷：感叹声。⑤惩艾：惩戒。⑥屯：驻扎。⑦钞略：掳掠。⑧被：遭受。

译文

公孙瓒字伯珪，辽西令支人，担任郡里的门下书佐。他有漂亮的仪表，洪亮的嗓音，侯太守很器重他，把女儿嫁给了他，又送他到涿郡人卢植那里攻读经书。后来又担任郡里的官吏。刘太守犯罪被召到廷尉受审，公孙瓒为他驾车，亲自服侍他。等到刘太守被流放到日南，公孙瓒准备了米和肉，到北芒山上祭吊祖先，举起酒杯祝祷说：“过去我在家是儿子，现在在外是臣子，应该跟随主人到日南去。日南有瘴气，我也许回不来，和祖先在这里告别。”拜了两拜，然后激昂地站起来，当时看到的人没有不叹息的。刘太守在半路上得到赦免返回，公孙瓒以孝廉的身份担任郎官，被任命为辽东属国长史。他曾经带着几十个骑兵出外巡视边塞，遇上鲜卑族的几百个骑兵，公孙瓒就退到空亭子里，和他带着的骑兵约定说：“今日不向他们冲过去，我们就会全部死在这。”于是公孙瓒亲自

汉武帝

孝廉是汉武帝时设立的察举考试的一种科目，是孝顺父母、办事廉正的意思。孝廉是察举制常科中最主要、最重要的科目。汉武帝时，采纳董仲舒的建议于元光元年下诏郡国每年察举孝者、廉者各一人。

拿着长矛，两头都带着尖刃，飞奔出亭子刺杀鲜卑人，杀伤了几十人，他带着的骑兵也死去了一半，于是得以幸免一死。鲜卑人吸取了这次教训，以后不敢再侵入边塞。公孙瓒升任为涿县县令。光和年间，凉州贼寇起事，朝廷调动幽州的精锐骑兵三千人，授给公孙瓒统领军事行动的符信，要他带领这支军队。军队到了蓟中，渔阳人张纯引诱辽西乌丸丘力居等人叛变，抢劫掠夺蓟中，自称将军，胁迫官吏百姓攻打右北平、辽西属国各城，所到之处都遭到残杀破坏。公孙瓒带领统属的军队，追击讨伐张纯等人有功，升任骑都尉。属国乌丸贪至王率领本族的人到公孙瓒那里投降。公孙瓒升任中郎将，封为都亭侯，进军驻扎在属国，和胡人互相攻击五六年。丘力居等人抢劫掠夺青州、徐州、幽州、冀州，四州遭到他们的残害，公孙瓒不能抵御。

原文

朝议以宗正东海刘伯安既有德义，昔为幽州刺史，恩信流著[1]，戎狄附之[2]，若使镇抚，可不劳众而定，乃以刘虞为幽州牧。虞到，遣使至胡中，告以利害，责使送纯首。丘力居等闻虞至，喜，各遣译自归。瓒害虞有功，乃阴使人徼杀胡使。胡知其情，间行诣虞[3]。虞上罢诸屯兵，但留瓒将步骑万人屯右北平。纯乃弃妻子，逃入鲜卑，为其客王政所杀，送首诣虞。封政为列侯。虞以功即拜太尉，封襄贲侯。会董卓至洛阳，迁虞大司马，瓒奋武将军，封蓟侯。

公孙瓒

公孙瓒，字伯珪，辽西令支人。他曾与袁绍相争，初期占据优势，但因其只求自保的自私战略，逐渐失去了部下的信任，被袁绍击败，最终在自己修建的易经楼引火自焚。

注释

①恩信流著：恩德信誉显赫、流传。②戎狄：古代称西方游牧民族为戎，北方游牧民族为狄。这里泛指乌丸、鲜卑等部落。③间行：小路。

译文

朝廷商议认为宗正东海人刘伯安有德行仁义，过去担任幽州刺史，恩德信义流传显著，戎狄部族都归附他，如果让他镇守安抚，可以不用兴师动众就得以安定，于是任命刘虞为幽州牧。刘虞到任后，派遣使者到胡人部落中，把利害关系告诉他们，责令他们送来张纯的首级。丘力居等人听说刘虞来了，非常高兴，都派遣翻译自行归顺。公孙瓒嫉妒刘虞有功，就暗中派人在半路上杀害胡人的使者。胡人知道了内情，从小路去见刘虞。刘虞上奏朝廷请求撤回各处驻扎的军队，只留下公孙瓒带领的步兵、骑兵一万多人驻扎在右北平。张纯就丢下妻子儿女，逃到鲜卑，被他的门客王政杀死，把他的首级送到刘虞那里。朝廷封王政为列侯。刘虞因有功被任命为太尉，封为襄贲侯。恰逢董卓到达洛阳，升任刘虞为大司马，公孙瓒为奋武将军，封为蓟侯。

原文

关东义兵起[1]，卓遂劫帝西迁[2]，征虞为太傅，道路隔塞，信命不得至。袁绍、韩馥议，以为少帝制于奸臣，天下无所归心。虞，宗室知名，民之望也，遂推虞为帝。遣使诣虞，虞终不肯受。绍等复劝虞领尚书事，承制封拜，虞又不听，然犹与绍等连和[3]。虞子和为侍中，在长安。天子思东归，使和伪逃卓，潜出武关诣虞，令将兵来迎。和道经袁术，为说天子意。术利虞为援，留和不遣，许兵至俱西，令和为书与虞。虞得和书，乃遣数千骑诣和。瓒知术有异志，不欲遣兵，止虞，虞不可。瓒惧术闻而怨之，亦遣其从弟越将千骑诣术以自结，而阴教术执和，夺其兵。由是虞、瓒益有隙[4]。和逃术来北，复为绍所留。

注释

①关东：函谷关以东。②劫：威逼。③连和：联合。④隙：墙交界处的裂缝，引申为感情破裂。

译文

关东兴起讨伐董卓的义军，董卓便劫持了汉献帝向西迁移，征召刘虞担任太傅，因

袁绍的京剧脸谱

袁绍出身于东汉后期一个势倾天下的官宦世家。从他的高祖父袁安起，四世之中有五人官拜三公。父亲袁逢，官拜司空。叔父袁隗，官拜司徒。伯父袁成，官拜左中郎将，早逝。

道路阻隔不通，使者携带的诏书不能送到。袁绍和韩馥商议，认为年幼的皇帝被奸臣控制，天下的人无从归向。刘虞，是汉朝皇室中的知名人物，民众所仰望的，就拥戴刘虞做皇帝。他们派遣使者去见刘虞，刘虞始终不肯接受。袁绍等人又劝刘虞兼任尚书事，秉承皇帝的旨意封爵任官，刘虞又不肯答应，但还是和袁绍等人联络和好。刘虞的儿子刘和担任侍中，正在长安。天子想东回洛阳，派刘和假装从董卓那里逃出来，偷偷出武关去见他的父亲刘虞，要刘虞带领军队来迎接他。刘和途中经过袁术那里，对他说明了天子的意图。袁术想利用刘虞作外援，就扣留刘和不让他走，答应刘虞的军队到了一同向西进军，要刘和写信给刘虞。刘虞收到刘和的信，就派出几千骑兵去刘和那里。公孙瓒知道袁术有野心，不想派军队去，劝阻刘虞，刘虞不听。公孙瓒害怕袁术知道后怨恨他，也派了他的堂弟公孙越带领一千骑兵去见袁术，以示自己与他结交，而且暗中教唆袁术扣押刘和，夺走他的军队。因此刘虞和公孙瓒的矛盾更加激烈。刘和从袁术那里逃出来到了北方，又被袁绍扣留。

原文

是时，术遣孙坚屯阳城拒卓，绍使周昂夺其处。术遣越与坚攻昂，不胜，越为流矢所中死[1]。瓒怒曰："余弟死，祸起于绍。"遂出军屯磐河，将以报绍。绍惧，以所佩勃海太守印绶授瓒从弟范，遣之郡，欲以结援。范遂以勃海兵助瓒，破青、徐黄巾，兵益盛；进军界桥。以严纲为冀州，田楷为青州，单经为兖州，置诸郡县。绍军广川[2]，令将麴义先登与瓒战，生禽纲[3]。瓒军败走勃海，与范俱还蓟，于大城东南筑小城，与虞相近，稍相恨望[4]。

老子

老子所创的道家学派影响深远。东汉末年黄巾军起义，首领张角早年信奉黄老学说，并且创立了太平道。

注释

①流矢：没有确定目标的乱箭。②军：驻军，作动词用。③生禽：活捉。禽，通"擒"。④稍：渐渐。

译文

这时，袁术派孙坚驻扎在阳城抵御董卓，袁绍派周昂夺取阳城。袁术派公孙越和孙坚一起攻打周昂，不能取胜，公孙越被流箭射中身亡。公孙瓒大怒说："我弟弟的死，灾祸是由袁绍造成的。"于是出兵驻扎在磐河，准备报复袁绍。袁绍感到害怕，把自己佩带的勃海太守的印绶交给公孙瓒的堂弟公孙范，派他去勃海郡，想和他结交以作为外援。公孙范就用渤海的军队帮助公孙瓒，打败了青州、徐州的黄巾军，兵力更加强大，进军到界桥。公孙瓒任命严纲为冀州刺史，田楷为青州刺史，单经为兖州刺史，设置了很多郡县。袁绍的军队驻扎在广川，命令部将麴义先带兵冲上去与公孙瓒交战，活捉了严纲。公孙瓒的军队战败逃到渤海，和公孙范一起回到蓟城，在蓟城的东南方修筑了一座小城，和刘虞相距不远，慢慢地，双方互相怨恨起来。

原文

虞惧瓒为变，遂举兵袭瓒。虞为瓒所败，出奔居庸。瓒攻拔居庸，生获虞，执虞还蓟。会卓死，天子遣使者段训增虞邑，督六州；瓒迁前将军，封易侯。瓒诬虞欲称尊号，胁训斩虞。瓒上训为幽州刺史。瓒遂骄矜[①]，记过忘善，多所贼害。虞从事渔阳鲜于辅、齐周、骑都尉鲜于银等，率州兵欲报瓒，以燕国阎柔素有恩信，共推柔为乌丸司马。柔招诱乌丸、鲜卑，得胡、汉数万人，与瓒所置渔阳太守邹丹战于潞北，大破之，斩丹。袁绍又遣麴义及虞子和，将兵与辅合击瓒。瓒军数败，乃走还易京固守。为围堑十重，于堑里筑京，皆高五六丈，为楼其上；中堑为京，特高十丈，自居焉，积谷三百万斛。瓒曰："昔谓天下事可指麾而定，今日视之，非我所决，不如休兵，力田畜谷[②]。《兵法》，百楼不攻。今吾楼橹千重，食尽此谷，足知天下之事矣。"欲以此弊绍。绍遣将攻之，连年不能拔。建安四年，绍悉军围之。瓒遣子求救于黑山贼，复欲自将突骑直出，傍西南山[③]，拥黑山之众，陆梁冀州，横断绍后。长史关靖说瓒曰："今将军将士，皆已土崩瓦解，其所以能相守持者，顾恋其居处老小[④]，以将军为主耳。将军坚守旷日，袁绍要当自退；自退之后，四方之众必复可合也。若将军今舍之而去，军无镇重，易京之危，可立待也。将军失本，孤在草野，何所成邪！"瓒遂止不出。救至，欲内外击绍。遣人与子书，刻期兵至[⑤]，举火为应。绍候者得其书，如期举火。瓒以为救兵至，遂出欲战。绍设伏击，大破之，复还守。绍为地道，突坏其楼，稍至中京[⑥]。瓒自知必败，尽杀其妻子，乃自杀。

注释

①骄矜：骄傲自夸。②力田畜谷：努力耕田，储蓄粮食。③傍：依傍。④顾恋：顾惜眷恋。⑤刻期：限定日期。⑥稍：逐渐。

译文

刘虞害怕公孙瓒发生变乱，就出动军队袭击公孙瓒。刘虞被公孙瓒打败，逃奔居庸。公孙瓒攻占了居庸，活捉了刘虞，将刘虞押回蓟城。恰逢董卓死了，汉献帝派使者段训来增加刘虞的食邑，让他督管六州；公孙瓒升任前将军，封为易侯。公孙瓒诬陷刘虞想做皇帝，胁迫段训杀了刘虞。公孙瓒上表荐举段训担任幽州刺史。公孙瓒于是骄傲自大起来，只记别人的过错而忘掉别人的好处，很多人被他杀害。刘虞的从事渔阳人鲜于辅、齐周、骑都尉鲜于银等人，率领幽州的军队想要报复公孙瓒，因燕国人阎柔向来有恩德信义，共同推举他担任乌丸司马。阎柔引诱乌丸、鲜卑部族，得到胡、汉的兵马几万人，和公孙瓒任命的渔阳太守邹丹在潞北交战，把他打得大败，杀了邹丹。袁绍又派遣麴义和刘虞的儿子刘和，带领军队和鲜于辅联合攻打公孙瓒。公孙瓒的军队多次战败，于是逃回易京坚守。在易京周围挖了十道壕沟，在壕沟内筑起土台，都高五六丈，在土台上面盖起高楼；最里边的壕沟内筑起的土台，竟高达十丈，公孙瓒自己住在上面，储存粮食三百万斛。公孙瓒说："过去认为天下的事很容易就可以平定，现在看来，天下事不是我能够解决的，不如停止用兵，努力种田积蓄粮食。兵法上说，百座高楼是不能攻打的。现在我有楼台千重，等到这些粮食吃完，就完全可以知道天下的形势了。"想用这种办法把袁绍拖垮。袁绍派部队攻打公孙瓒，连续几年都不能攻下来。建安四年，袁绍出动全部军队包围公孙瓒。公孙瓒派儿子向黑山的贼寇求救，又想亲自带领精锐骑兵直接冲出包围，依托西南山，拥有黑山军的人马，在冀州猖獗一时，截断袁绍的后路。长史关靖劝公孙瓒说："现在将军您的将士，都已经土崩瓦解，他们之所以还能坚守阵地，是因为留恋他们的一家老小，把将军看做主心骨罢了。将军长期坚守下去，袁绍一定会自动撤退；袁绍自动撤退以后，四方分散的队伍一定又可以聚合起来。如果将军现在舍弃他们而去，军队失去权威的主帅，易京的危机，马上就要到来了。将军失去了根本，孤独地处在荒郊野外，

箕子被封朝鲜侯

鲜于这个姓起源于商朝纣王的叔叔箕子。箕子被封为朝鲜侯，他的子孙中有个叫仲的，有封地在于，他将国名“鲜”字和封邑名“于”字合成“鲜于”二字为姓，称鲜于氏。

怎么能有成就呢！”公孙瓒于是打消念头不再出击，想待救兵来了，内外夹击袁绍。公孙瓒派人送信给他的儿子，约定救兵赶到的时间，以点火作为信号。袁绍的探子得到这封信，按照约定的时间点火。公孙瓒以为救兵到了，就出城准备战斗。袁绍设下埋伏袭击，把公孙瓒打得大败，公孙瓒又退回防守。袁绍的军队挖掘地道，突击破坏他的楼台，逐渐推进到中间的土台。公孙瓒自己知道必定失败，把他的妻子儿女都杀死后，就自杀了。

原文

鲜于辅将其众奉王命[1]。以辅为建忠将军，督幽州六郡。太祖与袁绍相拒于官渡，阎柔遣使诣太祖受事，迁护乌丸校尉。而辅身诣太祖[2]，拜左度辽将军，封亭侯，遣还镇抚本州。太祖破南皮，柔将部曲及鲜卑献名马以奉军，从征三郡乌丸，以功封关内侯。辅亦率其众从。文帝践阼，拜辅虎牙将军，柔度辽将军，皆进封县侯。位特进[3]。

注释

①奉王命：遵奉朝廷的命令。②身诣：亲自到。③特进：官名。汉朝规定对功劳和德行显著的人，皇帝赐位特进，位在三公以下，实际上是一个虚衔。

译文

鲜于辅率领他的部队听从朝廷的命令。朝廷任命鲜于辅为建忠将军，督管幽州六郡。太祖和袁绍在官渡对峙时，阎柔派遣使者到太祖那里接受任务，太祖升阎柔为护乌丸校尉。而鲜于辅亲自去拜见太祖，被任命为左度辽将军，封为亭侯，派他回来镇守幽州。太祖攻下南皮后，阎柔率领部队和鲜卑人进奉名马以供军用，跟随讨伐三郡乌丸，因有功被封为关内侯。鲜于辅也率领他的部队跟随。文帝当皇帝后，任命鲜于辅为虎牙将军，阎柔为度辽将军，都进封为县侯，赐位特进。

原文

陶谦字恭祖，丹杨人。少好学，为诸生，仕州郡，举茂才，除卢令，迁幽州刺史，征拜议郎[1]，参车骑将军张温军事，西讨韩遂。会徐州黄巾起，以谦为徐州刺史，击黄巾，破走之。董卓之乱，州郡起兵，天子都长安，四方断绝，谦遣使间行致贡献，迁安东将军、徐州牧，封溧阳侯。是时，徐州百姓殷盛[2]，谷米封赡，流民多归之。而谦背道任情：广陵太守

唐玄宗诏试县令

县令是一个官名。早在战国时期，魏、赵、韩和秦就已经称县的行政长官为令了。历史上有“破家县令”一说，这说明县令的权力在地方上还是非常大的。

琅邪赵昱，徐方名士也，以忠直见疏；曹宏等，谗慝小人也[3]，谦亲任之。刑政失和，良善多被其害，由是渐乱。下邳阙宣自称天子，谦初与合从寇钞[4]，后遂杀宣，并其众。

注释

①征拜：征召任命。②殷盛：殷实丰盛。③谗慝：说人坏话。④寇钞：像强盗般抢劫。

译文

陶谦字恭祖，丹杨人。年轻时爱好学习，是个儒生，在州郡里任职，被推举为茂才，担任卢县县令，升任幽州刺史，征召到朝廷任命为议郎，参与车骑将军张温的军务，向西去讨伐韩遂。恰逢徐州黄巾军起义，朝廷任命陶谦为徐州刺史，攻击黄巾军，把黄巾军打败并赶走了他们。董卓作乱时，各州郡出兵讨伐，天子迁都长安，与四方断绝了来往，陶谦派遣使者抄小路向天子进奉贡物，被升任安东将军、徐州牧，封为溧阳侯。这时，徐州百姓殷实富裕，粮食充足，流民大多归附到这里。但是陶谦违背道义为所欲为：广陵太守琅邪人赵昱，是徐州的知名人物，因为忠正刚直而被陶谦疏远；曹宏等人，是奸佞邪恶的小人，陶谦却亲近信任他们。刑法政令一片混乱，善良的人大多被他祸害，因此徐州的局势逐渐混乱。下邳人阙宣自己号称天子，陶谦开始和他勾结在一起侵扰掠夺，后来就杀了阙宣，吞并了他的队伍。

原文

初平四年[1]，太祖征谦，攻拔十馀城，至彭城大战。谦兵败走，死者万数，泗水为之不流。谦退守郯。太祖以粮少引军还。兴平元年，复东征，略定琅邪、东海诸县。谦恐，欲走归丹阳。会张邈叛迎吕布[2]，太祖还击布。是岁，谦病死。

注释

①初平：汉献帝年号（公元 190 年 –193 年）。②会：恰巧。

译文

初平四年，太祖讨伐陶谦，攻陷十多座城池，到了彭城双方大战。陶谦的军队战败逃走，死亡的人数上万，泗水被尸体堵塞而不能流动。陶谦退到郯城防守。太祖因为粮食不足带领军队返回。兴平元年，太祖又向东征讨陶谦，平定了琅邪、东海各县。陶谦感到害怕，想逃回丹杨。恰逢张邈叛变迎接吕布，太祖回军攻打吕布。这年，陶谦病死。

原文

张杨字稚叔，云中人也。以武勇给并州[1]，为武猛从事。灵帝末，天下乱，帝以所宠小黄门蹇硕为西园上军校尉，军京都[2]，欲以御四方，征天下豪杰以为偏裨。太祖及袁绍等皆为校尉，属之。并州刺史丁原遣杨将兵诣硕，为假司马。灵帝崩[3]，硕为何进所杀。杨复为进所遣，归本州募兵，得千馀人，因留上党，击山贼。进败，董卓作乱。杨遂以所将攻上党太守于壶关，不下，略诸县，众至数千人。山东兵起，欲诛卓。袁绍至河内，杨与绍合，复与匈奴单于於夫罗屯漳水。单于欲叛，绍、杨不从。单于执杨与俱去，绍使将麴义追击于邺南，破之。单于执杨至黎阳，攻破度辽将军耿祉军，众复振。卓以杨为建义将军、河内太守。天子之在河东，杨将兵至安邑，拜安国将军，封晋阳侯。杨欲迎天子还洛，诸将不听；杨还野王。建安元年，杨奉、董承、韩暹挟天子还旧京，粮乏。杨以粮迎道路，遂至洛阳。谓诸将曰："天子当与天下共之，幸有公卿大臣，杨当捍外难，何事京都？"遂还野王[4]。即拜为大司马。杨素与吕布善。太祖之围布，杨欲救之，不

蹇硕临危受命

中平六年（189年），汉灵帝在病重时将刘协托给蹇硕。灵帝去世后，蹇硕想先杀何进再立刘协为帝，但失败了。刘辩继承帝位后，蹇硕被郭胜所杀，其士兵也被何进所领。

能。乃出兵东市，遥为之势。其将杨丑，杀杨以应太祖。杨将眭固杀丑，将其众，欲北合袁绍。太祖遣史涣邀击，破之于犬城[5]，斩固，尽收其众也。

注释

①给：供职。②京都：帝王朝廷所在地。③崩：古代称帝王的死为崩。④野王：县名，在今河南省沁阳县。⑤犬城：地名，在今河南省沁阳县东北。

译文

张杨字稚叔，云中人。因为勇猛在并州供职，担任武猛从事。汉灵帝末年，天下大乱，灵帝用所宠信的小黄门蹇硕担任西园上军校尉，驻军京都，想以此来控制四方，征召天下的豪杰做副将。太祖和袁绍等都曾担任校尉，隶属蹇硕。并州刺史丁原派张杨带兵到蹇硕那里，担任了代理司马。汉灵帝死后，蹇硕被何进杀死。张杨又受何进派遣，回到并州招募士兵，得到一千多人，于是就留在上党，攻打山贼。何进失败，董卓作乱。张杨就带领他的军队在壶关进攻上党太守，没有攻下，于是就攻取各县，队伍发展到几千人。山东义军兴起，准备讨伐董卓。袁绍到了河内，张杨和袁绍联合，又和匈奴单于于夫罗一起驻扎在漳水。单于想要叛变，袁绍、张杨不同意。单于捉住张杨强迫他一起离去，袁绍派部将麴义追赶到邺的南面，把他们打败。单于带着张杨到了黎阳，打败了度辽将军耿祉的军队，队伍又振作起来。董卓任命张杨为建义将军、河内太守。献帝在河东时，张杨带领军队到达安邑，被任命为安国将军，封为晋阳侯。张杨打算迎接献帝回洛阳，将领们不同意；张杨回到野王。建安元年，杨奉、董承、韩暹挟持献帝回到京都洛阳，粮食缺乏。张杨带着粮食在路上迎接，于是到了洛阳。张杨对将领们说：“天子应当和天下的人共有，幸好有公卿大臣辅佐他，我应该抵御外面的祸难，为什么要留在京都呢？”于是回到野王。朝廷当即任命他为大司马。张杨向来和吕布关系很好。太祖围攻吕布时，张杨打算

牡丹仕女图

洛阳是一个历史名城，它既被当成过首都，也当过陪都。而洛阳的牡丹也是天下的一绝。汉献帝时，曾将洛阳作为京都。

去救援他，没能做到。张杨就出兵到东市，在远处为他壮大声势。他的将领杨丑，杀了张杨响应太祖。张杨的将领眭固杀了杨丑，统领了他的队伍，打算北上联合袁绍。太祖派史涣半路上截击，在犬城打败了他，杀了眭固，收编了他的全部军队。

原文

公孙度字升济，本辽东襄平人也。度父延，避吏居玄菟，任度为郡吏。时玄菟太守公孙琙，子豹，年十八岁，早死。度少时名豹，又与琙子同年，琙见而亲爱之，遣就师学，为取妻。后举有道[1]，除尚书郎，稍迁冀州刺史，以谣言免[2]。同郡徐荣为董卓中郎将，荐度为辽东太守。度起玄菟小吏，为辽东郡所轻[3]。先时，属国公孙昭守襄平令，召度子康为伍长。度到官，收昭，笞杀于襄平市。郡中名豪大姓田韶等宿遇无恩，皆以法诛，所夷灭百馀家，郡中震栗。东伐高句骊，西击乌丸，威行海外。初平元年，度知中国扰攘，语所亲吏柳毅、阳仪等曰：“汉祚将绝，当与诸卿图王耳。”时襄平延里社生大石，长丈馀，下有三小石为之足。或谓度曰：“此汉宣帝冠石之祥，而里名与先君同。社主土地[4]，明当有土地，而三公为辅也。”度益喜。故河内太守李敏，郡中知名，恶度所为，恐为所害，乃将家属入于海。度大怒，掘其父冢，剖棺焚尸，诛其宗族。分辽东郡为辽西中辽郡，置太守。越海收东莱诸县，置营州刺史。自立为辽东侯、平州牧，追封父延为建义侯。立汉二祖庙，承制设坛墠于襄平城南，郊祀天地，藉田[5]，治兵，乘鸾路，九旒，旄头羽骑。太祖表度为武威将军，封永宁乡侯，度曰：“我王辽东，何永宁也！”藏印绶武库。度死，子康嗣位，以永宁乡侯封弟恭。是岁建安九年也。

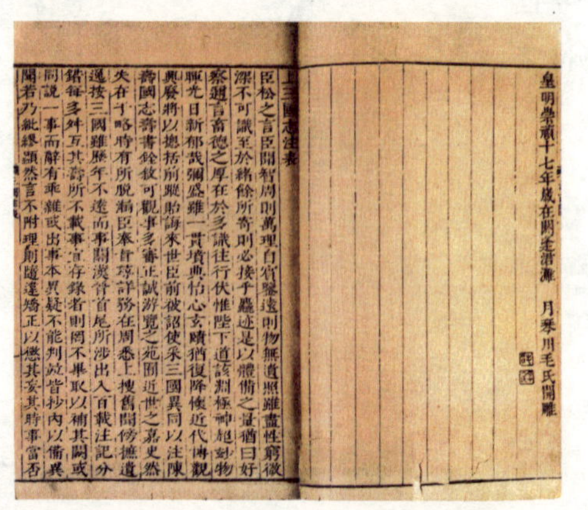
皇明崇禎十七年歲在閼逢涒灘
月季川毛氏開雕

上三國志注表
臣松之言臣聞智周則萬理自賓鑒遠則物無遺照雖盡性窮微
深不可識至於緒餘所寄則必接乎麤迹是以體備之量猶曰好
察邇言畜德之厚在於多識往行伏惟陛下道該淵極神超妙物
暉光日新郁哉彌盛雖一貫墳典怡心玄賾猶復降懷近代博觀
興廢將以總括前蹤貽誨來世臣前被詔使采三國異同以注陳
壽國志壽書銓敘可觀事多審正誠游覽之苑囿近世之嘉史然
失在于略時有所脫漏臣奉旨尋詳務在周悉上搜舊聞傍摭遺
逸按三國雖歷年不遠而事關漢晉首尾所涉出入百載注記分
錯每多舛互其壽所不載事宜存錄者則罔不畢取以補其闕或
同說一事而辭有乖雜或出事本異疑不能判並皆抄內以備異
聞若乃紕繆顯然言不附理則隨違矯正以懲其妄其時事當否

《三国志》明毛晋汲古阁刻本

《三国志》是晋代的陈寿编写的一部主要记载魏、蜀、吴三国鼎立时期历史的纪传体史书。详细记载了从魏文帝黄初元年（220）到晋武帝太康元年（280）六十年的历史。

注释

①有道：汉代举士科目之一。②以：因为。③轻：看不起。④社：土地神。⑤藉田：古代天子、诸侯征用民力耕种的田称为藉田。

译文

公孙度字升济，本是辽东襄平人。公孙度的父亲公孙延，为逃避官吏的追捕住在玄菟，公孙度被任命为郡里的小吏。当时玄菟太守公孙域，儿子公孙豹，年纪十八岁，就早死了。公孙度小时候名字也叫豹，又与公孙域的儿子同岁，公孙域看见他后很喜欢他，就送他去从师学习，给他娶妻。后来被推举为有道，被授予尚书郎，逐渐升任到冀州刺史，后因谣言被免去官职。同郡人徐荣担任董卓的中郎将，推荐公孙度担任辽东太守。公孙度从玄菟郡的小吏起家，被辽东郡的人看不起。以前，辽东属国的公孙昭代理襄平县县令，召来公孙度的儿子公孙康担任伍长。公孙度到任后，逮捕了公孙昭，在襄平的街市上将他鞭打致死。郡中有名的豪族大姓田韶等人素来对他没有恩情，公孙度都用刑罚处死，被杀的总共有一百多家，郡里的人都感到震惊恐惧。公孙度向东讨伐高句骊，向西攻打乌丸，声威传播海外。初平元年，公孙度看到国家动荡不安，对他亲近的官吏柳毅、阳仪等人说："汉朝的命运将要断绝了，我应当和各位一起谋求帝王的事业。"当时襄平延里的土地庙里长出一块石头，长一丈多，下面有三块小石头做它的脚。有人对公孙度说："这是汉宣帝时出现冠石一样的吉兆，而且延里的名称又和您已故的父亲名字相同，社神掌管土地，这表明您应当占有土地，而有三公作为您的辅佐。"公孙度更加高兴。原来河内太守李敏，是郡中的知名人物，厌恶公孙度的所作所为，担心被他陷害，就带领家属逃到海上。公孙度大怒，挖了他父亲的坟墓，劈开棺材焚烧尸体，杀掉他宗族的人。把辽东郡分为辽西、中辽郡，设置太守。越过大海占领东莱各县，设置营州刺史。自封为辽东侯、平州牧，追封他的父亲公孙延为建义侯。建立汉朝的两座祖庙，以皇帝的资格在襄平城南设立祭坛，在郊外祭祀天地，举行藉田的仪式，训练军队，乘坐鸾路车，戴着九旒的冠帽，外出时由羽林军开道。太祖上表荐举公孙度担任武威将军，封为永宁乡侯，公孙度说："我在辽东称王，永宁侯算什么！"把太祖给他的永宁乡侯的印章绶带收藏在武器库里。公孙度死了，儿子公孙康继承爵位，把永宁乡侯的爵位封给弟弟公孙恭。这年是建安九年。

原文

十二年，太祖征三郡乌丸，屠柳城[1]。袁尚等奔辽东，康斩送尚首。语在武纪。封康襄平侯，拜左将军。康死，子晃、渊等皆小，众立恭为辽

东太守。文帝践阼，遣使即拜恭为车骑将军、假节[2]，封平郭侯；追赠康大司马。

注释

①柳城：县名，在今辽宁省锦州市西。②假节：授予符节。假：授予。

译文

建安十二年，太祖征讨三郡乌丸，屠杀了柳城的人民。袁尚等人逃奔辽东，公孙康杀了袁尚并把他的首级送给太祖。这件事记载在《武帝纪》中。朝廷封公孙康为襄平侯，任命为左将军。公孙康死了，他的儿子公孙晃、公孙渊等年纪都还小，大家拥立公孙恭为辽东太守。文帝即位后，派使者任命公孙恭为车骑将军、授予符节，封为平郭侯；追赠公孙康为大司马。

原文

初，恭病阴消为阉人，劣弱不能治国。太和二年[1]，渊胁夺恭位。明帝即拜渊扬烈将军、辽东太守。渊遣使南通孙权，往来赂遗。权遣使张弥、许晏等，赍金玉珍宝，立渊为燕王。渊亦恐权远不可恃，且贪货物，诱致其使，悉斩送弥、晏等首，明帝于是拜渊大司马，封乐浪公，持节、领郡如故。使者至，渊设甲兵为军陈[2]，出见使者，又数对国中宾客出恶言。景初元年，乃遣幽州刺史毌丘俭等赍玺书征渊。渊遂发兵，逆于辽隧，与俭等战。俭等不利而还。渊遂自立为燕王，置百官有司。遣使者持节，假鲜卑单于玺，封拜边民，诱呼鲜卑，侵扰北方。二年春，遣太尉司马宣王征渊。六月，军至辽东。渊遣将军卑衍、杨祚等步骑数万屯辽隧，围堑二十馀里。宣王军至，令衍逆战。宣王遣将军胡遵等击破之。宣王令军穿围，引兵东南向，而急东北，即趋襄平。衍等恐襄平无守，夜走。诸军进至首山，渊复遣衍等迎军殊死战。复击，大破之，遂进军造城下，为围堑。会霖雨三十馀日[3]，辽水暴长，运船自辽口径至城下。雨霁，起土山、修橹，为发石连弩射城中。渊窘急[4]。粮尽，人相食，死者甚多。将军杨祚等降。八月丙寅夜，大流星长数十丈，从首山东北坠襄平城东南。壬午，渊众溃，与其子修将数百骑突围东南走，大兵急击之，当流星所坠处，斩渊父子。城破，斩相国以下首级以千数，传渊首洛阳，辽东、带方、乐浪、玄菟悉平。

注释

①太和：魏明帝曹睿的年号（公元227年–233年）。②甲兵：全副武装

●朝鲜古代军事家李舜臣

乐浪郡是汉武帝在公元前108年设置的朝鲜四郡之一，管辖地为朝鲜半岛西北部，对朝鲜、日本诸部落都有很大的影响。4世纪初，乐浪郡被高句骊吞并。

的军队。③霖雨：大雨。④窘急：困窘危急。

译文

当初，公孙恭曾患阳萎病成为阉人，身体虚弱不能治理国家。太和二年，公孙渊胁迫夺取了公孙恭的位置。明帝就任命公孙渊为扬烈将军、辽东太守。公孙渊派使者到南方和孙权联系，双方互相来往馈赠礼物。孙权派使者张弥、许晏等人，带着金玉珍宝，封公孙渊为燕王。公孙渊又担心孙权离得太远不能依靠，而且贪图送来的财宝，就诱来孙权的使者，把张弥、许晏等人全都杀了并把他们的首级送给明帝，明帝因此任命公孙渊为大司马，封为乐浪公，持符节、仍和过去一样统领辽东郡。明帝派来的使者到达后，公孙渊部署全副武装的士兵排成阵列，出来会见使者，又多次对国内来的客人讲出难听的话。景初元年，明帝就派遣幽州刺史毌丘俭等人带上皇帝的诏书来征召公孙渊。公孙渊于是出动军队，在辽隧迎战，和毌丘俭等打了起来。毌丘俭等战事失利而撤回。公孙渊就自封为燕王，设置百官和官署。派遣使者持符节，授给鲜卑单于印玺，给边境一带的人封爵授官，引诱鲜卑人，侵扰北方。景初二年春天，明帝派太尉司马宣王征讨公孙渊。六月，魏军到达辽东。公孙渊派遣将军卑衍、杨祚等率领步兵、骑兵几万人驻守辽隧，周围挖掘壕沟二十多里长。司马宣王的军队一到，公孙渊就命令卑衍迎战。司马宣王派遣将军胡遵等人击败了卑衍。司马宣王命令军队穿过壕沟，带领他们向东南方进发，又急转向东北，直奔襄平。卑衍等人担心襄平无人防守，连夜逃走。司马宣王的各路军队前进到达首山，公孙渊又派遣卑衍等人迎着魏军拼死作战。魏军再次出击，把卑衍等人打得大败，于是进军直抵襄平城下，挖掘围城的壕沟。刚好一连下了三十多天的大雨，辽水暴涨，运输船队可以从辽口直接抵达襄平城下。雨停以后，魏军筑起土山，修建攻城的楼台，制作发石车和连发的弓弩把石头和箭射入城中。公孙渊感到困窘危急。粮食吃完以后，出现人吃人的情况，死的人非常多。将军杨祚等人投降。八月丙寅晚上，有大流星长几十丈，从首山东北坠落到襄平城的东南。壬午，公孙渊的军队大败，公孙渊和他的儿子公孙修带领几百名骑兵突围向东南方逃去，司马宣王的大军急行追击他们，在流星坠落的地方，杀了公孙渊父子。襄平城被攻破后，斩了相国以下人员的首级数以千计，把公孙渊的首级送到洛阳，辽东、带方、乐浪、玄菟全都平定了。

原文

初，渊家数有怪，犬冠帻绛衣上屋[1]，炊有小儿蒸死甑中[2]。襄平北市生肉，长围各数尺，有头目口喙，无手足而动摇。占曰："有形不成，有体无声，其国灭亡。"始度以中平六年据辽东[3]，至渊三世，凡五十年而灭。

注释

①冠帻：戴着头巾。绛：红色。②甑：蒸食物的器具。③中平：汉灵帝的年号（公元 184 年 –189 年）。

●巫师占卜制作甲骨文

"占"意为观察，"卜"是以火灼龟壳，古人认为，占卜可以预测吉凶福祸。公孙渊家里出现了许多异象，于是占卜一测凶吉，占卜的结果是：有形状而不完整，有躯体而不出声，这个国家就要灭亡了。

译文

起初，公孙渊家里多次发生奇怪的事情，狗戴上头巾穿着红色的衣服上了屋顶，做饭时有小孩蒸死在饭甑中。襄平北面的街市上出现一块肉，长宽各几尺，有头、眼睛和嘴巴，没有手脚却能动弹。占卜说：“有形状而不完整，有躯体而不出声，这个国家就要灭亡。”开始公孙度在中平六年占据辽东，到公孙渊传了三代，共五十年而灭亡。

原文

张燕，常山真定人也，本姓褚。黄巾起，燕合聚少年为群盗，在山泽间转攻，还真定，众万馀人。博陵张牛角亦起众，自号将兵从事，与燕合。燕推牛角为帅，俱攻瘿陶。牛角为飞矢所中。被创且死[①]，令众奉燕，告曰：“必以燕为帅。”牛角死，众奉燕，故改姓张。燕剽捍捷速过人，故军中号曰飞燕。其后人众寖广[②]，常山、赵郡、中山、上党、河内诸山谷皆相通，其小帅孙轻、王当等，各以部众从燕，众至百万，号曰黑山。灵帝不能征，河北诸郡被其害。燕遣人至京都乞降，拜燕平难中郎将。是后，董卓迁天子于长安，天下兵数起，燕遂以其众与豪杰相结。袁绍与公孙瓒争冀州，燕遣将杜长等助瓒，与绍战，为绍所败，人众稍散，太祖将定冀州，燕遣使求佐王师[③]，拜平北将军；率众诣邺，封安国亭侯，邑五百户。燕薨，子方嗣。方薨，子融嗣。

民族瑰寶中華國粹

注释

①被创：被，遭受。创，伤。②寖广：逐渐扩大。寖，通“侵”。③王师：朝廷的军队。

译文

张燕，常山真定人，本姓褚。黄巾军兴起，张燕聚集年轻人成了一群盗贼，在山林湖沼之间辗转攻击，回到真定时，队伍已经发展到一万多人。

水浒七星聚义

水浒讲述的是北宋末年，梁山好汉起义的故事。一个朝代到了末期，往往会有许多落草为寇的人起来反抗王朝的统治，那是因为官逼民反。

博陵人张牛角也组织队伍，自称为将兵从事，和张燕会合。张燕推举张牛角为主帅，一起攻打瘿陶。张牛角被飞箭射中，受重伤将要死去，他命令众人拥戴张燕，告诉他们说："一定由张燕做主帅。"张牛角死了，大家拥戴张燕，所以改姓为张。张燕勇猛矫健超过常人，所以军中称他为飞燕。以后队伍逐渐扩大，常山、赵郡、中山、上党、河内各山谷的人马都互相联系起来，这一带的小头目孙轻、王当等人，各自带领部属跟随张燕，队伍发展到一百万，号称黑山军。汉灵帝无力讨伐，河北很多州郡都遭受他们的危害。张燕派人到京都请求投降，朝廷任命张燕担任平难中郎将。这以后，董卓把天子迁移到长安，天下纷纷起兵讨伐，张燕就带着自己的队伍和豪杰们互相联合。袁绍和公孙瓒争夺冀州，张燕派部将杜长等人帮助公孙瓒，和袁绍作战，被袁绍打败，人马稍微散去一些，太祖准备平定冀州，张燕派使者请求协助朝廷的军队作战，被任命平北将军；他率领队伍到达邺城，被封为安国亭侯，食邑五百户。张燕死后，他的儿子张方继承爵位。张方死后，他的儿子张融继承爵位。

原文

张绣，武威祖厉人，骠骑将军济族子也[1]。边章、韩遂为乱凉州，金城麴胜袭杀祖厉长刘隽。绣为县吏，间伺杀胜[2]，郡内义之。遂招合少年，为邑中豪杰。董卓败，济与李傕等击吕布，为卓报仇。语在卓传。绣随济，以军功稍迁至建忠将军，封宣威侯。济屯弘农，士卒饥饿，南攻穰，为流矢所中死。绣领其众，屯宛，与刘表合。太祖南征，军淯水，绣等举众降。太祖纳济妻，绣恨之。太祖闻其不悦，密有杀绣之计。计漏，绣掩袭太祖。太祖军败，二子没。绣还保穰，太祖比年攻之[3]，不克。太祖拒袁绍于官渡，绣从贾诩计，复以众降。语在诩传。绣至，太祖执其手，与欢晏，为子均取绣女，拜扬武将军。官渡之役，绣力战有功，迁破羌将军。从破袁谭于南皮，复增邑凡二千户。是时天下户口减耗，十裁一在，诸将封未有满千户者，而绣特多。从征乌丸于柳城，未至，薨，谥曰定侯。子泉嗣，坐与魏讽谋反诛，国除[4]。

注释

①族子：侄子。②间伺：寻找机会。③比年：连年。④国除：封国被废除。

译文

张绣，武威祖厉人，骠骑将军张济的堂侄。边章、韩遂在凉州作乱时，金城人麴胜突然袭击杀死了祖厉县长刘隽。张绣当时是县里的官吏，寻找机会杀了麴

● 曹植七步成章

曹操儿子众多，其中，曹植是十分著名的一位。他极具才华，《洛神赋》等作品文采斐然。但是，他在与曹丕的政治斗争中失败，曹丕以七步成诗为难他。最后，曹植凭借自己的才情七步成诗，救了自己一命。

胜，郡里的人都称赞他的行为。张绣于是招募聚集年轻人，成为地方上的豪杰人物。董卓失败后，张济和李傕等人攻打吕布，替董卓报仇。这事记载在《董卓传》中。张绣跟随张济，因有战功逐渐升到建忠将军，封为宣威侯。张济驻扎在弘农，士兵们挨饿，向南攻打穰城，张济被流箭射中死去。张绣带领他的队伍，驻扎在宛城，和刘表联合。太祖南下讨伐，军队驻扎在淯水，张绣等带领军队前来投降。太祖收纳张济的妻子，张绣对此感到愤恨。太祖听说张绣不高兴，暗地里定下了杀掉张绣的计划。计划不小心被泄露，张绣乘其不备突袭太祖。太祖的军队战败，两个儿子被杀。张绣后撤守卫穰城，太祖连年攻打他，不能取胜。太祖在官渡和袁绍相对峙时，张绣听从贾诩的建议，又带着队伍向太祖投降。这事记载在《贾诩传》中。张绣到时，太祖握着他的手，与他高兴地宴饮，替儿子曹均娶张绣的女儿，任命张绣为扬武将军。在官渡之战中，张绣奋力作战有功，升任破羌将军。张绣跟随太祖在南皮打败了袁谭，又增加食邑二千户。这时天下户口减少，十户中只有一户存在，将领们受封食邑没有满一千户的，而只有张绣特别多。后来张绣跟随太祖到柳城讨伐乌丸，还没有到，就死了，谥号为定侯。张绣的儿子张泉继承爵位，因犯了与魏讽同谋反叛的罪而被杀，封国也被废除。

原文

张鲁字公祺，沛国丰人也。祖父陵，客蜀[1]，学道鹄鸣山中，造作道

书以惑百姓，从受道者出五斗米，故世号米贼。陵死，子衡行其道。衡死，鲁复行之。益州牧刘焉以鲁为督义司马，与别部司马张脩将兵击汉中太守苏固，鲁遂袭脩杀之，夺其众。焉死，子璋代立，以鲁不顺，尽杀鲁母家室。鲁遂据汉中，以鬼道教民，自号“师君”。其来学道者，初皆名“鬼卒”。受本道已信，号“祭酒”。各领部众，多者为治头大祭酒。皆教以诚信不欺诈，有病自首其过，大都与黄巾相似。诸祭酒皆作义舍，如今之亭传[②]。又置义米肉，县于义舍，行路者量腹取足；若过多，鬼道辄病之。犯法者，三原，然后乃行刑。不置长吏，皆以祭酒为治，民夷便乐之。雄据巴、汉垂三十年。汉末，力不能征，遂就宠鲁为镇民中郎将，领汉宁太守，通贡献而已。民有地中得玉印者，群下欲尊鲁为汉宁王。鲁功曹巴西阎圃谏鲁曰：“汉川之民，户出十万，财富土沃，四面险固；上匡天子，则为桓、文，次及窦融，不失富贵。今承制署置，势足斩断，不烦于王。愿且不称，勿为祸先。”鲁从之。韩遂、马超之乱，关西民从子午谷奔之者数万家[③]。

注释

①客：寄居。②亭传：古代在途中设置的供差使歇息的地方。③关西：函谷关以西。

老子骑牛图

此图为道家的创始人老子骑牛的图片。张鲁是东汉末年割据汉中的军阀。他是五斗米道教祖张陵的孙子。后投降曹操，与曹操结尾亲家。

译文

张鲁字公棋，沛国丰县人。祖父张陵，寄居四川，在鹄鸣山中学道，编造道书来迷惑百姓，跟随他学道的人每人出五斗米，所以世上称他米贼。张陵死后，他的儿子张衡奉行他的道。张衡死后，张鲁又继续奉行它。益州牧刘焉任命张鲁为督义司马，和别部司马张修带领军队攻打汉中太守苏固，张鲁就趁机袭击张修并把他杀了，吞并了他的军队。刘焉死后，他的儿子刘璋接替他的职位，刘璋认为张鲁不顺从，就杀了张鲁的母亲及家中的其他人。张鲁就占据了汉中，用鬼道教化百姓，自称为“师君”。那些来学道的人，开始都叫做“鬼卒”。接受该道已经笃信教义的人，称做“祭酒”。祭酒各自统领他的部属，人数多的称做治头大祭酒。他们都用诚实守信义、不要欺诈教育部属，有了病要先坦白自己的过错，很多方面都和黄巾军的做法相似。各祭酒都建造了义舍，如同现在的亭传。又免费供应义米义肉，悬挂在义舍里，过路的人根据自己的食量吃饱；如果吃得过多，鬼神就会使他生病。犯法的人，先原谅三次，然后才动用刑罚。不设置官员，都由祭酒管理，老百姓感到方便而乐意接受。张鲁在巴郡、汉中称雄将近三十年。汉朝末年，朝廷没有力量讨伐，于是给张鲁恩宠任命为镇民中郎将，兼任汉宁太守，只要他向朝廷进奉贡物而已。民间有人在地下得到一块玉印，张鲁的部下们想利用这个机会尊奉张鲁为汉宁王。张鲁的功曹巴西人阎圃劝谏张鲁说：“汉川的百姓，超过了十万，物产丰富土地肥沃，四面的地势险要坚固；如果对上辅佐天子，那就成为齐桓公、晋文公似的人物，次一等也比得上窦融，也可以永远保持富贵。现在秉承皇帝的旨意设职任官，权势足以独断一方，用不着称王。希望您暂且不称王，不要成为祸首。”张鲁接受了这个意见。韩遂、马超作乱的时候，关西的百姓从子午谷过来投奔张鲁的有几万家。

原文

建安二十年，太祖乃自散关出武都征之，至阳平关。鲁欲举汉中降，其弟卫不肯，率众数万人拒关坚守。太祖攻破之，遂入蜀。鲁闻阳平已陷，将稽颡归降[1]，圃又曰：“今以迫往，功必轻；不如依杜濩赴朴胡相拒，然后委质，功必多。”于是乃奔南山入巴中。左右欲悉烧宝货仓库，鲁曰：“本欲归命国家[2]，而意未达。今之走，避锐锋，非有恶意。宝货仓库，国家之有。”遂封藏而去。太祖入南郑，甚嘉之。又以鲁本有善意，遣人慰喻[3]。鲁尽将家出，太祖逆拜鲁镇南将军，待以客礼，封阆中侯，邑万户。封鲁五子及阎圃等皆为列侯。为子彭祖取鲁女。鲁薨，谥之曰原侯。子富嗣。

注释

①稽颡：叩头。②归命：归顺。③慰喻：慰劳，教育。喻，同“谕”。

译文

建安二十年，太祖就从大散关出兵经武都来征讨张鲁，到了阳平关。张鲁想献出整个汉中投降，他的弟弟张卫不肯，带领队伍几万人在阳平关坚守。太祖攻下了阳平关，于是进入了四川。张鲁听说阳平关已经沦陷，准备请罪投降，阎圃又说：“现在因为形势逼迫前去投降，功劳一定很小；不如依附杜濩去投奔朴胡，

大散关

大散关又称散关，关中四关之一，是周朝散国之关隘。这里山势险峻，层峦叠嶂，大有“一夫当关，万夫莫开”之势。它扼南北交通咽喉，自古就是兵家必争之地。

与他对峙，然后称臣归顺，功劳就一定多。”于是张鲁就逃奔南山进入巴中。他身边的人想把珍宝财物和仓库全都烧掉，张鲁说：“我本来就想归顺国家，但心愿没能实现。现在逃走，只是为了避开曹军的锋芒，并没有什么恶意，珍宝财物和仓库，都是国家所有。”于是封好仓库然后离去。太祖进入南郑，十分赞赏张鲁的做法。又因为张鲁本来就有归顺的好意，就派人去抚慰他。张鲁带着全家出来归顺，太祖迎接并任命张鲁为镇南将军，以宾客的礼节对待他，封他为阎中侯，食邑一万户。封张鲁的五个儿子和阎圃等人为列侯。替儿子曹彭祖娶张鲁的女儿做妻子。张鲁死后，谥号为原侯。儿子张富继承爵位。

原文

评曰：公孙瓒保京[1]，坐待夷灭。度残暴而不节，渊仍业以载凶[2]，只足覆其族也。陶谦昏乱而忧死，张杨授首于臣下[3]，皆拥据州郡，曾匹夫之不若[4]，固无可论者也。燕、绣、鲁舍群盗，列功臣，去危亡，保宗祀，则于彼为愈焉。

注释

①保京：公孙瓒曾在易县筑高丘，意图坚守。②仍：继承。③授首：被杀。④不若：不如。

译文

评论说：公孙瓒死守易京，坐待灭亡。公孙度残暴而不加节制，公孙渊继承祖业而施凶暴，只足以使自己的家族覆灭。陶谦昏庸荒谬而忧惧身亡，张杨被部下杀死，他们都拥兵占据州郡，结果连一个普通的老百姓都不如，实在没有什么可评论的。张燕、张绣、张鲁放弃结伙为盗，位列功臣，避免了危险灭亡的祸患，保住了祖宗的祭祀，比公孙瓒那些人强多了。

诸夏侯曹传

夏侯惇字元让，沛国谯人，夏侯婴之后也。年十四，就师学，人有辱其师者，惇杀之，由是以烈气闻。太祖初起，惇常为裨将，从讨伐。太祖行奋武将军[1]，以惇为司马，别屯白马[2]，迁折冲校尉，领东郡太守。太祖征陶谦，留惇守濮阳。张邈叛迎吕布，太祖家在鄄城，惇轻军往赴，适与布会，交战。布退还，遂入濮阳，袭得惇军辎重[3]。遣将伪降，共执持惇，责以宝货，惇军中震恐。惇将韩浩乃勒兵屯惇营门，召军吏诸将，皆案甲当部不得动，诸营乃定。遂诣惇所，叱持质者曰："汝等凶逆，乃敢执劫大将军，复欲望生邪！且吾受命讨贼，宁能以一将军之故，而纵汝乎？"因涕泣谓惇曰："当奈国法何！"促召兵击持质者。持质者惶遽叩头[4]，言"我但欲乞资用去耳"！浩数责[5]，皆斩之。惇既免，太祖闻之，谓浩曰："卿此可为万世法。"乃著令，自今已后有持质者，皆当并击，勿顾质。由是劫质者遂绝。

注释

①行：代理。②屯：带军驻守。③辎重：军中的粮草、器械、衣物等一切军用物品。④惶遽：惊慌失措。⑤数：频繁。

译文

夏侯惇字元让，沛国谯县人，是夏侯婴的后代。十四岁时，跟随老师学习，有人侮辱他的老师，夏侯惇杀了他，因此以性格刚烈闻名。太祖开始起兵的时候，夏侯惇经常担任副将，跟随太祖征战。后太祖任代理奋武将军，就任命夏侯惇为司马，单独带兵驻扎在白马，升任为折冲校尉，兼任东郡太守。太祖征讨陶谦，留下夏侯惇守卫濮阳。张邈叛变迎接吕布，当时太祖家在鄄城，于是夏侯惇便率领军队轻装赶赴鄄城，正好和吕布相遇，双方交战。吕布后退撤回，于是进入濮阳，突袭夺取了夏侯惇军队的军用物资。吕布派遣将领假装投降，一起抓住了夏侯惇，向他索求珍宝财物，夏侯惇的军队感到十分震惊。夏侯惇的部将韩浩就部署军队守住夏侯惇的营门口，召集军中的官员和将领们，都按兵坚守岗位不许轻举妄动，各军营才安定下来。韩浩于是来到夏侯惇被抓的地方，叱责劫持人质的人说："你们这些凶恶的叛徒，竟敢劫持大将军，还想活命吗？况且我接受命令讨伐叛贼，怎能因为一个将军的缘故而放了你们？"接着哭着对夏侯惇说："这才对得起国法啊！"他催促召集士兵袭击劫持人质的人。劫持人质的人惊慌地叩头，说："我们只是想索求些钱财就离开"。韩浩反复训斥后，把他们全都杀了。夏侯惇脱险以后，太祖听说了这件事，对韩浩说："您的这种行为可以作为万代效法的榜样。"于是发布命令，从今以后有劫持人质的，都应该一同攻击，不要考虑人质。从此劫持人质的事情就再也没有发生了。

原文

太祖自徐州还，惇从征吕布，为流矢所中[1]，伤左目。复领陈留、济阴太守，加建武将军，封高安乡侯。时大旱，蝗虫起，惇乃断太寿水作陂，身自负土，率将士劝种稻，民赖其利。转领河南尹。太祖平河北，为大将军后拒。邺破，迁伏波将军，领尹如故，使得以便宜从事[2]，不拘科制[3]。建安十二年，录惇前后功，增封邑千八百户，并前二千五百户。二十一年，从征孙权还，使惇都督二十六军，留居巢。赐伎乐名倡，令曰："魏绛以和戎之功，犹受金石之乐，况将军乎！"二十四年，太祖军于摩陂，召惇常与同载，特见亲重，出入卧内，诸将莫得比也。拜前将军[4]，督诸军还寿春，徙屯召陵。文帝即王位，拜惇大将军，数月薨。

石编磬

磬是古代打击乐器，形状像曲尺，用玉、石制成，可悬挂。上图就是春秋时期的一组石编磬。

注释

①流矢：没有确定目标的飞箭。②便宜从事：根据实际情况处理问题。③不拘科制：不受法律条文的限制。④拜：授官。

译文

太祖从徐州返回，夏

侯惇又跟随他征讨吕布，被流箭射中，伤了左眼。夏侯惇又受命担任陈留、济阴的太守，加授建武将军，封为高安乡侯。当时发生大旱，蝗虫四起，夏侯惇就截断太寿水形成水池，他亲自搬运土石，带领将士们努力种植水稻，老百姓也获得了好处。后来又转任河南尹。太祖平定河北时，夏侯惇为大军做后援。邺城攻下后，夏侯惇升任为伏波将军，仍像以前一样担任河南尹，让他能够遇事自行决断处置，不受规章的限制。建安十二年，记录夏侯惇前后的功劳，给他增加食邑一千八百户，加上以前的共有二千五百户。建安二十一年，跟随太祖征讨孙权回来，太祖派夏侯惇统领二十六军，留守居巢。赐给他歌伎舞女，令上说："魏绛因为同戎和好有功，还接受了钟磬之类乐器的赏赐，何况将军您呢！"建安二十四年，太祖驻军在摩陂，经常召夏侯惇一同坐车外出，显得特别亲近和器重，和太祖一同出入卧室，将领们没有谁能比得上他。后来又任命为前将军，带领各军回到寿春，又转移驻扎在召陵。文帝当上魏王后，任命夏侯惇为大将军，几个月后夏侯惇就去世了。

原文

惇虽在军旅，亲迎师受业。性清俭[①]，有馀财辄以分施，不足资之于官，不治产业。谥曰忠侯。子充嗣[②]。帝追思惇功，欲使子孙毕侯，分惇邑千户，赐惇七子二孙爵皆关内侯。惇弟廉及子楙素自封列侯。初，太祖以女妻楙，即清河公主也。楙历位侍中尚书、安西镇东将军，假节[③]。充薨，子廙嗣。廙薨，子劭嗣。

注释

①清俭：清静俭朴。②嗣：继承。③假节：授予符节。

译文

夏侯惇虽然在军队中，却亲自延请老师学习。他的性格清静俭朴，有了多余的财物常常分给别人，不够用时就从官府取用，不置办家产。他死后谥号称忠侯。他的儿子夏侯充继承爵位。文帝追念夏侯惇的功劳，想让他的子孙都能封侯，就分出夏侯惇的食邑一千户，赐给他的七个儿子两个孙子的爵位都为关内侯。夏侯惇的弟弟夏侯廉和他的儿子夏侯楙过去已被封为列侯。当初，太祖把女儿嫁给夏侯楙，这就是清河公主。夏侯楙历任侍中尚书、安西镇东将军，授给符节。夏侯充死后，他的儿子夏侯廙继承爵位。夏侯廙死后，他的儿子夏侯劭继承爵位。

原文

韩浩者，河内人。沛国史涣与浩俱以忠勇显。浩至中护军，涣至中领军，皆掌禁兵[①]，封列侯。

士农工商

在古代，人被分为了士、农、工、商四个阶层。其中，士是入仕的人，地位最高，农是最重要的，因为他维持着所有人的生计，而商是最末的，最不被重视的。

夏侯渊字妙才，惇族弟也[2]。太祖居家，曾有县官事，渊代引重罪，太祖营救之，得免。太祖起兵，以别部司马、骑都尉从，迁陈留、颍川太守。及与袁绍战于官渡，行督军校尉。绍破，使督兖、豫、徐州军粮；时军食少，渊传馈相继[3]，军以复振。昌狶反，遣于禁击之，未拔，复遣渊与禁并力，遂击狶，降其十馀屯，狶诣禁降。渊还，拜典军校尉。济南、乐安黄巾徐和、司马俱等攻城，杀长吏，渊将泰山、齐、平原郡兵击，大破之，斩和，平诸县，收其粮谷以给军士。十四年，以渊为行领军。太祖征孙权还，使渊督诸将击庐江叛者雷绪，绪破，又行征西护军，督徐晃击太原贼，攻下二十馀屯，斩贼帅商曜，屠其城。从征韩遂等，战于渭南。又督朱灵平隃糜、汧氐。与太祖会安定，降杨秋。

注释

①禁兵：京师禁卫军。②族弟：同族兄弟。③传馈：转送供给粮食。

译文

韩浩，是河内人。沛国人史涣和韩浩都以忠诚勇敢而著称。韩浩官做到中护军，史涣官做到中领军，他们都掌管皇帝的禁卫军，封为列侯。

夏侯渊字妙才，是夏侯惇的同族弟弟。太祖还住在家乡时，曾经因事被县官治罪，夏侯渊代他承受重罪，后来太祖营救他，得以免除刑罚。太祖起兵时，夏侯渊以别部司马、骑都尉等职跟随他，后升任陈留、颍川太守。等到和袁绍在官渡交战时，夏侯渊代理督军校尉。袁绍被打败后，太祖派他督运兖州、豫州、徐州的军粮；当时军粮缺乏，夏侯渊转运输送粮食从未间断，军队又重新振作起来。昌狶反叛，太祖派遣于禁攻打他，没能取胜，又派遣夏侯渊和于禁联合，继续攻打昌狶，使他十几个据点投降，昌狶向于禁投降。夏侯渊回来后，被任命为典军校尉。济南、乐安的黄巾军徐和、司马俱等人攻打县城，杀死县官，夏侯渊带领

武士

三国时期，魏、蜀、吴三国之间战争不断。士兵常年征战在外，不知归期。和平是各国人民所向往的。

泰山、齐、平原几郡的军队进攻，把他们打得大败，杀了徐和，平定了各县，收缴了他们的粮食来供应军队。建安十四年，任命夏侯渊为行领军。太祖征讨孙权回来，派夏侯渊统领将领们攻打庐江叛变的雷绪，雷绪被打败后，夏侯渊又代理征西护军，统领徐晃攻打太原的贼寇，攻下二十多个据点，杀了贼军的首领商曜，屠杀太原城里的人。后又跟随太祖征讨韩遂等人，在渭南作战。又统领朱灵平定了隃麋、汧氐。和太祖在安定会合，使杨秋投降。

原文

十七年，太祖乃还邺，以渊行护军将军，督朱灵、路招等屯长安，击破南山贼刘雄，降其众。围遂、超馀党梁兴于鄠，拔之，斩兴，封博昌亭侯。马超围凉州刺史韦康于冀，渊救康，未到，康败。去冀二百馀里，超来逆战[1]，军不利。汧氐反，渊引军还。十九年，赵衢、尹奉等谋讨超，姜叙起兵卤城以应之。衢等谲说超[2]，使出击叙，于后尽杀超妻子。超奔汉中，还围祁山。叙等急求救，诸将议者欲须太祖节度。渊曰："公在邺，反覆四千里，比报[3]，叙等必败，非救急也。"遂行，使张郃督步骑五千在前，从陈仓狭道入，渊自督粮在后。郃至渭水上，超将氐羌数千逆郃。未战，超走，郃进军收超军器械。渊到，诸县皆已降。韩遂在显亲，渊欲袭取之，遂走。渊收遂军粮，追至略阳城，去遂二十馀里，诸将欲攻之，或言当攻兴国氐。渊以为遂兵精，兴国城固，攻不可卒拔，不如击长离诸羌。

长离诸羌多在遂军，必归救其家。若舍羌独守则孤，救长离则官兵得与野战，可必虏也。渊乃留督将守辎重，轻兵步骑到长离，攻烧羌屯，斩获甚众。诸羌在遂军者，各还种落。遂果救长离，与渊军对陈。诸将见遂众，恶之，欲结营作堑乃与战。渊曰："我转斗千里，今复作营堑，则士众罢弊[4]，不可久。贼虽众，易与耳。"乃鼓之，大破遂军，得其旌麾[5]，还略阳，进军围兴国。氐王千万逃奔马超，馀众降。转击高平屠各，皆散走，收其粮谷牛马。乃假渊节。

注释

①逆战：迎战。②谲：欺诈。③比：等到。④罢弊：疲劳困迫。⑤旌麾：军中旗帜。

译文

建安十七年，太祖才回到邺城，任命夏侯渊代理护军将军，统领朱灵、路招等人，驻扎在长安，打败南山的贼军刘雄，使他的队伍投降。在鄠县包围了韩遂、马超的余党梁兴，攻下了鄠县，杀了梁兴，被封为博昌亭侯。马超在冀县包围了凉州刺史韦康，夏侯渊援救韦康，还没有到达，韦康已经战败。在离冀县二百多里的地方，马超前来迎战，夏侯渊的军队失利。汧氐反叛，夏侯渊带领军队返回。建安十九年，赵衢、尹奉等人谋划讨伐马超，姜叙在卤城起兵响应他们。赵衢等人欺骗说服马超，使他出城攻打姜叙，然后把马超的妻子儿女全都杀了。马超逃奔到汉中，又回来包围祁山。姜叙等人紧急求救，将领们商议都觉得要等待太祖调遣。夏侯渊说："太祖在邺城，来回四千里，等到他的批复，姜叙等人一定已经失败，这不是解救急难的办法。"于是军队出发，派张郃带领步兵骑兵五千人在前面，从陈仓的小路进入，夏侯渊亲自在后面督运粮食。张郃到了渭水边，马超带领几千氐羌人迎战张郃。还没有开战，马超就逃走了，张郃进军收缴马超军队的器械。夏侯渊到达时，各县都已投降。韩遂在显亲，夏侯渊想突袭夺取它，韩遂逃走。夏侯渊收缴了韩遂的军粮，追赶到略阳城，离韩遂还有二十多里，将领们想要进攻韩遂，有的说应当先攻打兴国的氐人。夏侯渊认为韩遂的军队精锐，兴国城池坚固，进攻的话不能很快攻下来，不如攻打长离一带的羌人。长离的羌人各部落有很多人在韩遂的军队里，他们一定会回来拯救自己的家。如果韩遂舍弃羌人独自防守就会势单力薄，如果去援救长离，我军将士就能在

西夏王陵八号陵

西夏是由党项羌建立的。羌族历史悠久，相传商初羌人已向商朝称臣纳贡。三国时，河西诸羌和武都、阴平的羌部，分别降属魏、蜀，许多羌人迁入了陇、蜀、秦、雍等地。

野外和他作战，一定可以俘虏他。夏侯渊就留下督将看守军用物资，自己带领轻装的步兵骑兵到达长离，攻打焚烧羌人的聚落，杀死和俘虏了很多人。各羌人部落在韩遂军队中的人，各自回到自己的部落。韩遂果然去救长离，同夏侯渊的军队相对摆开阵势。将领们发现韩遂的士兵很多，感到畏惧，想先构筑营垒、挖掘壕沟，再和他交战。夏侯渊说：“我们转战千里以外，现在又修筑营垒壕沟，那么士兵们就会疲劳，不能够持久。其实贼军虽然人多，但是很容易对付。”于是擂起战鼓，把韩遂的军队打得大败，夺得了他的帅旗，回到略阳城后，又进军包围兴国。氐王千万投奔马超，剩下的人马都投降了。转过来攻打高平的屠各，他们都溃散逃走了，收缴了他们的粮食牛马。于是朝廷便赐给夏侯渊符节。

原文

初，枹罕宋建因凉州乱，自号河首平汉王。太祖使渊帅诸将讨建。渊至，围枹罕，月馀拔之，斩建及所置丞相已下。渊别遣张郃等平河关，渡河入小湟中，河西诸羌尽降，陇右平。太祖下令曰：“宋建造为乱逆三十馀年，渊一举灭之，虎步关右，所向无前。仲尼有言[1]：‘吾与尔不如也。’”二十一年，增封三百户，并前八百户。还击武都氐羌下辩，收氐谷十馀万斛。太祖西征张鲁，渊等将凉州诸将侯王已下，与太祖会休亭。太祖每引见羌、胡，以渊畏之。会鲁降，汉中平，以渊行都护将军，督张郃、徐晃等平巴郡。太祖还邺，留渊守汉中，即拜渊征西将军。二十三年，刘备军阳平关，渊率诸将拒之，相守连年。二十四年正月，备夜烧围鹿角[2]。渊使张郃护东围，自将轻兵护南围。备挑郃战，郃军不利。渊分所将兵半助郃，为备所袭，渊遂战死。谥曰愍侯。

三教图

此图描绘的是儒、释、道三家的代表人物，其中，蓝衣的是孔子。孔子及其儒家学派对后世影响深远。许多史学作品都喜欢引用孔子的话语。

注释

①仲尼：孔子，名丘，字仲尼。②鹿角：营房四周埋插削尖的带枝树木，以防备敌人的攻击，因为它的形状像鹿角，故名。

译文

起初，枹罕人宋建趁着凉州战乱，就自称河首平汉王。太祖派夏侯渊带领将领们讨伐宋建。夏侯渊到达后，包围了枹罕，一个多月攻下了它，杀了宋建和他设置的丞相以下的人。夏侯渊另外派遣张郃等人平定河关，渡过黄河进入小湟中，黄河以西的羌人部落全都投降，陇右得到平定。太祖发布命令说："宋建造反作乱三十多年，夏侯渊一举消灭了他，在关右一带扬威称雄，无论打到哪里也无人抵挡。孔子有句话说：'我和你都赶不上他'。"建安二十一年，给夏侯渊增加封邑三百户，加上以前的共八百户。夏侯渊回军下辩县攻打武都的氐人、羌人，缴获氐人的粮食十多万斛。太祖西征张鲁时，夏侯渊带领凉州各将领和侯王以下的官员，和太祖在休亭相会。太祖每次同羌人、胡人相见，都用夏侯渊来威慑他们。正好遇上张鲁投降，汉中平定，任命夏侯渊代理都护将军，统领张郃、徐晃等人平定巴郡。太祖回邺城后，留下夏侯渊守卫汉中，任命他为征西将军。建安二十三年，刘备驻军阳平关，夏侯渊率领将领们与他对抗，双方对峙了一年多。建安二十四年正月，刘备在夜里烧掉了夏侯渊营地周围的鹿角。夏侯渊派张郃保护东面的营围，自己带领轻装的部队保护南面的营围。刘备向张郃挑战，张郃的军队失利。夏侯渊把他自己带领的兵分一半援助张郃，遭到刘备的袭击，夏侯渊战死。谥号为愍侯。

原文

初，渊虽数战胜，太祖常戒曰："为将当有怯弱时，不可但恃勇也。将当以勇为本，行之以智计；但知任勇，一匹夫敌耳。"

渊妻，太祖内妹[1]。长子衡，尚太祖弟海阳哀侯女[2]，恩宠特隆。衡袭爵，转封安宁亭侯。黄初中，赐中子霸，太和中，赐霸四弟，爵皆关内侯。霸，正始中为讨蜀护军右将军，进封博昌亭侯，素为曹爽所厚。闻爽诛，自疑，亡入蜀。以渊旧勋赦霸子，徙乐浪郡。霸弟威，官至兖州刺史。威弟惠，乐安太守。惠弟和，河南尹。衡薨，子绩嗣，为虎贲中郎将[3]。绩薨，子褒嗣。

注释

①内妹：妻子的妹妹。②尚：仰攀婚姻，特指娶帝王诸侯之女。③虎贲中郎将：官名，职掌皇宫宿卫，为皇宫中警卫部队的将领之一。

译文

当初，夏侯渊虽然多次打胜仗，太祖经常告诫他说："作为将领应该有胆怯的时候，不能只凭借着勇敢。将军应该以勇敢为根本，又用智谋计策来发挥它；只知道凭着勇敢，不过是一个普通人的对手罢了。"

夏侯渊的妻子，是太祖妻子的妹妹。大儿子夏侯衡，娶了太祖的弟弟海阳哀侯的女儿，得到的恩惠宠信特别多。夏侯衡继承爵位，改封安宁亭侯。黄初年间，赐爵位给第二个儿子夏侯霸，太和年间，赐爵位给夏侯霸的四个弟弟，都是关内侯。夏侯霸，在正始年间担任讨蜀护军右将军，后进封为博昌亭侯，向来被曹爽器重。听说曹爽被杀后，自己感觉不安，逃亡到蜀国。朝廷因念及夏侯渊过去的功勋赦免了夏侯霸的儿子，把他迁移到乐浪郡。夏侯霸的弟弟夏侯威，官做到兖州刺史。夏侯威的弟弟夏侯惠，担任乐安太守。夏侯惠的弟弟夏侯和，担任河南尹。夏侯衡去世，儿子夏侯绩继承爵位，担任虎贲中郎将。夏侯绩死后，儿子夏侯褒继承爵位。

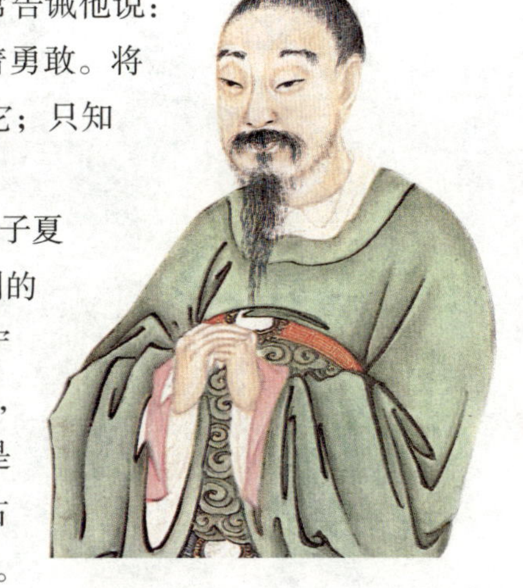

卫青

古来帝王为了笼络臣子，会把女儿或者姐妹嫁给他们。就像汉武帝的姐姐平阳公主就嫁给了卫青，而卫青的妹妹又是汉武帝的皇后。

原文

曹仁字子孝，太祖从弟也[1]。少好弓马弋猎[2]。后豪杰并起，仁亦阴结少年，得千馀人，周旋淮、泗之间，遂从太祖为别部司马，行厉锋校尉。太祖之破袁术，仁所斩获颇多。从征徐州，仁常督骑，为军前锋。别攻陶谦将吕由，破之，还与大军合彭城，大破谦军。后攻费、华、即墨、开阳，谦遣别将救诸县，仁以骑击破之。太祖征吕布，仁别攻句阳，拔之，生获布将刘何。太祖平黄巾，迎天子都许，仁数有功，拜广阳太守。太祖器其勇略[3]，不使之郡，以议郎督骑。太祖征张绣，仁别徇旁县，虏其男女三千馀人。太祖军还，为绣所追，军不利，士卒丧气，仁率厉将士甚奋[4]，太祖壮之，遂破绣。

注释

①从弟：堂弟。②弋猎：逐捕禽兽。弋，以绳系箭射鸟。③器：器重。

后羿射河伯

后羿是传说中技艺高超的神射手。传说他一箭射中河伯的眼睛，使河伯灵力衰退。中国古代的勇士们往往都以射箭技术的高低来较高下。曹仁喜欢射箭骑马打猎，技术也高超，立下了赫赫战功。

④率厉：率领勉励。厉，通“励”。

译文

曹仁字子孝，是太祖的堂弟。年轻时喜欢射箭骑马打猎。后来豪杰纷纷起来，曹仁也暗地里结交年轻人，聚集了一千多人，辗转游荡在淮水、泗水之间，于是跟随太祖担任了别部司马，代理厉锋校尉。太祖打败袁术的时候，曹仁杀伤敌人缴获物资比较多。跟随太祖讨伐徐州的时候，曹仁经常统领骑兵，担任军队的先锋。又带兵攻打陶谦的部将吕由，打败吕由后，回军和大部队在彭城会合，把陶谦的军队打得大败。后来进攻费县、华县、即墨、开阳等地，陶谦派遣将领单独带兵援救这几个县，曹仁带领骑兵打败了他。太祖征讨吕布，曹仁单独带兵攻打句阳，占领了它，活捉吕布的将领刘何。太祖平定黄巾军，迎接天子在许昌建都时，曹仁多次立有战功，被任命为广阳太守。太祖器重他的勇敢和智谋，不让他去广阳郡上任，以议郎的身份统领骑兵。太祖征讨张绣时，曹仁单独带兵攻取周围各县，俘虏男女三千多人。太祖的军队撤回时，被张绣追赶，战争失利，士兵的士气低落，曹仁激励将士们振奋起来，太祖很欣赏他，因此打败了张绣。

原文

太祖与袁绍久相持于官渡，绍遣刘备徇隐彊诸县，多举众应之。自许以南，吏民不安，太祖以为忧。仁曰："南方以大军方有目前急[1]，其势不能相救，刘备以强兵临之，其背叛固宜也。备新将绍兵，未能得其用，击之可破也。"太祖善其言，遂使将骑击备，破走之，仁尽复收诸叛县而还。绍遣别将韩荀钞断西道[2]，仁击荀于鸡洛山，大破之。由是绍不敢复分兵出。复与史涣等钞绍运军[3]，烧其粮谷。

注释

①方：正在。②钞断：抄后路截断。钞，通"抄"。③运军：运输部队。

孙武

孙武是兵圣，是东方兵学的始祖，在世界上也是赫赫有名。打仗讲究的是计谋。曹仁烧粮的计策是兵家常用的计策，十分行之有效。

译文

太祖和袁绍在官渡长期对峙，袁绍派刘备攻取隐彊各县，很多县都起兵响应他。从许昌以南，官吏百姓都不安宁，太祖因此忧虑。曹仁说："南方因为大军当前正处于紧急状态，这种形势下不可能去援救他们，刘备以强大的兵力进逼，各县背叛本是可以理解的。刘备刚刚率领袁绍的军队，还不能发挥他们的作用，进攻就可以打败他。"太祖认为他说得对，就派他带领骑兵进攻刘备，打败并赶走了他，曹仁全部收复了背叛的县城然后返回。袁绍派遣部将韩荀单独带兵截断西边的道路，曹仁在鸡洛山攻打韩荀，把他打得大败。从此袁绍不敢再分兵出击。曹仁又和史涣等夺取袁绍的运粮车，烧掉了他的粮食。

原文

河北既定，从围壶关。太祖令曰："城拔，皆坑之[1]。"连月不下。仁言于太祖曰："围城必示之活门，所以开其生路也。今公告之必死，将人自为守。且城固而粮多，攻之则士卒伤，守之则引日久[2]；今顿兵坚城之下[3]，以攻必死之虏，非良计也。"太祖从之，城降。于是录仁前后功，封都亭侯。

注释

①坑：活埋。②引日：拖延时日。引，延长。③屯兵：驻扎军队。

译文

黄河以北已经平定，曹仁跟随太祖包围壶关。太祖下令说：“城攻下后，把俘虏全都活埋。”一连几个月都攻不下来。曹仁对太祖说：“围城一定要让敌人看到逃生的门路，为的是给他们打开一条生路。现在您告诉他们一定得死，他们会人人奋勇防守。况且城池坚固，粮食很多，攻打它就会使士兵伤亡，困守它就会拖延很长时间；现在驻兵在坚固的城池之下，来攻打抱着必死决心的敌人，不是好办法。”太祖采纳了他的意见，城里的人投降了。因此记录曹仁前后的功劳，封为都亭侯。

原文

从平荆州，以仁行征南将军，留屯江陵，拒吴将周瑜。瑜将数万众来攻，前锋数千人始至，仁登城望之，乃募得三百人，遣部曲将牛金逆与挑战[1]。贼多，金众少，遂为所围。长史陈矫俱在城上，望见金等垂没[2]，左右皆失色。仁意气奋怒甚，谓左右取马来，矫等共援持之。谓仁曰：“贼众盛，不可当也。假使弃数百人何苦，而将军以身赴之！”仁不应，遂被甲上马[3]，将其麾下壮士数十骑出城。去贼百馀步，迫沟，矫等以为仁当住沟上，为金形势也，仁径渡沟直前，冲入贼围，金等乃得解。馀众未尽出，仁复直还突之，拔出金兵，亡其数人，贼众乃退。矫等初见仁出，皆惧，及见仁还，乃叹曰：“将军真天人也！”三军服其勇。太祖益壮之，转封安平亭侯。

注释

①部曲：汉代军队的编制，大将军营五部，

● 御用大阅甲胄

此图是清朝皇帝用的甲胄。甲胄可以保护士兵、将领的生命安全。一副好的甲胄，对于一个军人来说是十分重要的。

部下有曲，因称军队为部曲。②垂没：即将覆膜。③被甲：披甲。被，通披。

译文

随后又跟随太祖平定了荆州，任命曹仁代理征南将军，留下来驻守江陵，抵抗吴将周瑜。周瑜带领几万军队前来攻打，前锋几千人刚到，曹仁登上城看到他们，就召集了三百人，派部将牛金迎上去和敌人挑战。敌军很多，牛金的人少，于是被他们包围。长史陈矫一同在城上，看见牛金等人将要被消灭，身边的人都吓得变了脸色。曹仁情绪激愤，叫身边的人牵马来，陈矫等人一起拉住他。对曹仁说："贼军人多气盛，不可对抗。即使损失几百人又有什么痛心的，而将军却要亲自赶去！"曹仁不听，于是披上盔甲跨上马，带领部下几十个勇壮的骑兵出城。在距离敌人一百多步远的地方，靠近一条壕沟，陈矫等人以为曹仁会在壕沟边上停下来，为牛金大造声势，不料曹仁直接过了壕沟一直向前，冲进敌人的包围，牛金等人才得以解脱。其余的人还没有全都冲出包围，曹仁又回来直冲进去，救出牛金的士兵，杀死了几个敌人，敌军的人马才退回去。陈矫等人起初看到曹仁出城，都感到害怕，等看到曹仁回来，才惊叹地说："将军真是神人啊！"三军佩服他的勇敢。太祖更加欣赏他，改封为安平亭侯。

原文

太祖讨马超，以仁行安西将军[1]，督诸将拒潼关，破超渭南。苏伯、田银反，以仁行骁骑将军，都督七军讨银等，破之。复以仁行征南将军，假节，屯樊，镇荆州。侯音以宛叛，略傍县众数千人[2]，仁率诸军攻破音，斩其首，还屯樊，即拜征南将军。关羽攻樊，时汉水暴溢，于禁等七军皆没，禁降羽。仁人马数千人守城，城不没者数板。羽乘船临城，围数重，外内断绝，粮食欲尽，救兵不至。仁激厉将士，示以必死，将士感之皆无二。徐晃救至，水亦稍减，晃从外击羽，仁得溃围出，羽退走。

注释

①安西将军：官名。四安将军之一，始置于汉末。②略：攻夺。

译文

太祖讨伐马超时，任命曹仁代理安西将军，统领各将拒守潼关，在渭南打败了马超。苏伯、田银反叛，任命曹仁代理骁骑将军，统领七军讨伐田银等人，打败了他们。又任命曹仁代理征南将军，授予符节，驻扎在樊城，镇守荆州。侯音在宛城反叛，劫走邻县的百姓几千人，曹仁率领各军打败了侯音，斩了他的头，然后回来驻守樊城，随即被任命为征南将军。关羽进攻樊城，当时汗水暴涨，于禁等七军全都覆没，于禁投降了关羽。曹仁的兵马几千人守在城上，城墙只有几板没有被淹没。关羽乘战船逼近城下，包围了好几层，城内城外联系断绝，粮食快要吃完了，而救兵没有来。曹仁勉励将士，向他们表示必死的决心，将士们大受感动，都没有二心。后来徐晃的救兵到达，水也渐渐减退，徐晃从外面攻打关羽，曹仁得以冲出包围，关羽撤走了。

原文

仁少时不修行检[1]，及长为将，严整奉法令，常置科于左右[2]，案以从事。鄢陵侯彰北征乌丸，文帝在东宫，为书戒彰曰:“为将奉法,不当如征南邪！”及即王位,拜仁车骑将军,都督荆、扬、益州诸军事，进封陈侯，增邑二千，并前三千五百户。追赐仁父炽谥曰陈穆侯，置守冢十家[3]。后召还屯宛。孙权遣将陈邵据襄阳，诏仁讨之。仁与徐晃攻破邵，遂入襄阳，使将军高迁等徙汉南附化民于汉北，文帝遣使即拜仁大将军。又诏仁移屯临颍，迁大司马，复督诸军据乌江，还屯合肥。黄初四年薨，谥曰忠侯。子泰嗣，官至镇东将军，假节，转封甯陵侯。泰薨，子初嗣。又分封泰弟楷、范，皆为列侯，而牛金官至后将军。

注释

①不修行检：行为不检点，不拘小节。②科：法律条文。③冢：坟墓。

译文

曹仁年轻的时候行为不检点，等年纪大了成为将军后，能严格地整顿军队奉行法令，常把法规制度放在身边，依照它们处理事务。鄢陵侯曹彰出征乌丸，当时文帝在东宫做太子，写信告诫曹彰说：“做将军的人奉行法令，不应该像征南将军曹仁那样吗！”等到文帝当上了魏王，任命曹仁为车骑将军，统领荆州、扬州、益州的军事，进封为陈侯，增加食邑二千户，加上以前的共三千五百户。追赠曹仁的父亲曹炽谥号为陈穆侯，设置十户人家看守坟墓。后来召回曹仁驻扎在宛城。孙权派部将陈邵占领了襄阳，文帝下诏书命令曹仁讨伐他。曹仁和徐晃打败了陈邵，于是进入襄阳，派将军高迁等人把汉水以南归附的百姓迁移到汉水以北，文帝派使者任命曹仁为大将军。又下诏书命令曹仁移驻临颍，升任大司马，又统领各军据守乌江，然后回师驻扎在合肥。黄初四年曹仁去世，谥号为忠侯。儿子曹泰继承爵位，官做到镇东将军，授给符节，转封宁陵侯。曹泰死后，儿子曹初继承爵位。又分别封曹泰的弟弟曹楷、曹范，都是列侯，而牛金官职升到后将军。

原文

仁弟纯，初以议郎参司空军事，督虎豹骑从围南皮[1]。袁谭出战，士卒多死。太祖欲缓之，纯曰："今千里蹈敌[2]，进不能克，退必丧威；且县师深入，难以持久。彼胜而骄，我败而惧，以惧敌骄，必可克也。"太祖善其言，遂急攻之，谭败。纯麾下骑斩谭首。及北征三郡，纯部骑获单于蹋顿。以前后功封高陵亭侯，邑三百户。从征荆州，追刘备于长坂，获其二女辎重，收其散卒。进降江陵，从还谯。建安十五年薨。文帝即位，追谥曰威侯。子演嗣，官至领军将军[3]，正元中进封平乐乡侯。演薨，子亮嗣。

注释

①虎豹骑：比喻勇猛如虎豹的骑兵。②蹈敌：赴敌。③领军将军：官名，曹操做丞相的时候，设置领军，资重者为领军将军，资轻者为中领军。

译文

曹仁的弟弟曹纯，开始以议郎的身份参与司空军事，统领虎豹骑兵跟随太祖包围南皮。袁谭率兵出战，士兵伤亡很大。太祖打算暂缓进攻，曹纯说："现在到千里以外攻打敌人，如果前进不能取胜，后退必然丧失军威；况且我们孤军深入，难以持久。敌人胜利就会骄傲，我军失败就会恐惧，以恐惧对抗骄傲，一定可以取胜。"太祖认为他说得对，就急忙攻打袁谭，袁谭战败。曹纯部下的骑兵斩了袁谭的头。到北征三郡时，曹纯部下的

◉朱元璋

丞相是中国古代皇帝的股肱。典领百官，辅佐皇帝治理国政，无所不统。这个职位起源于战国，明朝朱元璋将其废止。

骑兵活捉了单于蹋顿。曹纯因前后的战功被封为高陵亭侯，食邑三百户。跟随太祖讨伐荆州时，在曹洪追击刘备，俘获了刘备的两个女儿和军用物资，收留了他逃散的士兵。进而夺取江陵，然后跟随太祖回到谯县。建安十五年曹纯去世。文帝即位后，追赐谥号称威侯。儿子曹演继承爵位，官做到领军将军，正元年间进封为平乐乡侯。曹演死后，他的儿子曹亮继承爵位。

原文

曹洪字子廉，太祖从弟也[1]。太祖起义兵讨董卓，至荥阳，为卓将徐荣所败。太祖失马，贼追甚急，洪下，以马授太祖，太祖辞让，洪曰："天下可无洪，不可无君。"遂步从到汴水，水深不得渡，洪循水得船，与太祖俱济，还奔谯。扬州刺史陈温素与洪善，洪将家兵千馀人，就温募兵，得庐江上甲二千人，东到丹杨复得数千人，与太祖会龙亢。太祖征徐州，张邈举兖州叛迎吕布。时大饥荒，洪将兵在前，先据东平、范，聚粮谷以继军。太祖讨邈、布于濮阳，布破走，遂据东阿，转击济阴、山阳、中牟、阳武、京、密十馀县，皆拔之。以前后功拜鹰扬校尉，迁扬武中郎将。天子都许，拜洪谏议大夫。别征刘表，破表别将于舞阳、阴叶、堵阳、博望，有功，迁厉锋将军，封国明亭侯。累从讨伐[2]，拜都护将军。文帝即位，为卫将军，迁骠骑将军，进封野王侯，益邑千户，并前二千一百户，位特进；后徙封都阳侯。

注释

①从弟：堂弟。②累：多次。

曹洪字子廉，是太祖的堂弟。太祖发动义军讨伐董卓，到了荥阳，被董卓的部将徐荣打败。太祖失去了战马，敌军追赶得很急，曹洪下马，把马给了太祖，太祖推辞，曹洪说："天下可以没有我曹洪，但是不能没有您。"就步行跟随太祖到了汴水，水深不能渡过，曹洪沿着水边找到了船，和太祖一同渡

文天祥

南宋的文天祥以一首《过零丁洋》名垂千古。人们敬佩他誓死忠于国家的决心。忠心是人们所赞赏的，也是一个社会道德标准。曹洪在与曹操共同败退途中对曹操的不离不弃，也令人敬佩。

过汴水，回到谯县。扬州刺史陈温向来和曹洪关系很好，曹洪带领家兵一千多人，在陈温那里招募士兵，得到庐江的上等士兵两千人，往东到丹杨又得到几千人，和太祖在龙亢会合。太祖讨伐徐州时，张邈率领兖州兵叛变迎接吕布。当时发生了大饥荒，曹洪带领军队在前面，先占据东平、范县，聚集粮食来供应军用。太祖在濮阳讨伐张邈、吕布，吕布战败逃走，曹洪就占领了东阿，又回头攻打济阴、山阳、中牟、阳武、京、密等十多个县，全部占领了它们。因前后的战功任命曹洪为鹰扬校尉，升为扬武中郎将。天子在许昌建都，任命曹洪为谏议大夫。后曹洪带兵征讨刘表，在舞阳、阴叶、堵阳、博望等地打败刘表的其他将领，有战功，升任为厉锋将军，封为国明亭侯。屡次跟随太祖讨伐，被任命为都护将军。文帝即位后，曹洪担任卫将军，升任为骠骑将军，进封为野王侯，增加食邑一千户，加上以前的食邑共二千一百户，赐位特进；后来又改封为都阳侯。

始，洪家富而性吝啬，文帝少时假求不称，常恨之，遂以舍客犯法[1]，下狱当死。群臣并救莫能得。卞太后谓郭后曰：“令曹洪今日死，吾明日

陈阿娇重金换取《长门赋》

在中国历史上，有一些皇后或被废或被打入冷宫，命运凄惨。汉武帝的皇后陈阿娇就因巫蛊事件被打入冷宫。曾经金屋藏娇，十分得宠，最后却落得如此的下场，君恩难测说的就是这样吧。

敕帝废后矣[2]。”于是泣涕屡请，乃得免官削爵土。洪先帝功臣，时人多为觖望[3]。明帝即位，拜后将军，更封乐城侯，邑千户，位特进，复拜骠骑将军。太和六年薨，谥曰恭侯。子馥，嗣侯。初，太祖分洪户封子震列侯。洪族父瑜[4]，修慎笃敬[5]，官至卫将军，封列侯。

注释

①舍客：寄寓的宾客，多为幕僚人物。②敕：命令。③觖望：失望，埋怨。④族父：同宗族的伯叔父。⑤修慎笃敬：品德休养高尚，言行谨慎，坦诚而恭敬。

译文

开始，曹洪家中富有而性情吝啬，文帝年轻时向他借钱没有借到，常因此恨他，就以他家的门客犯罪为由，把曹洪关进监狱判处死刑。大臣们一同营救都没能取得成功。卞太后对郭皇后说：“假如曹洪今天死，我明天就叫皇帝废掉皇后。”于是郭皇后哭泣着再三向文帝求情，曹洪才得到免去官职、削除爵位和食邑的处理。曹洪是先帝的功臣，当时很多人对此感到不满。明帝登皇帝位，授任曹洪为后将军，改封为乐城侯，食邑一千户，赐位特进，又授任为骠骑将军。太和六年曹洪去世，谥号为恭侯。儿子曹馥，继承侯爵。当初，太祖分出曹洪的食邑封他的儿子曹震为列侯。曹洪同族的叔父曹瑜，言行谨慎，谦虚忠厚，官做到卫将军，封为列侯。

原文

曹休字文烈，太祖族子也[1]。天下乱，宗族各散去乡里。休年十馀岁，丧父，独与一客担丧假葬，携将老母，渡江至吴。以太祖举义兵，易姓名转至荆州，间行北归[2]，见太祖。太祖谓左右曰：“此吾家千里驹也[3]。”使与文帝同止，见待如子。常从讨伐，使领虎豹骑宿卫[4]。刘备遣将吴兰屯下辩，太祖遣曹洪征之，以休为骑都尉，参洪军事。太祖谓休曰：“汝虽参军，其实帅也。”洪闻此令，亦委事于休。备遣张飞屯固山，欲断军后。众议狐疑，休曰：“贼实断道者，当伏兵潜行。今乃先张声势，此其不能也。宜及其未集，促击兰，兰破则飞自走矣。”洪从之，进兵击兰，大破之，飞果走。太祖拔汉中诸军还长安，拜休中领军。文帝即王位，为领军将军，录前后功，封东阳亭侯。夏侯惇薨，以休为镇南将军，假节都督诸军事，车驾临送，上乃下舆执手而别。孙权遣将屯历阳，休到，击破之，又别遣兵渡江，烧贼芜湖营数千家。迁征东将军，领扬州刺史，进封安阳乡侯。

帝征孙权，以休为征东大将军，假黄钺，督张辽等及诸州郡二十馀军，击权大将吕范等于洞浦，破之。拜扬州牧。明帝即位，进封长平侯。吴将审悳屯皖，休击破之，斩悳首，吴将韩综、翟丹等前后率众诣休降。增邑四百，并前二千五百户，迁大司马，都督扬州如故。太和二年，帝为二道征吴，遣司马宣王从汉水下，休督诸军向寻阳。贼将伪降，休深入，战不利，退还宿石亭。军夜惊，士卒乱，弃甲兵辎重甚多。休上书谢罪，帝遣屯骑校尉杨暨慰谕，礼赐益隆。休因此痈发背薨⑤，谥曰壮侯。子肇嗣。

伯乐相马图

千里马常有，但伯乐不常有。即使是千里马，如果没有伯乐的推荐与赏识，也不能发挥自己的才能。人们常常用千里马来比喻有才之人。

注释

①族子：同宗族的侄子。②间行：抄小路。③千里驹：指日行千里的良马，一般用来比喻优秀的人才。④宿卫：皇宫中值宿的警卫。⑤痈：毒疮。

译文

曹休字文烈，是太祖同族的侄子，天下大乱，同族的人都逃离了家乡。曹休才十几岁，父亲死了，就独自和一个门客承担了丧事，临时埋葬了父亲，带着老母亲，渡过长江到了吴地。因为太祖兴起了义军，就改名换姓辗转来到了荆州，从小路回到北方，见到太祖。太祖对身旁的人说："这是我家的千里马啊！"让他和文帝住在一起，就像自己的儿子一样待他。曹休经常跟随太祖讨伐，太祖要他统领虎豹骑值宿守卫。刘备派部将吴兰驻扎在下辩，太祖派曹洪去讨伐他，任命曹休为骑都尉，参与曹洪的军事。太祖对曹休说："你虽然是参军，其实是主帅。"曹洪听到这个命令，就把军事指挥托付给曹休。刘备派张飞驻扎在固山，想要截断曹军的后路。大家商议时疑虑不决，曹休说："敌军真要截断后路，就应该埋伏军队暗中进行。现在却事先张扬声势，这正表明他们不能做到。应该趁他们的部队还没有集合，迅速攻打吴兰，吴兰一败，张飞自然就撤走了。"曹洪接受了他的意见，进军攻打吴兰，把他打得大败，张飞果然撤走了。太祖攻下汉中，各

三国鼎立图

东汉末年，群雄逐鹿，最后魏、蜀、吴三国形成了三足鼎立地之事，三分天下。在这个乱世之中，英雄辈出，豪杰争雄，他们书写了一段荡气回肠的历史。

军返回长安，任命曹休为中领军。文帝继魏王位后，曹休被任命为领军将军，按照他前后的战功，被封为东阳亭侯。夏侯惇死后，被任命为镇南将军，授予符节，统领各军事，文帝坐车亲自来送行，下车与他握手告别。孙权派兵驻扎在历阳，曹休到达后，打败了他，又另外派兵渡过长江，烧掉敌军芜湖的营垒几千家。曹休升任为征东大将军，兼任扬州刺史，进封为安阳乡侯。文帝征讨孙权，任命曹休为征东大将军，授给皇帝专用的金饰斧钺，统领张辽和各州郡的军队二十多军，在洞浦攻打孙权的大将吕范等人，打败了他们。曹休被任命为扬州。明帝即位后进封曹休为长平侯。吴领审德驻扎在皖县，曹休打败了他，杀了审德，吴将韩综、翟丹等先后率领部队到曹休那投降。明帝给曹休增加了食邑四百户，加上以前的共二千五百户，升为大司马，像以前一样统管扬州。太和二年，明帝兵分两路讨伐东吴，派司马宣王从汉水南下，曹休统领各军向寻阳进发。敌军的将领假装投降，曹休深入敌境，战争失利，撤回石亭宿营 。到了夜晚，部队突然惊慌，士兵发生混乱，丢弃很多兵器等军用物资。曹休向明帝上书请罪，明帝派屯骑校尉杨暨前去劝慰，礼遇赏赐更加优厚。曹休因此背上生毒疮而死，谥号称壮侯。儿子曹肇继承爵位。

原文

肇有当世才度[①]，为散骑常侍、屯骑校尉。明帝寝疾[②]，方与燕王宇等属以后事[③]。帝意寻变，诏肇以侯归第。正始中薨。追赠卫将军。子兴嗣。初，文帝分休户三百封肇弟纂为列侯，后为殄吴将军，薨，追赠前将军。

注释

①当世：用世，指治理政事。②寝疾：卧病不起。③属：托付。属，通“嘱”。

译文

曹肇有治理政事的才能和气度，担任散骑常侍、屯骑校尉。明帝卧病不起，才和燕王曹宇等人嘱托后事。明帝不久改变了主意，下诏书要曹肇以侯爵的身份回家。正始年间曹肇去世，追封为卫将军。儿子曹兴继承爵位。当初，文帝分出曹休的食邑三百户封曹肇的弟弟曹纂为列侯，后来曹纂担任殄吴将军。死后，被追封为前将军。

原文

曹真字子丹，太祖族子也。太祖起兵，真父邵募徒众，为州郡所杀。太祖哀真少孤，收养与诸子同，使与文帝共止。常猎，为虎所逐，顾射虎，应声而倒。太祖壮其鸷勇[1]，使将虎豹骑。讨灵丘贼，拔之[2]，封灵寿亭侯。以偏将军将兵击刘备别将于下辩，破之，拜中坚将军。从至长安，领中领军。是时，夏侯渊没于阳平，太祖忧之。以真为征蜀护军，督徐晃等破刘备别将高详于阳平。太祖自至汉中，拔出诸军，使真至武都迎曹洪等还屯陈仓。文帝即王位，以真为镇西将军，假节都督雍、凉州诸军事。录前后功，进封东乡侯。张进等反于酒泉，真遣费曜讨破之，斩进等。黄初三年还京都，以真为上军大将军，都督中外诸军事，假节钺。与夏侯尚等征孙权，击牛渚屯，破之。转拜中军大将军，加给事中。七年，文帝寝疾，真与陈群、司马宣王等受遗诏辅政[3]。明帝即位，进封邵陵侯，迁大将军。

注释

①鸷勇：勇猛。鸷，凶猛的鸟。②拔：攻克。③遗诏：帝王死的时候遗留下来的命令。

剑齿虎

老虎是十分凶猛的一种动物，能够射杀它是一种勇气与力量的象征。曹真被老虎追赶，转身就把老虎射死，可见他的技艺有多么的高超。

译文

曹真字子丹，是太祖同族的侄子。太祖起兵的时候，曹真的父亲曹邵招募队伍，被州郡杀害。太祖哀怜曹真年幼丧父，收养了他，并像对待自己的儿子一样对他，让他和文帝住在一起。曹真曾经打猎，被老虎追赶，他转过身来射虎，老虎随着弦声仆倒在地。太祖赞赏他的凶猛勇敢，让他统领虎豹骑兵。曹真征讨灵丘的敌人，攻克了他们，被封为灵寿亭侯。又以偏将军的身份带兵在下辩攻打刘备驻军的部将，并打败了他，被任命为中坚将军。跟随太祖到长安，兼任中领军。

这时，夏侯渊在阳平关阵亡，太祖对此感到忧虑。任命曹真为征蜀护军，统领徐晃等在阳平打败刘备的驻军将领高详。太祖亲自到汉中，将曹真从诸军中抽调出来，派他到武都迎接曹洪等人返回驻守陈仓。文帝继承王位后，任命曹真为镇西将军，授予符节，统领雍州、凉州。记录他前后的战功，进封为东乡侯。张进等人在酒泉造反，曹真派费曜讨伐并打败了他，杀了张进等人。黄初三年回到京都，任命曹真为上军大将军，统领朝廷内外各军事，授给符节和斧钺。和夏侯尚等讨伐孙权，攻打牛渚的营垒，占领了它。改任中军大将军，加授给事中。黄初七年，文帝卧病不起，曹真和陈群、司马宣王等接受遗诏辅佐朝政。明帝即位，进封曹真为邵陵侯，升为大将军。

原文

诸葛亮围祁山，南安、天水、安定三郡反应亮。帝遣真督诸军军郿，遣张郃击亮将马谡，大破之。安定民杨条等略吏民保月支城，真进军围之。条谓其众曰："大将军自来，吾愿早降耳。"遂自缚出。三郡皆平。真以亮惩于祁山[①]，后出必从陈仓，乃使将军郝昭、王生守陈仓，治其城。明年春，亮果围陈仓，已有备而不能克。增邑，并前二千九百户。四年，朝洛阳，迁大司马，赐剑履上殿，入朝不趋。真以"蜀连出侵边境，宜遂伐之。数道并入，可大克也"。帝从其计。真当发西讨，帝亲临送。真以八月发长安，从子午道南入。司马宣王泝汉水，当会南郑。诸军或从斜谷道，或从武威入。会大霖雨三十馀日[②]，或栈道断绝，诏真还军。

注释

①惩：教训。②霖雨：大雨。

译文

诸葛亮包围祁山，南安、天水、安定三郡发生叛乱，响应了诸葛亮。明帝派曹真统领各军驻扎在郿县，派张郃攻打诸葛亮的部将马谡，把他打得大败。安定的百姓杨条等人掳掠官吏百姓据守月支城，曹真进军包围了他。杨条对他的部属说："大将军亲自来，我愿意早日投降。"于是把自己绑起来出城。三郡全部平定。曹真认为诸葛亮鉴于祁山失败的教训，以后出兵一定会经过陈仓，就派将军郝昭、王生防守陈仓，加强这座城的守备。第二年春天，诸葛亮果然包围陈仓，因为已经有了防备而不能攻下来。明帝增加了曹真的食邑，加上以前的共有二千九百户。太和四年，曹真到洛阳朝见明帝，升为大司马，赐给他可以佩剑穿鞋上殿，上朝时不用小步快走的恩宠。曹真认为"蜀国接连出兵侵犯边境，应该立即讨伐它，如果分几路同时进攻，可以取得大胜。"明帝采纳了他的计策。曹真出发西去征讨的时候，明帝亲自前来送别。曹真在八月在长安发兵，从子午道向南进军。司马宣王逆汉水而上，将在南郑会师。各军有的从斜谷道，有的从威武进入。恰逢大雨连下三十多天，有的栈道断绝，明帝下诏书命令曹真撤军。

原文

真少与宗人曹遵、乡人朱赞并事太祖。遵、赞早亡，真愍之[1]，乞分所食邑封遵、赞子。诏曰："大司马有叔向抚孤之仁，笃晏平久要之分。君子成人之美，听分真邑赐遵、赞子爵关内侯，各百户。"真每征行，与将士同劳苦，军赏不足，辄以家财班赐[2]，士卒皆愿为用。真病还洛阳，帝自幸其第省疾[3]。真薨，谥曰元侯。子爽嗣。帝追思真功，诏曰："大司

叔向贺贫

羊舌肸，字叔向，又称叔肸、杨肸肸。晋国大夫，历事晋悼公、晋平公、晋昭公三世。叔向虽然是晋国史上一位显赫的人物，但是他以及他的家族始终站在代表旧势力的公室一边。

马蹈履忠节，佐命二祖，内不恃亲戚之宠，外不骄白屋之士[4]，可谓能持盈守位[5]，劳谦其德者也。其悉封真五子羲、训、则、彦、皑皆为列侯。”初，文帝分真邑二百户，封真弟彬为列侯。

注释

①愍：怜悯。②辄：每，往往。③省疾：探望病人。④白屋之士：平民百姓。⑤持盈守位：富贵至极而不超越本分。

译文

曹真年轻时和同族人曹遵、同乡人朱赞一起侍奉太祖。曹遵、朱赞死得早，曹真怜悯他们，请求把自己的食邑封给曹遵、朱赞的儿子。明帝下诏书说：“大司马有叔向抚养孤儿的仁德，非常具备晏平信守旧约的情分。君子成全别人的美德，同意分出曹真的食邑，赐给曹遵、朱赞的儿子关内侯的爵位，各得封地一百户。”曹真每次出兵作战，和将士们一同分担劳累辛苦，军中的赏赐不够，总是拿出自己家中的财产分赏给将士，士兵们都愿意为他出力。曹真生病回到洛阳，明帝亲自到他家里看望他。曹真死后，谥号为元侯。他的儿子曹爽继承爵位。明帝追念曹真的功劳，下诏书说：“大司马履行忠贞的节操，辅佐两位先帝，在内不依仗皇亲的宠信，在外不傲视出身低微的人。可以说是能够保持荣誉尊宠、奉守职责，具有勤劳谦虚美德的人。把曹真的五个儿子曹羲、曹训、曹则、曹彦、曹皑全部都封为列侯。”当初，文帝分出曹真的食邑二百户，封曹真的弟弟曹彬为列侯。

原文

爽字昭伯，少以宗室谨重[1]，明帝在东宫，甚亲爱之。及即位，为散骑侍郎，累迁城门校尉，加散骑常侍，转武卫将军，宠待有殊。帝寝疾，乃引爽入卧内，拜大将军，假节钺，都督中外诸军事，录尚书事，与太尉司马宣王并受遗诏辅少主。明帝崩，齐王即位，加爽侍中，改封武安侯，邑万二千户，赐剑履上殿，入朝不趋，赞拜不名。丁谧画策，使爽白天子，发诏转宣王为太傅，外以名号尊之，内欲令尚书奏事，先来由己，得制其轻重也。爽弟羲为中领军，训武卫将军，彦散骑常侍侍讲，其馀诸弟，皆以列侯侍从，出入禁闼[2]，贵宠莫盛焉。南阳何晏、邓飏、李胜、沛国丁谧、东平毕轨咸有声名，进趣于时，明帝以其浮华，皆抑黜之[3]；及爽秉政，乃复进叙，任为腹心。飏等欲令爽立威名于天下，劝使伐蜀，爽从其言，宣王止之不能禁。正始五年，爽乃西至长安，大发卒六七万人，从骆谷入。

是时，关中及氐、羌转输不能供，牛马骡驴多死，民夷号泣道路。入谷行数百里，贼因山为固，兵不得进。爽参军杨伟为爽陈形势④，宜急还，不然将败。飏与伟争于爽前，伟曰："飏、胜将败国家事，可斩也。"爽不悦，乃引军还。

注释

①谨重：谨慎敦厚。②禁闼：皇帝居住的宫室，闼，指门。③抑黜：抑制贬斥。④参军：将军府中的主要幕僚。

译文

曹爽字昭伯，年轻时因自己宗室的身份而谨慎持重，明帝在东宫做太子的时候，非常喜欢他。等到做了皇帝，明帝任命曹爽为散骑侍郎，逐渐升为城门校尉，加授散骑常侍，转任武卫将军，受到的宠信和优待与别人不同。明帝卧病不起，就召曹爽到卧室里，任命他为大将军，授予符节、斧钺，统领朝廷内外各军，掌管尚书事，和太尉司马宣王一同接受遗诏辅佐年少的君主。明帝死后，齐王曹芳即位，加授曹爽为侍中，改封为武安侯，食邑一万二千户，赐给他可以佩剑穿鞋上殿，上朝不用小步快走，朝拜时不必称报自己姓名的恩宠。丁谧为曹爽出谋划策，要他禀告天子，发布诏书改任司马宣王为太傅，表面上是用名号尊重他，实际上是想要尚书向皇帝奏报事务时，先来通过他自己，这样就能够控制朝政了。曹爽的弟弟曹羲担任中领军，曹训担任武卫将军，曹彦担任散骑常侍侍讲，其余的弟弟，都以列侯的身份担任皇帝身边侍从，出入皇宫，尊贵宠信没有超过他们的了。南阳人何晏、邓飏、李胜、沛国人丁谧、东平人毕轨都有名望，但都喜欢趋炎附势，明帝认为他们虚浮不实，把他们全都斥退；等到曹爽执掌朝政，就又重新起用他们，作为自己的心腹。邓飏等人想要曹爽在天下建立威名，劝说他讨伐蜀国，曹爽采纳了他们的意见，司马宣王劝阻他们却制止不了。正始五年，曹爽就西到长安，大规模地征发士兵六七万人，从骆谷向蜀国进军。这时，

骑驴图

驴是古代重要的交通工具。古人常常用它来运输货物或者拉磨。此外，牛、马、骡子也常常用来运输货物。

关中和氐人、羌人的运输常常供应不上，牛马骡驴大多死亡，老百姓在路上号哭。进入山谷走了几百里，敌人凭藉高山防守坚固，魏军不能前进。曹爽的参军杨伟给曹爽说明形势，认为应该急速撤军，不然就会失败。邓飏和杨伟在曹爽面前争论，杨伟说："邓飏、李胜将要破坏国家的大事，应该杀头。"曾爽很不高兴，便带兵撤回。

原文

初，爽以宣王年德并高，恒父事之，不敢专行。及晏等进用，咸共推戴，说爽以权重不宜委之于人。乃以晏、飏、谧为尚书，晏典选举[1]，轨司隶校尉，胜河南尹，诸事希复由宣王。宣王遂称疾避爽。晏等专政，共分割洛阳、野王典农部桑田数百顷，及坏汤沐地以为产业，承势窃取官物，因缘求欲州郡[2]。有司望风，莫敢忤旨。晏等与廷尉卢毓素有不平，因毓吏微过，深文致毓法，使主者先收毓印绶，然后奏闻。其作威如此。爽饮食车服，拟于乘舆；尚方珍玩，充牣其家；妻妾盈后庭，又私取先帝才人七八人，及将吏、师工、鼓吹、良家子女三十三人，皆以为伎乐。诈作诏书，发才人五十七人送邺台，使先帝倢伃教习为伎[3]。擅取太乐乐器，武库禁兵。作窟室，绮疏四周[4]，数与晏等会其中，纵酒作乐。羲深以为大忧，数谏止之。又著书三篇，陈骄淫盈溢之致祸败，辞旨甚切，不敢斥爽，托戒诸弟以示爽。爽知其为己发也，甚不悦。羲或时以谏喻不纳，涕泣而起。宣王密为之备。九年冬，李胜出为荆州刺史，往诣宣王。宣王称疾困笃[5]，示以羸[6]形。胜不能觉，谓之信然。

和珅

和珅是乾隆时期有名的大贪官。他利用职权，到处搜刮。嘉庆继位以后，抄了和珅的家，搜出的财宝竟然比国库还要多。何晏等人也是利用职权、大肆搜刮、仗势欺人之人。

注释

①典：掌管。②因缘：凭借，依靠。③倢伃：妃嫔的称号之一。④绮疏：镂花的窗格。⑤困笃：病重。⑥羸：瘦弱。

译文

当初，曹爽因为司马宣王年龄德行都很高，一直像对待自己的父亲那样来对待他，不敢独断专行。等到何晏等人被任用，他们都一齐推举拥戴曹爽，劝说曹爽不应把大权托付给他人。于是曹爽用何晏、邓飏、丁谧为尚书，何晏主持选举，毕轨担任司隶校尉，李胜担任河南尹，各种事务很少再通过司马宣王。司马宣王于是声称有病避开曹爽。何晏等人专政，共同瓜分洛阳、野王典农部的桑田几百顷，还毁坏皇帝赐给大臣的汤沐场地作为自己的产业，依仗权势窃取官府的财物，寻找机会向各州郡索求钱财。官员们见风使舵，不敢抗拒。何晏等人和廷尉卢毓一向不和，就利用卢毓手下官吏的微小过失，故意曲解法律条文说卢毓犯法，要主管官员先没收卢毓的官印，然后再奏报皇帝。他们滥用威势就是这样的。曹爽的饮食，车马衣服，都跟皇帝的一样；皇帝库房的珍宝玩物，充满了他的家宅；后院妻妾无数，又私下取来先帝的才人七八人，以及将吏、工匠、乐师、清白人家的子女共三十三人，都作为他的歌舞艺人。伪造皇帝的诏书，将五十七名才人送到邺台，让先帝的婕妤训练为他的歌舞艺人。擅自取用皇家的乐器，武库中的兵器。营造地下室，四周用镂空的花纹装饰，经常和何晏等人在里边聚会，饮酒作乐。曹羲对此深为忧虑，多次规劝阻止他。又写了三篇文章，陈说骄奢淫逸过度会招致灾祸失败，辞义十分恳切。他不敢直接指责曹爽，假托告诫弟弟们而拿给曹爽看。曹爽知道他是针对自己而写的，很不高兴。曹羲有时因为劝告批评而不被曹爽接受，竟哭着站起来。司马宣王秘密地做着准备。正始九年冬天，李胜担任荆州刺史，前去拜访司马宣王。司马宣王说病情严重，向他显出瘦弱的样子。李胜不能察觉，认为这是真的。

原文

十年正月，车驾朝高平陵[1]，爽兄弟皆从。宣王部勒兵马，先据武库，遂出屯洛水浮桥。奏爽曰："臣昔从辽东还，先帝诏陛下、秦王及臣升御床，把臣臂，深以后事为念。臣言'二祖亦属臣以后事，此自陛下所见，无所忧苦；万一有不如意，臣当以死奉明诏'。黄门令董箕等[2]，才人侍疾者，皆所闻知。今大将军爽背弃顾命，败乱国典，内则僭拟[3]，外专威权；破坏诸营，尽据禁兵，群官要职，皆置所亲；殿中宿卫，历世旧人皆复斥出，欲置新人以树私计；根据槃互，纵恣日甚。外既如此，又以黄门张当为都监，专共交关，看察至尊，候伺神器[4]，离间二宫，伤害骨肉。天下汹汹，人怀危惧，陛下但为寄坐，岂得久安！此非先帝诏陛下及臣升御床之本意也。臣虽朽迈，敢忘枉言？昔

●北宋上清浮桥

浮桥古时称为舟梁。它用船舟来代替桥墩，故有"浮航"、"浮桁"、"舟桥"之称，属于临时性桥梁。由于浮桥架设简便，成桥迅速，在军事上常被应用，因此又称"战桥"。

赵高极意，秦氏以灭；吕、霍早断，汉祚永世。此乃陛下之大鉴，臣受命之时也。太尉臣济、尚书令臣孚等，皆以爽为有无君之心，兄弟不宜典兵宿卫，奏永宁宫。皇太后令敕臣如奏施行。臣辄敕主者及黄门令罢爽、羲、训吏兵，以侯就第，不得逗留以稽车驾；敢有稽留，便以军法从事。臣辄力疾将兵屯洛水浮桥⑤，伺察非常。"

注释

①车驾：指皇帝。②黄门令：官名，皇帝的侍从官，多由宦官充任。③僭拟：超越本分为僭，这里指把自己比之于皇帝。④神器：指皇位。⑤力疾：竭力支撑病体。

译文

正始十年正月，皇帝朝拜高平陵，曹爽兄弟一同跟随。司马宣王调遣军队，先占据武器库，接着出城驻扎在洛水浮桥。上奏控告曹爽说："臣当年从辽东回来，先帝下诏要陛下、秦王和臣同登御床，先帝握着臣的手臂，对身后的事非常挂念。臣说：'武帝、文帝也将身后的事嘱托给臣，这是陛下亲眼看见的，没有什么可忧虑的；万一出现不如意的事情，臣自当以死来奉行陛下的英明的指示，黄门令董箕等人，护理先帝的才人，全都知道这件事。现在大将军曹爽背弃先帝的遗诏，败坏扰乱国家的法典，对内自比天子，在外独断专行滥用权势；破坏各个军营，控制所有进军，文武百官中的重要职位，都安排他的亲信担任；皇宫中的警卫部队，经历几代君主的旧人全被排斥赶走，想安置新人以树立私党；他们盘踞要职互相勾结，胡作非为一天比一天厉害。在外面已是这样，又任用黄门张当任都监，专门互相勾结，监视天子，想打皇位的主意，离间皇帝和太后的关系，伤害骨肉感情。天下动荡不安，人人感到危险恐惧，陛下只是暂时借坐在帝位上，怎么能保持长久呢！这不是先帝召见陛下和臣到御床边的本意。臣虽然衰朽年迈，怎敢忘记过去的誓言？以前赵高肆意胡作非为，秦氏因此灭亡；

诸吕、霍禹早被铲除，汉朝的江山得以长久的延续。这些都是陛下的重要借鉴，是臣接接受使命的时候了。太尉蒋济、尚书令司马孚等人，都认为曹爽有无视君主之心，他们兄弟不适合再统领警卫部队了，这已经报告了永宁宫。皇太后命令臣按奏报的建议办理。臣就让主管官员和黄门令罢免曹爽、曹羲、曹训的官职和兵权，让他们以侯爵的身份返回府第，不准继续逗留而延误皇帝回宫；如果敢有拖延，就按照军法处治。臣勉强支撑病体带兵驻守洛水浮桥，监视突然发生的变故。"

原文

爽得宣王奏事，不通，迫窘不知所为[1]。大司农沛国桓范闻兵起[2]，不应太后召，矫诏开平昌门，拔取剑戟，略将门候，南奔爽。宣王知，曰："范画策，爽必不能用范计。"范说爽使车驾幸许昌，招外兵。爽兄弟犹豫未决，范重谓羲曰："当今日，卿门户求贫贱复可得乎？且匹夫持质一人，尚欲望活，今卿与天子相随，令于天下，谁敢不应者？"羲犹不能纳。侍中许允、尚书陈泰说爽，使早自归罪。爽于是遣允、泰诣宣王，归罪请死，乃通宣王奏事。遂免爽兄弟，以侯还第。

注释

①迫窘：处境困迫。②大司农：官名。掌管钱谷金帛、边郡调度等。

译文

曹爽得到司马宣王的奏章，没有交给皇帝，处境困迫而不知道怎么办。大司农沛国人桓范听说兵变，没有理会太后的召见，假托有皇帝的诏书打开平昌门，拔出剑戟，劫持了守门的官员，往南投奔曹爽。司马宣王知道后，说："桓范出谋划策，曹爽一定不能采用他的计策。"桓范建议曹爽让天子去许昌，招集外地的军队。曹爽兄弟犹豫不决，桓范又对曹羲说："在今天这个时候，您想做一个平民百姓还可能吗？况且普通人劫持一个人做人质，还希望活命，现在有天子跟你在一起，向天下发布命令，谁敢不响应呢？"曹羲还是不能采纳。侍中许允、尚书陈泰劝说曹爽，要他早点认罪。曹爽于是派遣许允、陈泰去见司马宣王，承认有罪请求处死，这才向皇帝呈送司马宣王的奏章。于是免去曹爽兄弟的官职，以侯爵的身份回到府第。

《五经》书影

《五经》指的是《诗》、《书》、《礼》、《易》、《春秋》。《春秋》是儒家的代表人物孔子编的，是一部编年体的史书，具有很高的艺术价值。

原文

初，张当私以所择才人张、何等与爽。疑其有奸，收当治罪。当陈爽与晏等阴谋反逆，并先习兵，须三月中欲发，于是收晏等下狱。会公卿朝臣廷议，以为“《春秋》之义，‘君亲无将，将而必诛’[1]。爽以支属，世蒙殊宠，亲受先帝握手遗诏，托以天下，而包藏祸心[2]，蔑弃顾命，乃与晏、飏及当等谋图神器，范党同罪人，皆为大逆不道”。于是收爽、羲、训、晏、飏、谧、轨、胜、范、当等，皆伏诛，夷三族[3]。嘉平中，绍功臣世，封真族孙熙为新昌亭侯，邑三百户，以奉真后。

注释

①君亲无将，将而必诛：意思是对于君亲，不容许有将要叛逆的人，有将要叛逆的人，就一定要诛杀。②包藏祸心：外表和善，内怀恶意。③夷三族：夷，诛灭。三族，一般指父族、母族、妻族。

译文

起初，张当私下把挑选的才人张、何等人送给曹爽。因此被怀疑与曹爽有阴谋，就逮捕了张当治罪。张当供出曹爽和何晏等人暗地里图谋造反，一起事先训练军队，等到三月中旬准备发兵，于是逮捕了何晏等人关进监狱。召集公卿大臣在朝廷商议，认为“按照《春秋》的道理，‘对于君主不能背叛作乱，背叛作乱的一定要诛杀’。曹爽以皇帝旁系亲属的身份，世代蒙受特殊的恩宠，亲身接受先帝握手嘱托的遗诏，把国家大事托付给他，可他却怀着险恶的用心，蔑视、抛弃先帝的遗命，竟然和何晏、邓飏以及张当等人阴谋篡夺皇位，桓范和罪犯结为同党，都属大逆不道。”于是逮捕了曹爽、曹羲、曹训、何晏、邓飏、丁谧、毕轨、李胜、桓范、张当等人，全都处死，灭了他们的三族。嘉平年间，为了延续功臣的后代，封曹真同族的孙子曹熙为新昌亭侯，食邑三百户，以保全曹真的后代。

原文

晏，何进孙也。母尹氏，为太祖夫人。晏长于宫省，又尚公主，少以

才秀知名，好老庄言[1]，作道德论及诸文赋著述凡数十篇。

夏侯尚字伯仁，渊从子也。文帝与之亲友。太祖定冀州，尚为军司马，将骑从讨伐，后为五官将文学。魏国初建，迁黄门侍郎。代郡胡叛，遣鄢陵侯彰征讨之，以尚参彰军事，定代地，还。太祖崩于洛阳，尚持节，奉梓宫还邺。并录前功，封平陵亭侯，拜散骑常侍，迁中领军。文帝践阼，更封平陵乡侯，迁征南将军，领荆州刺史，假节都督南方诸军事。尚奏："刘备别军在上庸，山道险难，彼不我虞[2]，若以奇兵潜行，出其不意，则独克之势也。"遂勒诸军击破上庸，平三郡九县，迁征南大将军。孙权虽称藩，尚益修攻讨之备，权后果有贰心。黄初三年，车驾幸宛，使尚率诸军与曹真共围江陵。权将诸葛瑾与尚军对江，瑾渡入江中渚，而分水军于江中。尚夜多持油船，将步骑万馀人，于下流潜渡，攻瑾诸军，夹江烧其舟船，水陆并攻，破之。城未拔，会大疫，诏敕尚引诸军还。益封六百户，并前千九百户，假钺，进为牧。荆州残荒，外接蛮夷，而与吴阻汉水为境，旧民多居江南。尚自上庸通道，西行七百馀里，山民蛮夷多服从者，五六年间，降附数千家。五年，徙封昌陵乡侯。尚有爱妾嬖幸，宠夺適室；適室，曹氏女也，故文帝遣人绞杀之。尚悲感，发病恍惚，既葬埋妾，不胜思见，复出视之。文帝闻而恚之曰[3]："杜袭之轻薄尚，良有以也[4]。"然以旧臣，恩宠不衰。六年，尚疾笃，还京都，帝数临幸，执手涕泣。尚薨，谥曰悼侯。子玄嗣。又分尚户三百，赐尚弟子奉爵关内侯。

戎克船

三国时期的吴国位于长江中下游地区。在这里，水师是军队中十分重要的组成部分。因此，东吴的许多战役都是在水上进行的。夏侯尚要攻打东吴，水路上的战斗是必不可少的。

注释

①老庄：老子和庄子。②虞：意料。③恚：怒。④良有以也：确实有原因。良，确实。

译文

何晏是何进的孙子。母亲尹氏，是太祖的夫人。何晏在皇宫里长大，又娶了公主做妻子，年轻时就以才能优秀而闻名，喜好老子庄子的学说，著有《道德论》和各种文章辞赋共几十篇。

夏侯尚字伯仁，是夏侯渊的堂侄。文帝和他亲近友好。太祖平定冀州，夏侯尚担任军中的司马，带领骑兵跟随太祖讨伐，后来担任五官将文学。魏国刚建立时，升任黄门侍郎。代郡的胡人反叛，太祖派遣鄢陵侯曹彰去讨伐他们，任命夏侯尚参与曹彰的军事，平定了代地，返回京都。太祖在洛阳去世，夏侯尚持符节，护送太祖的棺椁回邺城。一并记录以前的功劳，被封为平陵亭侯，任命为散骑常侍，升为中领军。文帝即位后，改封夏侯尚为平陵乡侯，升为征南将军，兼任荆州刺史，授予符节统领南方各军事。夏侯尚上奏说："刘备另有军队在上庸，山路艰险难行，他们不会预先对我们有防备，如果用骑兵暗地前进，出其不意，这是出奇制胜的好形势。"于是带领各军攻下了上庸，平定了三郡九县，升任夏侯尚为征南大将军。孙权虽然自称为藩属，夏侯尚更加强了进攻讨伐的准备，孙权后来果然怀有二心。黄初三年，皇帝亲临宛城，派夏侯尚带领各军和曹真共同围攻江陵。孙权的部将诸葛瑾和夏侯尚隔江对峙，诸葛瑾渡江到江中的小洲上，又分派水军留在江中。夏侯尚夜里带着很多油船，率领步兵骑兵一万多人，在下游偷渡，攻打诸葛瑾的各军，在长江两岸夹击烧毁他的战船，水陆两路同时进攻，打败了他。江陵城还没有攻下，遇上大瘟疫，皇帝下诏书命令夏侯尚带领各军撤回。给夏侯尚增加食邑六百户，加上以前的共一千九百户，赐给他斧钺，晋升为荆州牧。荆州残破荒芜，南面和蛮夷接壤，又和吴国以汉水阻隔作为为界，原来的百姓大多住在长江以南。夏侯尚从上庸开辟道路，向西开发七百多里，山民蛮夷有很多人归附，五六年时间，投降归附的有几千家。黄初五年，改封夏侯尚为昌陵乡侯。夏侯尚有个爱妾很受宠幸，所受宠爱超过正妻；这个正妻，是曹氏的女儿，所以文帝派人绞死了他的宠妾。夏侯尚悲痛伤感，生了病以至精神恍惚，已经埋葬了爱妾，还是非常思念，又打开棺材去看她。文帝听说后气愤地说："杜袭看不起夏侯尚，确实是有原因的。"但因为是元老功臣，对他的恩宠没有减退。黄初六年，夏侯尚病重，返回京都，文帝多次亲临探望，握着他的手流泪哭泣。夏侯尚死后，谥号为悼侯。他的儿子夏侯玄继承爵位。又分出夏侯尚的食邑三百户，赐给夏侯尚弟弟的儿子夏侯奉关内侯的爵位。

原文

玄字太初。少知名，弱冠为散骑黄门侍郎[①]。尝进见，与皇后弟毛曾并坐，玄耻之，不悦形之于色。明帝恨之，左迁为羽林监[②]。正始初，曹爽辅政。玄，爽之姑子也。累迁散骑常侍、中护军。

注释

①弱冠：古代男子二十岁行冠礼，所以后代称二十岁左右男子为弱冠。

②左迁：降职。

译文

夏侯玄字太初。年轻时有名气，二十岁担任散骑黄门侍郎。他曾经在进见皇帝的时候，和皇后的弟弟毛曾坐在一起，夏侯玄感到耻辱，不高兴的心情形之于色。明帝恨他，把他降职为羽林监。正始初年，曹爽辅佐朝政。夏侯玄，是曹爽姑姑的儿子。多次升迁直到散骑常侍、中护军。

原文

太傅司马宣王问以时事，玄议以为："夫官才用人，国之柄也，故铨衡专于台阁，上之分也，孝行存乎闾巷[①]，优劣任之乡人，下之叙也。夫欲清教审选，在明其分叙，不使相涉而已。何者？上过其分，则恐所由之不本，而干势驰骛之路开；下逾其叙，则恐天爵之外通，而机权之门多矣。夫天爵下通，是庶人议柄也；机权多门，是纷乱之原也。自州郡中正品度官才之来，有年载矣，缅缅纷纷，未闻整齐，岂非分叙参错，各失其要之所由哉！若令中正但考行伦辈，伦辈当行均[②]，斯可官矣。何者？夫孝行著于家门，岂不忠恪于在官乎？仁恕称于九族，岂不达于为政乎？义断行于乡党[③]，岂不堪于事任乎？三者之类，取于中正，虽不处其官名，斯任官可知矣。行有大小，比有高下，则所任之流，亦涣然明别矣[④]。奚必使中正干铨衡之机于下，而执机柄者有所委仗于上，上下交侵，以生纷错哉？且台阁临下，考功校否，众职之属，各有官长，旦夕相考，莫究于此；闾阎之议，以意裁处，而使匠宰失位，众人驱骇，欲风俗清静，其可得乎？天台县远，众所绝意。所得至者，更在侧近，孰不修饰以要所求？所求有路，则修己家门者，已不如自达于乡党矣。自达乡党者，已不如自求之于州邦矣。苟开之有路，而患其饰真离本，虽复严责中正，督以刑罚，犹无益也。岂

贾谊

贾谊是汉文帝时期，长沙王的太傅。所谓太傅，即是辅弼国君之官。太傅作为重臣参与朝政，掌管全国的军政大权。

若使各帅其分，官长则各以其属能否献之台阁[5]，台阁则据官长能否之第，参以乡闾德行之次，拟其伦比，勿使偏颇。中正则唯考其行迹，别其高下，审定辈类，勿使升降。台阁总之，如其所简，或有参错，则其责负自在有司。官长所第，中正辈拟，比随次率而用之，如其不称，责负在外。然则内外相参，得失有所，互相形检，孰能相饰？斯则人心定而事理得，庶可以静风俗而审官才矣。”又以为：“古之建官，所以济育群生，统理民物也，故为之君长以司牧之。司牧之主，欲一而专，一则官任定而上下安，专则职业修而事不烦。夫事简业修，上下相安而不治者，未之有也。先王建万国[6]，虽其详未可得而究，然分疆画界，各守土境，则非重累羁绊之体也。下考殷、周五等之叙，徒有小大贵贱之差，亦无君官臣民而有二统互相牵制者也。夫官统不一，则职业不修；职业不修，则事何得而简？事之不简，则民何得而静？民之不静，则邪恶并兴，而奸伪滋长矣。先王达其如此，故专其职司而一其统业。始自秦世，不师圣道，私以御职，奸以待下；惧宰官之不修，立监牧以董之，畏督监之容曲，设司察以纠之；宰牧相累，监察相司，人怀异心，上下殊务。汉承其绪，莫能匡改。魏室之隆，日不暇及，五等之典，虽难卒复，可粗立仪准以一治制。今之长吏，皆君吏民，横重以郡守，累以刺史。若郡所摄，唯在大较，则与州同，无为再重。宜省郡守，但任刺史；刺史职存则监察不废，郡吏万数，还亲农业，以省烦费，丰财殖谷，一也。大县之才，皆堪郡守，是非之讼，每生意异，顺从则安，直己则争。夫和羹之美，在于合异，上下之益，在能相济，顺从乃安，此琴瑟一声也，荡而除之，则官省事简，二也。又干郡之吏，职监诸县，营护党亲，乡邑旧故，如有不副，而因公掣顿，民之困弊，

●范仲淹

北宋时期，在王安石变法之前，范仲淹就已经领导过一次变法了。变法是为了使国家的统治得到巩固，使社会更加进步，因此，夏侯玄提出改革的想法，很正确。

咎生于此，若皆并合，则乱原自塞，三也。今承衰弊，民人凋落，贤才鲜少，任事者寡，郡县良吏，往往非一，郡受县成，其剧在下，而吏之上选，郡当先足，此为亲民之吏，专得底下，吏者民命，而常顽鄙，今如并之，吏多选清良者造职，大化宣流，民物获宁，四也。制使万户之县，名之郡守，五千以上，名之都尉，千户以下，令长如故，自长以上，考课迁用，转以能升，所牧亦增，此进才效功之叙也，若经制一定，则官才有次，治功齐明，五也。若省郡守，县皆径达，事不拥隔，官无留滞，三代之风，虽未可必，简一之化，庶几可致[⑦]，便民省费，在于此矣。”又以为：“文质之更用，犹四时之迭兴也，王者体天理物，必因弊而济通之，时弥质则文之以礼，时泰侈则救之以质。今承百王之末，秦汉馀流，世俗弥文，宜大改之以易民望。今科制自公、列侯以下，位从大将军以上，皆得服绫锦、罗绮、纨素、金银饰镂之物，自是以下，杂彩之服，通于贱人，虽上下等级，各示有差，然朝臣之制，已得侔至尊矣，玄黄之采，已得通于下矣。欲使市不鬻华丽之色，商不通难得之货，工不作雕刻之物，不可得也。是故宜大理其本，准度古法，文质之宜，取其中则，以为礼度。车舆服章，皆从质朴，禁除末俗华丽之事，使干朝之家，有位之室，不复有锦绮之饰，无兼采之服，纤巧之物[⑧]，自上以下，至于朴素之差，示有等级而已，勿使过一二之觉。若夫功德之赐，上恩所特加，皆表之有司，然后服用之。夫上之化下，犹风之靡草。朴素之教兴于本朝，则弥侈之心自消于下矣。”

注释

①闾巷：街巷，这里指平民百姓。②行均：品行相同。③义断：处理事情适当。④涣然：分散的样子。这里形容分别明显。⑤能否：有能和无能。⑥万国：众多诸侯国。万，极言其多，并非实数。

房玄龄

房玄龄是唐朝的开国宰相。他和魏征、秦琼等人一起辅佐唐太宗创造了一代盛世。之所以有那么多贤人愿意投靠李世民麾下，是因为李世民能够任人唯贤。

⑦庶几：差不多。⑧纤巧：精致玲珑。

译文

太傅司马宣王向夏侯玄询问时政，夏候玄的意见认为："任用有才能的人做官，是国家的根本，所以官吏的量才任用专门由尚书台负责，这是上面的职分，孝敬父母的德行存在于乡里街巷，优劣的评判自有乡人的公论，这是下面的责任。要想使社会风气清廉，人才的评选要审慎，在于明确上面的职分和下面的职分，使彼此互相不干涉罢了。这是为什么呢？因为上面超过了他们的职分，恐怕选拔人才的途径不遵循根本，而请托钻营的门路就打开了；下面逾越了他们职责，恐怕朝廷的封爵授官会受到外来的干扰，而获得机要大权的途径就多了。朝廷封爵授官受到下面的干扰，这是因为普通人干预朝廷选拔人才；获得机要人权的门路多了，这是造成混乱的根源。自从各州郡设立九品中正的官职来品评衡量官吏的才能以来，已经有好多年了，但这种制度混乱不堪，没有听说有统一的规范，这难道不是上下级的权限参杂错乱，各自失去他们应该掌握的要领所造成的吗！假如中正官只考察品行的高低，同一等级的人就会品行保持一致，就可以委任官职了。为什么呢？因为在家里以孝敬父母著称，怎能不在官位上忠诚恭谨呢？在亲族中因仁恕而受到称许，怎能不在从政中加以发扬呢？在乡里遇事秉公办理，怎能对他承担的官职不胜任呢？具有孝行、仁恕、义断这三种品德的人，都由中正官选取,即使中正官不任他们为官,但这些人能够胜任官职是很清楚的。德行有高有低，评比有上有下，那么被荐举人的等差，也就能清楚地辨别出来了。何必一定要使中止官在下面干预尚书台量才授官的权利，而执掌权柄的人在上面又对他们有所依赖，上下互相侵扰，以致发生错乱呢？况且尚书台管理下属，考核官员的政绩和过失，各种官职的隶属，都有自己的长官，天天进行考核，没有比这更全面的了；而民间的评议，终不免以主观的意愿来评选，这样就造成宰相市区对官吏任用的控制，而众官吏也都会感到惊慌失措，要想使社会风气清明安宁，这怎么能做到呢？尚书台高高在上相隔遥远，众人并不会对它抱有幻想。要能达到目的的，就改在近旁的地方了。哪一个不装扮自己来设法达到自己的目的呢？有了请托的门路，那么在家中修养自身的人，已经比不上在乡里自求显达的人。在乡里自求显达的人，又比不上自己在州郡求门路的人。如果这样的门路打开了，又担心评选的人才掩饰真情背离根本，即使再严厉指责中正官的过失，甚至用刑罚督责他们，也无济于事了。不如让官员们各自遵循自己的职分，地方长官把他们属下有才能和没有才能都上报给尚书台，尚书台就根据长官评定的才能等级，参照民间品评的德行高下，拟定出他们的类别，不要产生偏差。中正官就只考察这些人的品行事迹，辨别他们的高下，审定属于哪一个级别，不要过高过低。尚书台把这些汇总起来，如果他们选拔的人，有的有差错，那么责任就由有关官员承担。长官评定的等次，中止官拟定的类别，尚书台可以按照一定的标准来使用。如果他们不称职，责任就由外面的官员来了。像这样内外相互参照，考察得对或不对也有人来承担责任，互相之间进行比较、检查，哪一个还能伪装粉饰呢？这样人心也就自然安定而事情也办得合乎情理，大概就可以使社会风气清静而慎重地量才授官了。”夏侯玄又认为：“古代设立官职，是为了救助养育人民，统辖治理万物，所以为他们设置君主、长官来统治他们。主管民众的人，要统一而且有专职，统一则官员的职责明确而上下相安，有专职则官员能尽力行使自己的职责而处理事务不烦琐。处理事务简便而且业务熟练，上下相安而不能把政事治理好的，这是从来没有过的事。古代的君王建立万国，虽然其中的详情不能弄清楚，但分割疆土划定范围，各自执守他们的领地，就不是上下重叠互相牵制的体制。后来考察殷商两代五等爵位的等级，只有大小贵贱的差别，也不存在君官臣民有两套体制互相牵制的情况。官职的体制不统一，那么职责就不能尽力行使；职责不能尽力行使，那么处理事务怎么能够简便？处理事务不能简便，那么老百姓怎么能够安宁？老百姓不能安宁，那么歪门邪道的事情就会纷纷产生，而奸诈虚伪的事情就越来越多了。古代的君主明白这个道理，所以使他们的职务专门化并统一他们的职务范围。从秦代开始，不遵循圣人之道，以私欲去统领职官，用奸诈去对待下属；害怕官吏们不尽职，就设立监司来督察他们，又害怕督察的监司包庇邪恶，就设立

赵武灵王胡服骑射

所谓“不破不立”，一个社会发展到一定阶段，就需要激烈的革命或者平和的改革促进它的继续发展。

司察来纠察他们；职官互相重叠，监司和司察重相督管。人人怀有异心，上下的政务不一致。汉代继承秦代的体制，没能够改正过来。魏国兴盛以来，政务繁忙而无暇顾及这些，五等爵位的制度，虽然难以仓促恢复，但可以大致订立章程准则用来统一治理国家。现在的地方长官，都可以管理下属的官吏和百姓，却在中间加上郡守一职，上面又设置刺史。如果郡守管辖的事务，只是在大体上管一管，那么就和州里的刺史职责相同，不必再重复了。应该撤销郡守，只委任刺史；刺史的职位保存，那么监察的职能就不会废弃，郡一级数以万计的官吏，回家亲自从事农业生产，以节省大量的费用，增加财富积储粮食，这是第一个有利的方面。能够治理一个大县的人才，都可以胜任郡守，对于断定是非的诉讼，郡守县官往往产生不同的意见，县官顺从郡守就相安无事，县官坚持己见就会引起争执。调和羹汤的美味，就在于把不同的调料配合在一起，上下级之间的得益，就在于能够互相补救，顺从就能相安无事，这就像琴和瑟和谐地发出一致的声音一样。把郡守一职除掉，就使得官职精简、办事简便，这是第二个有利的方面。还有主管郡一级的官员，职责是监督各县，但却袒护自己的朋党、亲戚、同乡、旧友，如有不能满足的，就借公家的名义进行打击，老百姓贫困痛苦，都产生在这里，如果把郡县合并，那么祸乱的根源自然就会堵住，这是第三个有利的方面。现在正值国家衰弱破败之时，人民遭受摧残，有贤能的人才很缺少，能办事的人不多，而郡县中优秀的官吏，往往不止一个，郡上的官吏只享受县里官吏做出的成绩，那些繁重艰难的事务都落在下面，但官吏的晋升提拔，郡上要先得到满足，这就使得亲近老百姓的官吏，只能处在底层，官吏掌管着老百姓的命运，却常常由愚顽卑鄙的人充当，现在如果把郡县合并，官吏大多挑选清廉优秀的人任职，使教化得到广泛传播。人民和万物获得安宁，这是第四个有利的方面。设立制度使有一万户的县，长官称做郡守，五千户以上的县，长官称做都尉，一千户以下的县，长官仍像过去称做县令或县长，从县长以上，考核政绩后加以调迁使用，要调职的凭才能升迁，管辖的户口也随之增加，这就是举用人才考核政绩的程序。如果正常的制度一旦确定下来，那么量才授官就有了等次，治理的政绩明显，这是第五个有利的方面。如果撤销郡守，县里的事务都能直接上报，办事不会耽搁，有政绩的官吏不会得不到升迁的，三代的淳美风气，虽然不一定重现，但简便统一的教化，大概可以做到，要方便百姓减省费用，就在于这样做了。”夏侯玄又认为：“文采和质朴的交替使用，如同四季的交替出现，君王体察上天的旨意来治理万物，一定要针对社会流弊而加以改变，如果时俗过于质朴就用礼仪来增饰文采，时俗过于奢侈就用质朴来加以补救。现在继承百代君王之后，接受秦汉两代遗留下来的影响，世俗更加讲究文采，应该大力纠正它来改变老百姓的奢望。如今条律制度规定从公、列侯以下，官位从大将军以上，都能穿上各种轻柔华美的绫罗绸缎，佩戴精雕细刻的金银饰品，在他们以下，各种颜色的服装，已在普通人中通用，虽然上下等级，各自显示出差别，但朝廷大臣的服制，已经能和天子相同了，黑黄两种颜色，已经能在下面通用了。要想使市集上不出售色彩华丽的丝帛，商人不贩卖珍奇的货物，工匠不制作精雕细刻的物品，是不可能的了。所以应该大力治理社会风气的根本，依照古法，文采和质朴要能适度，选取适中的标准，作为礼制法度。车辆服饰，都要遵从质朴的标准，禁止坏的风俗习气和追求奢华靡丽的事情，使在朝廷任官和有爵位的人家，不再有华美绮丽的装饰，也没有色彩鲜艳的衣服，精致细巧的物品，从上到下，达到只有朴素的差别，显示出不同的等级就行了，不要使他超过一二级的差别。如果因有功德而得到的赏赐，这是皇上恩宠特意授给的，都要申报有关官员，然后才能穿戴使用。君上教化下面的臣民，如同风吹倒草木一样。朴素的教化在本朝兴起，那么奢侈的欲望就自然在下面消失了。

原文

宣王报书曰[1]：“审官择人，除重官，改服制，皆大善。礼乡闾本行，朝廷考事，大指如所示。而中间一相承习[2]，卒不能改。秦时无刺史，但有郡守长吏。汉家虽有刺史，奉六条而已，故刺史称传车，其吏言从事，居无常治，吏不成臣，其后转更为官司耳。昔贾谊亦患服制，汉文虽身服弋绨，犹不能使上下如意。恐此三事，当待贤能然后了耳。”玄又书曰：“汉文虽身衣弋绨，而不革正法度，内外有僭拟之服，宠臣受无限之赐，由是观之，似指立在身之名，非笃齐治制之意也。今公侯命世作宰[3]，追踪上古，将隆至治，抑末正本，若制定于上，则化行于众矣。夫当宜改之时，留殷勤之心，令发之日，下之应也犹响寻声耳，犹垂谦谦，曰‘待贤能’，此伊周不正殷姬之典也。窃未喻焉。”

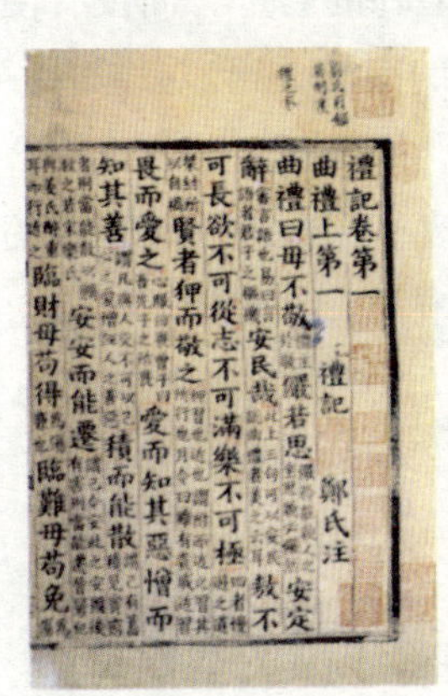
禮記卷第一
曲禮上第一 禮記 鄭氏注
曲禮曰毋不敬儼若思安定辭安民哉敖不可長欲不可從志不可滿樂不可極賢者狎而敬之畏而愛之愛而知其惡憎而知其善積而能散安安而能遷臨財毋苟得臨難毋苟免

此撫州公使庫刻本禮記是南宋淳熙四年官書於今日爲最古矣京有名衛一紙裝匠誤分入釋文首不知者輒認以爲舊監本非也
嘉慶丙寅顧廣圻題

●《周礼》书影

《周礼》是儒家经典，据传由西周时期的著名政治家、思想家、文学家、军事家周公旦所著。礼仪的规定为人们制定了行为规范，这有利于国家的管理与安定。

注释

①报书：回信。②一相承习：一贯相承的习惯。③命世：闻名于当世。

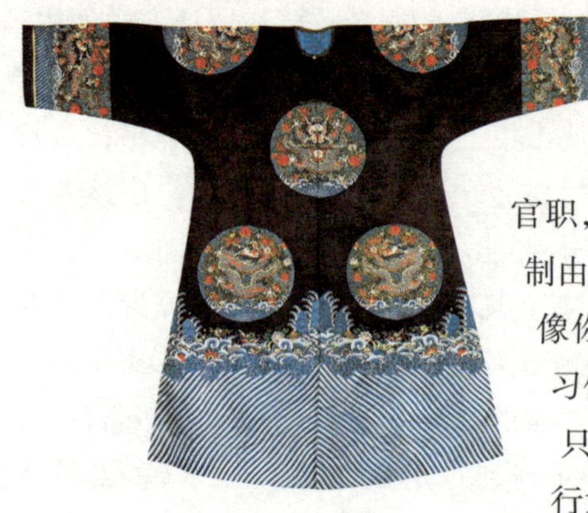

光绪皇帝石青缎绣串米珠八团龙褂

中国古代的服饰从质地到颜色，再到式样，都是有一定的标准的。什么等级的人穿什么样的服饰都是有明确规定的。

译文

司马宣王在回答夏侯玄的信中说："审定官职选择人才，撤除重叠的官职，改定服饰车马制度，都是很好的。按礼制由乡里品评德行，朝廷考核政事，大意上是像你所提示的那样。但是这中间一脉相承的习俗，一下子也不能改变。秦代时没有刺史，只有郡守县官。汉朝虽有刺史，只不过是奉行六条诏令考察官吏罢了，所以刺史称做传车，他聘用的官吏称做从事，处理事务没有固定的治所，属官也不成为他的臣子，到后来转化成为常设的职官和官府。以前贾谊也担忧过当时的服饰车马制度，汉文帝虽然身穿黑色粗丝绢做的衣服，但仍然不能使上下都符合自己的心意。恐怕这三件事情，要等到有了贤能的人然后才能完成。"夏侯玄又写信说："汉文帝虽然身穿黑色粗织丝绢做的衣服，却不能改正不合理的法规制度，朝廷内外的官吏都有超越自己等级的服饰，受宠幸的臣子接受了皇帝给予的不加限制的赏赐，由此看来，似乎汉文帝希望的是自身树立俭朴的名声，而没有使治理国家的制度纯厚一致的意图。现在公侯您是闻名于世的宰辅，可以效法上古的圣贤，将把国家治理得更加兴盛，抑制末节而端正根本，如果在上面制定出合理的制度，那么教化就会在民众当中施行。现在正是应该改正不合理法规制度的时候，只要全心全意地去做，那么命令发出之日，下面的响应就会像回音一样迅速，如果您却还是显出谦虚的样子，说要'等待有贤能的人'，这就像伊尹、周公不去改正殷周的典章制度一样，我私下对此感到不理解。"

原文

顷之[1]，为征西将军，假节都督雍、凉州诸军事。与曹爽共兴骆谷之役，时人讥之。爽诛，征玄为大鸿胪，数年徙太常。玄以爽抑绌，内不得意。中书令李丰虽宿为大将军司马景王所亲待，然私心在玄，遂结皇后父光禄大夫张缉，谋欲以玄辅政。丰既内握权柄，子尚公主，又与缉俱冯翊人，故缉信之。丰阴令弟兖州刺史翼求入朝，欲使将兵入，并力起。会翼求朝，不听。嘉平六年二月，当拜贵人[2]，丰等欲因御临轩，诸门有陛兵，诛大

将军，以玄代之，以缉为骠骑将军。丰密语黄门监苏铄、永宁署令乐敦、冗从仆射刘贤等曰："卿诸人居内，多有不法，大将军严毅，累以为言，张当可以为诫。"铄等皆许以从命。大将军微闻其谋，请丰相见，丰不知而往，即杀之。事下有司，收玄、缉、铄、敦、贤等送廷尉。廷尉钟毓奏："丰等谋迫胁至尊，擅诛冢宰，大逆无道，请论如法。"于是会公卿朝臣廷尉议，咸以为"丰等各受殊宠，典综机密，缉承外戚椒房之尊，玄备世臣，并居列位，而包藏祸心，构图凶逆，交关阉竖，授以奸计，畏惮天威，不敢显谋，乃欲要君胁上，肆其诈虐，谋诛良辅，擅相建立，将以倾覆京室，颠危社稷③。毓所正皆如科律④，报毓施行"。诏书："齐长公主，先帝遗爱，原其三子死命。"于是丰、玄、缉、敦、贤等皆夷三族，其馀亲属徙乐浪郡。玄格量弘济，临斩东市，颜色不变，举动自若，时年四十六。正元中，绍功臣世，封尚从孙本为昌陵亭侯，邑三百户，以奉尚后。

注释

①顷之：不久。②贵人：妃嫔的称号之一。③颠危社稷：颠覆危害国家。④科律：法律条款。

译文

不久，夏侯玄担任了征西将军，授给他符节统领雍州、凉州各军事。因为和曹爽共同发起了骆谷战役，为当时的人所讥笑。曹爽被杀后，征召夏侯玄担任大鸿胪，几年后升为太常。夏侯玄因曹爽的关系而受到排斥，心里很不得意。中书令李丰虽然向来被大将军司马景王以亲信相待，但内心里向着夏侯玄，于是结交皇后的父亲光禄大夫张缉，策划要让夏侯玄出来辅佐朝政。李丰既在朝廷里掌握大权，儿子又娶了公主为妻，又和张缉都是冯翊人，所以张缉很信

乾隆朝服像

夏侯玄、张缉、乐敦、刘贤等都被灭了三族，灭族的事情历史上时有发生。雍正、乾隆时期，灭族的原因又多了一个，那就是文字狱。这说明了这一时期文化上的专制。

任他。李丰暗地里要他的弟弟兖州刺史李翼请求入朝觐见皇帝，打算让他带领军队进京，合力发动政变。正巧李翼请求入朝，没有被允许。嘉平六年二月，将要册封贵人，李丰等人打算趁皇帝亲临前殿，各宫门都有禁兵把守的时候，杀掉大将军，由夏侯玄取代他，由张缉担任骠骑将军。李丰秘密告诉黄门监苏铄、永宁署令乐敦、冗从仆射刘贤等人说："你们各位都在内廷任职，干了很多不法的事。大将军非常严厉，对这些讲了多次，张当的下场可以作为你们的鉴戒。"苏铄等都答应听从李丰的命令。大将军隐约听到了他们的计划，请李丰来见面，李丰不知是计而前往，大将军当即杀了他。然后把这件案子交给了有关官员，逮捕了夏侯玄、张缉、苏铄、乐敦、刘贤等人交给廷尉审理。廷尉钟毓上奏："李丰等人图谋胁迫天子，擅自杀害辅政大臣，大逆不道，请求按法律定罪。"于是召集公卿、朝臣和廷尉商议，都认为"李丰等人各受朝廷特殊的恩宠，总管机密大事，张缉蒙受皇后亲属的尊宠，夏侯玄一家历代都是有功之臣，位居列侯之位，却怀着险恶的用心，相互勾结图谋叛乱，交结宦官，授给他们奸计，因害怕皇上的天威，不敢暴露自己的阴谋，就想要挟、胁迫皇上，恣意施行他们伪诈暴虐的行为，谋害有贤能的辅政大臣，擅自封官授爵，将要颠覆皇室，危害国家。钟毓所定的罪行都符合法令条律，请批准钟毓执法施刑"。皇帝下诏书说："齐长公主，是先帝的爱女，她所生的三个儿子免除死罪。"于是李丰、夏侯玄、张缉、乐敦、刘贤等都被灭了三族，其余的亲属被流放到乐浪郡。夏侯玄品格器量豁达大度，到东市临刑时，神色不变，举动自若，当时年龄四十六岁。正元年间，续封功臣的后代，封夏侯尚的从孙夏侯本为昌陵亭侯，食邑三百户，以保全夏侯尚的后代。